昆剧表演艺术家 蔡正仁

《见娘》剧照

《牡丹亭·叫画》剧照

《评雪辨踪》剧照

《三醉》剧照

《长生殿》剧照

《撞钟分宫》剧照

蔡正仁在候场

蔡正仁全家福

策　划　宋　妍　张晓敏　沈文忠
统　筹　倪里勋　林　斌

海上谈艺录丛书

总持风雅有春工

钮君怡 著

上海世纪出版集团
上海文化出版社

图书在版编目（CIP）数据

总持风雅有春工·蔡正仁／钮君怡著.—上海：
上海文化出版社，2016.4
（海上谈艺录）
ISBN 978-7-5535-0514-5

Ⅰ.①总… Ⅱ.①钮… Ⅲ.①蔡正仁—传记 Ⅳ.
①K825.78

中国版本图书馆 CIP 数据核字（2016）第 054418 号

策　　划　宋　妍　张晓敏　沈文忠
统　　筹　倪里勋　林　斌

责任编辑　张　琦
特约编审　刘绪源　司徒伟智
封面设计　姜　明
技术编辑　陈　平　刘　学

丛 书 名　海上谈艺录
主　　编　上海市文学艺术界联合会　上海文学艺术院
书　　名　总持风雅有春工·蔡正仁
著　　者　钮君怡

出　　版　上海世纪出版集团　上海文化出版社
地　　址　上海市绍兴路 7 号
网　　址　www.cshwh.com
邮政编码　200020
发　　行　上海世纪出版股份有限公司发行中心
印　　刷　上海天地海设计印刷有限公司
开　　本　787×1092　1/16
印　　张　17.5　彩插：2
字　　数　330 千
版　　次　2016 年 5 月第一版　2016 年 5 月第一次印刷
国际书号　ISBN 978-7-5535-0514-5/K.082
定　　价　45.00 元

敬告读者　本书如有质量问题请联系印刷厂质量科
电　　话　021-64366274

目　录

艺术访谈

我这一辈子，只做了一件事，演昆剧唱昆曲。我这一辈子，也只有一个身份，昆剧演员。

————蔡正仁

蔡正仁与本书作者钮君怡合影（电影《长生殿》拍摄现场）

一生只为昆剧

时间：2014 年 10 月—12 月
地点：蔡正仁寓所
受访人：蔡正仁
采访人：钮君怡

艺　术

钮君怡（以下简称钮）：蔡老师，我们知道昆剧小生虽然是一个行当，却要饰演各种各样的男性角色，有少年书生，也有暮年帝王。书生，要求具备书卷气，这也是您的老师俞振飞大师最为人所称道的；帝王，要求有雍容堂皇的气度，您又被人称作"活唐明皇"。请问，您是怎么琢磨人物，培养这种舞台气质的呢？

蔡正仁（以下简称蔡）：这个问题很难回答，气质的问题，不是故意学故意练就会有的。俞老的书卷气，那是一绝，我学得不够。俞老出身书香门第，从小受熏陶，满腹诗书，在台上自然流露出书卷气。他不是演的，那是他本身就具有的，也不是哪个老师教出来的。其实，俞老的"书卷气"是因为演京剧小生而被人称道的，因为他掌握了几十出昆剧小生戏，再演京剧小生，就显出优势。因为昆剧本身就是一个充满书卷气的剧种。

昆剧的小生戏，尤其是巾生戏，无论是表演，还是唱念，无处不体现着"书卷气"。我想强调的是，"书卷气"是完整的人物气质，是演员唱、念、做、表融为一体所体现出来的舞台气质，并不是单纯哪一个动作、哪一个眼神表现书卷气。还有，表现"书卷气"必须自然舒服，如果故意为之，或者说故意做某个动作，就会给人感觉生硬、呆板。"不舒服"，是书卷气的大敌。

钮：那么这种完整、自然的"书卷气"怎么培养呢？
蔡：我认为主要是两条，一是深厚的基本功，二是对人物的深刻理解。

昆剧有非常规范、系统的唱、念、做、表，而且不同人物不同行当，都有相对固定的表演方式和演唱方法。前辈演员已经设计好了，巾生是这样的动作，官生应该是那样的动作，出场、走路都不一样。比如说拉山膀，小生的手伸出来应该四指自然并拢，与大拇指形成一个弧度，自然潇洒。不能五指张开，五指张开就是花脸动作了。比如说走台步，大踏步、高抬腿、摇头晃脑，那一定不是书生。青年书生，他的步子一定很有分寸感，离开地面也不会太高，哪怕他非常兴奋、激动，都必须有分寸。大官生，演皇帝，步子就要大方稳重有气势，无拘束，感觉整个世界都是属于他的。这就是昆剧的程式，来自生活，加以艺术夸张和美化，形成了各个行当的程式。基本功里当然还包括演唱，虽然说都是小生，但巾生和官生的演唱是有很大区别的。你基本功练好了，自然就有几分像了。

从内在来说，是对人物的深刻理解。你演唐明皇，基本功很好，动作很帅很有气势，但是你对这个人物理解很粗浅，仍然无法塑造一个完整的成功的唐明皇。昆剧的每一句唱、每一个动作、每一个眼神都是有内容的，都是从剧情和人物出发的。揣摩透了，表演出来就会自然生动感人。我们有时候也会听到有人评价：这个小生在台上怪怪的。为什么会"怪怪的"？很有可能就是他的动作、眼神学得不够规范，不够完整，或者是死搬硬套，没有内容。

深厚的基本功加上对人物的深刻理解，是表现出"书卷气""帝王气"的关键，也是演好人物演好戏的关键。

钮：我知道有很多昆剧演员都学习书法、古琴，您觉得对培养舞台气质有帮助吗？

蔡：当然有帮助。如果一个小生演员在具备以上两个条件的基础上，多读书，学习一些其他艺术形式，自然更好，从自身气质上靠近"书生"，所谓"腹有诗书气自华"。你能使用的艺术手段多了，也有利于更好地理解剧本和人物，有利于舞台表演和创作。所以，演员必须不断提高自身的艺术修养。但是，本末不能倒置。

钮：我们知道除了《长生殿》《牡丹亭》，您还擅长演出《写状》《乔醋》《评雪辨踪》这样"接地气"的戏，带点喜剧气氛，人物也非常可爱，用现在流行的词就是"萌萌"的。您觉得，演这样一类角色的关键是什么？

蔡：是的，这类戏我演得也很多，《跪池》也算这一类。其实昆剧里有各种各样类型的剧目和人物，不仅仅有《长生殿》《牡丹亭》。从人物行当来说，《写状》的赵宠和《乔醋》的潘岳是小官生，《评雪辨踪》的吕蒙正是穷生，《跪池》的陈慥是巾生。这几个戏看似很轻松，其实学问很大。要让观众看着觉得既合情合理，又可爱舒服，非常难。

这类戏有个特点，都没有大段或者特别难的唱，也没有特别繁复的动作，人物也不是那么复杂。宽泛地讲，还是要具备深厚的基本功和对人物的深刻理解。就我的舞台经验来说，演好这类人物有三点很关键。

第一是出场，要舒服、自然、漂亮，总体是一个被观众接受和喜爱的形象。然后才是听你唱念，看你表演。千万不要小看出场的几步路，或者就是抖抖袖子之类的动作，那是你全部舞台形象、气质的呈现。这个包括你天然的外貌和气质，着装化妆，以及基本功；还有你对人物的理解，出场时人物是什么情绪，是自信的，悲伤的，还是春风得意，等等。当年，我在戏校看俞振飞和朱传茗老师的《评雪辨踪》。俞老一亮相就把我镇住了，那么漂亮舒服，吕蒙正还是个穷生。俞老有多厉害！第一个亮相很重要，决定观众对你的第一印象。我教《断桥》许仙的出场，可能就要教几天，就练那几步路，几十遍上百遍地练。出场对了，才往下教。

第二是人物定位。《写状》里的赵宠，新婚夫妻，正是甜蜜的时候。所以看到妻子伤心哭泣，他又是着急又是心疼，这两点要表现出来。有人说，老丈人都要被问斩了，小夫妻两个还在打情骂俏，不合情理啊。那么还有一点，赵宠心里是有翻案把握的，他问清了事情的来龙去脉，心里有底了才去逗李桂枝。演员要把这些演出来，让观众感受到，那么人物就舒服了，也就可爱了。再说《跪池》，陈慥怕老婆怕成那样，为什么？他把老婆的又打又骂当作一种享受，现实生活里是不是也有这样的夫妻？俗话说打是亲骂是爱，是一种表达爱的方式。两个人争那个棍子，一不小心棍子掉了，柳氏手也震麻了。陈慥怕夫人的指甲弄坏了，心疼，就上去吹。柳氏一甩袖子，谁要你吹？陈慥就嘿嘿地笑。柳氏不是真讨厌，是嗔怪；陈慥也不是真怕，是心疼，怕里带着爱。还有《乔醋》里的潘岳，虽然有了新欢，但是没有减少对井文鸾的爱和尊重，更没有想过抛弃她。反过来说井文鸾，她也没有哭哭啼啼，一哭二闹三上吊，她对潘岳是信任的，真心想促成潘岳和巫姬的好事。潘岳心虚的是，他把和井文鸾的定情信物转送给了巫姬，做错事了，所以有点害怕。演员要把这些细腻的情感表现出来，戏就好看了。

说到底还是你对人物的理解有多透多细。昆剧的每一个动作、每一个眼神、每一句唱，都有潜台词，都有人物的感情在里面。这种细腻，是昆剧特有的。人物是立体的，有好几个层面，就看你理解了多少，悟到了多少，又能表现出来多少。这取决于演员的舞台历练和人生经验。十几二十岁的时候演这类戏，年轻漂亮，自然好看，观众喜欢。我们六七十岁了还在演，观众还喜欢，他们看的就是这些细节，演得入情入理，亲切，真实，可爱。

第三是把握人物和舞台的节奏和分寸，和对手演员的配合非常重要。这几个戏，都是生旦对儿戏。演员之间，动作、眼神、唱念，怎么接，什么时候接，差一秒就不舒服，少一点多一点也不舒服。就是一样的动作，一样的唱念，不同演员配合起来就会有很大的差别，甚至是天壤之别。这个就很难说了，关键还是演员的领悟能力和表现能力。

钮：您好像特别喜欢《班昭》和马续这个人物。马续完全不同于您平时饰演的书生或者皇帝，也不是这个戏里的第一主角。他对您而言，有什么特别的意义？

蔡：《班昭》是昆剧难得的新编历史剧，在昆剧发展历史上，类似的戏大概只有俞老和言慧珠的《墙头马上》，还有上海昆剧团的《司马相如》。

上海昆剧团也搞过一些新编戏，但是没有像《班昭》这样带给我们那么多高级别的奖项：中国戏曲学会奖、国家舞台艺术精品工程等等。得到观众的肯定也比较多。那时候，我是上海昆剧团的团长，这个戏对我而言，自然意义不同。

从个人表演来说，我非常喜欢马续这个角色。他完全是一个新创作的人物，没有传统折子戏做基础，有很多生活化的表演，是挑战，也很过瘾。马续的人物跨度很大，从一个年轻的书生一直演到到两鬓衰白。他最初不是老师心目中最优秀的学生，也不是小师妹首选的丈夫人选，但是故事演到最后，我们发现他恰恰是那个最坚定最执着最无私的人。当他完成了所有他认为应该做的事情后，孤单凄凉地死去，没有轰轰烈烈的结局。我对他的思想境界非常佩服，知识分子能做到马续这样的实在不多。

钮：演马续和演唐明皇、柳梦梅有很大不同？

蔡：我演唐明皇、演柳梦梅，当然也会体会人物，尽量在人物感情和形象上靠近他们。但是，说实话，很难达到高度共鸣。而马续这样的人，在现实生活中是存在的，不是高不可攀，但细想想又觉得很难很难做到。这个人物，我演一次，就被他感动一次，被他教育一次。他是我一生所要追求达到的榜样和目标。我不是说漂亮话，他真的是我为人处世和艺术追求的榜样。生活里有一些事情或人，乍一眼看很美很有吸引力，但看多了也不过如此；但有一些人、事，开始时觉得平凡无奇，但是越看越美丽，深入接触，就越觉得他的重要和美好。马续就是这样的人物。

马续无怨无悔地牺牲，而且戏里没有故意拔高，而是通过情节一层一层很自然地塑造了这么一个人物。一生当中，能在舞台上演一回马续这样的人物，我很知足。有时候我演着演着眼泪就在眼眶里了，我很少这样。他的内心非常丰富，是一个从灵魂深处触动我的角色，别的戏很难有这种触动。

钮：我们发现，您最近几年特别强调昆剧演员的唱念，提倡"俞家唱"的传承和研究，您是怎么考虑这个问题的？

蔡：我不是最近几年才开始强调唱念的，是从我开始学习昆剧时就有这个意识。

特别是后来教学生，我对学生的唱念训练非常严格。我教"昆五班"，一次四节课，前面两节就是带着他们唱，纠正咬字发音，练嗓子，等等。可能昆剧界像我这样要求的老师也不多吧。现在普遍认为昆剧的艺术特点是"载歌载舞"，似乎你身段动作漂亮了，唱念差一点问题也不大。大错特错！我始终认为，戏曲戏曲，唱应该是最重要的。但是，我们昆剧界一直存在着轻视唱念的问题，有历史原因，这个问题将严重影响昆剧的发展。值得欣慰的是，最近几年关注这个问题的人越来越多了。

钮：那么，您觉得目前昆剧唱念的问题主要表现在哪些方面？

蔡：比如说咬字，我们要求是字头、字腹、字尾都要唱清楚。尤其是出口和收音，有的演员出口是对的，收音就不注意了。比如说，"则见风月暗消磨"的"磨"（mó），有人唱着唱着收音就变成"ou"了；"似水流年"的"流"（liú），一不小心收音就成了"ao"；"袅晴丝吹来"的"来"（lái），拖腔的时候应该始终保持字尾"ai"，可是我不止一次听到收成"en"的，演员不注意。这样的问题太多了，可能是疏忽了，也有可能就是不知道。观众听着不是那么明显，零点几秒，一闪而过。但是失之毫厘，谬以千里，差太远了。我有时候坐在下面听，如坐针毡。

还有耍腔，最普通的"撷腔"。35332，很多人都唱成了34332，唱半音了。错了，你唱的是南曲，南曲是没有4和7这两个音的。原则上就错了，混淆了南曲和北曲。这样的传承是对的吗？不对，走样了。有多少演员，甚至教学的老师，意识到这个问题？

看似都是小问题，可是危害无穷啊。我能熟视无睹吗？还是振臂高呼？我觉得我们这一代昆剧人应该站出来大声疾呼，引起重视。我觉得我以前太含蓄了，喊得不够大声。

再比如说，戏曲念白的尖团字。"尖团分明"，原来是唱曲的基本要求，但现在有些演员嘴里已经没有尖字了，这对不对？我觉得不对。现在我的老师们已经不在了，要靠我们这辈演员来思考和解决这些问题。

关于演员的唱念，我还想提一个问题，就是小话筒。以前我老师那个时候是没有的，最多在台口放几个话筒，我们也差不多。戴小话筒是最近十几年的事情吧，有时候演员声音的好坏，一半控制在调试音响的专业人员手里。剧场里有时候音响调得太响，演员声音的美感、咬字发音的细节都被吃掉了。这是目前出现的新问题。这看似和演员唱念无关，但又直接影响了你的舞台表现。有了小话筒，实际上影响了演员自身唱念的水平。有多少演员拿掉小话筒还能唱的，要打个问号。我以前严格要求上昆的年轻演员在团里小舞台演出，不能戴话筒，要靠肉嗓子。演员声音和气息的控制，都要靠真本事，不能靠设备。

我还只是举了几个比较普遍的例子，实际存在的问题很多。

钮：您觉得怎样才能改变或改善这种情况？

蔡：就我个人而言，就是在教学生的时候，严格要求。再者就是提出一个唱念的标准，大家都可以来学习参考。俞老写过两篇文章，《习曲要解》和《念白要领》，《振飞曲谱》里收了。有多少人读过，研究过？上面我所说的问题，在这里面都能找到答案或者线索。昆剧发展需要一个唱念的标准，有这个资格的就是"俞家唱"，从叶派唱口，到俞粟庐，再到俞振飞，一路传下来的唱法。值得我们进一步总结研究，推而广之。比如说俞老师总结的十六种腔格，对现在的演员来说太难。有些比较类似，我认为可以合并，总结出十种左右，便于大家参考。

这些问题，我以前说得太少，想得太少，写得太少了。而这些问题，不说出来，不解决，会影响昆剧的发展。

我们已经做了一些事，出版了一些资料。比如说我在台湾曲社做了一系列"俞家唱"的讲座，他们挑选了一些内容制作成了光盘。还有我的老同学顾兆琳，曾经自费录制了讲解《习曲要解》和《念白要领》的CD，送给学生、昆剧爱好者们。但这些还远远不够。对"俞家唱"的总结要更系统，更有理论的深度。这个是我以后重点要做的事情，但绝不是我一个人能做到的。希望通过我们的努力，能够引起更多专业演员和爱好昆剧的人来关注，形成一定的气候，才有可能从根本上改善或解决这些问题。

管　理

钮：您当了十八年上海昆剧团的团长，您觉得最困难的是什么？

蔡：昆剧是一个很难很难的事业，做昆剧院团的领导人是难上加难。最难的是经费问题，就像一块巨大的石头，始终压在我的头上，随时能把我压垮。要排戏，要发工资，要行政开支，都是钱。可是钱从哪里来？国家和政府已经是重点扶持我们昆剧了，拨80%的经费，那么还有20%呢？现实情况是演一场赔一场，我是真没办法啊。常常逼得我向上面要，要不到就借，拆东墙补西墙，好几次走投无路。团里那么多演职人员，每天排练演出，进行艺术创作。我说为了昆剧的发展和传承，大家要有事业心，要有责任感。结果发不出工资，或者工资打折，我怎么对得起他们？

第二难是人才问题，人才培养和人才交流的问题。道理都懂，人才要交流才能成长、成熟，但是因为编制、户口等等问题，实际上没办法进行。

钮：您觉得症结在哪里？

蔡：我觉得症结在于体制和机制。文艺体制改革进行到今天，还没有找到一个理想的完善的模式。体制改革一直在进行，中央、地方都在做各种努力和尝试。江苏省昆剧院是一个例子，我们上海的张军昆曲艺术中心也是一个例子。现在，无论是经费问题，还是人才问题，都有很大改善。比如说人才流动，确实比以前宽松了。院团能够输出人才，也能引进人才。上海昆剧团就向北方昆曲剧院输出了小生演员翁佳慧，也从江苏省昆剧院引进了旦角演员罗晨雪。但是，整体来说，问题没有真正解决。戏曲院团到底是事业，还是企业？如果是事业，能不能全额保证经费？如果是企业，那么靠演出能养活自己吗？所以，"革命尚未成功，同志仍需努力"。

钮：那么，您当团长最有成就感的是什么？

蔡：排出一台戏，得到了观众的欢迎、专家的好评，这就是当团长最高兴的事了。艺术院团，就是出人、出戏这两件事。上海昆剧团这么多年排了很多戏，观众喜欢，得奖的也很多。我们有好几个版本的《长生殿》《牡丹亭》，新戏有《司马相如》《班昭》《伤逝》《一片桃花红》，整理剧目有《邯郸梦》《一捧雪》《琵琶记》等等，还继承了很多传统剧目。人才方面，"昆三班"整体接班，现在上海昆剧团是全国昆剧院团中，行当最齐全、阵容最整齐的。这是我比较自豪的。

钮：您又有哪些遗憾？

蔡：我当团长十八年，最大的遗憾是六本《牡丹亭》的夭折。很多人可能都不知道，我们上海昆剧团曾经在1998年排过一个全本五十五折的《牡丹亭》，分六天演完。当时是和美国纽约林肯中心合作，计划作为他们艺术节的开幕演出，然后世界巡演。这是一个伟大的创举，其他戏曲院团没有做过。八个多月，我们把戏排出来了，克服了很多困难。就在马上要出国演出的时候，由于种种原因，夭折了。这是我的终身遗憾。如果去了，上海昆剧，乃至整个中国昆剧的格局，可能就不是现在这个样子了。

还有一个遗憾，我到现在为止，拍了三部昆剧电影：《桃花扇》《班昭》《长生殿》，可惜一部都没有公映过。2008年拍了《桃花扇》，是和杨春霞合作的，京昆合演；《班昭》是2009年拍的，张静娴主演，我演马续；《长生殿》是上海昆剧团的精品剧目，2012年底也拍摄完成了。据说《桃花扇》曾经在中央电视台的电影频道放过两次，可都是在半夜。我没看到，杨春霞说等她发现了，已经演到尾声了，也不方便打电话告诉朋友来看。三部电影都拍得很好，也很辛苦，尤其是最近拍摄的

《长生殿》。我希望能正式公映，或者有一家电影院能专门放这类戏曲艺术电影，观众能进电影院看我们的昆剧。

传 承

钮：2014年是"昆大班"从艺六十周年，您作为"昆大班"的一员，怎么评价"昆大班"这团体在昆剧发展史上的价值和地位？

蔡："昆大班"在昆剧的发展史上，起到了承上启下的作用，这是毫无疑问的。2014年，我们这个班从艺整整六十周年。在上海举行了盛大的纪念活动，我很感动，也有感慨，也在思考这个问题："昆大班"到底为昆剧的发展做了些什么事情？起到了怎样的作用？

昆剧发展到今天，已经和当年苏州昆剧传习所的时候完全不一样了。现在的昆剧和六十年前的昆剧已经有了很大不同，无论是唱念，还是表演。昆剧，六十年前是奄奄一息的状态，发展到今天，已经能够跟上时代的步伐。无论是从艺术成就，还是艺术影响来说，昆剧可以和具有时代意义的剧种，比如说京剧，相媲美，相比肩。这是"昆大班"所代表的这一代昆剧演员努力奋斗、艰苦探索的结果。当然，从社会普及性和受众的广泛性来说，昆剧确实还需要努力，这里也有剧种特质的问题。

而且，"昆大班"不是某一个人艺术成就高，而是作为一个集体，各个行当都出现了一流水准的艺术家，每个人身上都带着一批传统戏和新编戏，每个人都培养着来自全国的学生。这个在当今戏曲界，不能说绝无仅有，但也是罕见的。

钮：您能具体说说吗？

蔡：首先，"昆大班"创排了大量剧目。"传"字辈老师有《十五贯》，俞振飞老师有《牡丹亭》《墙头马上》，而昆大班排出了《长生殿》《司马相如》《班昭》《邯郸梦》《琵琶行》等等，每个人都能列举一串。其次，不管是人，还是剧目，都得到国家级的大奖，几乎囊括了所有戏曲能得的奖。还有，把昆剧艺术带到了国际舞台，"昆大班"出访了许多国家，最近一次是四本《长生殿》在德国科隆演出。第三，对学生的培养，"昆大班"不仅培养了上海的"昆三""昆四""昆五"三班，全国昆剧院团都有我们的学生，还在不断传承。

如果说"昆大班"从"传"字辈老师、俞振飞老师手里接过了昆剧，昆剧发展到了现在还是奄奄一息，或者落后于这个时代，那么"昆大班"就没什么太大价值。"昆大班"的成绩和贡献有目共睹，作为"昆大班"的一员，我非常自豪。

钮：听说当年俞振飞大师属意您的儿子报考戏校学习昆剧，您没同意，为什么呢？

蔡：确实有这事。我的儿子和"昆三班"相同岁数，当年俞老一连说了三次，让他去考戏校，但我没有接受老师的意见。我的儿子嗓子条件不错，能唱戏，是块唱老生的料。但是，我判断他要成为一流演员的可能性不大。当演员不是那么容易的，尤其是昆剧演员。光嗓子条件好，那是远远不够的。

钮：在您的手里，培养了"昆三班""昆四班""昆五班"三代昆剧演员，您在各地院团也有许多学生。您认为挑选昆剧演员的基本条件是什么？要成为一个合格、优秀的昆剧演员又要具备什么条件？您现在对学生的期许和要求又是什么？

蔡：戏曲演员的挑选确实比较严格，尤其是昆剧演员。嗓子、扮相、个头，模仿能力、接受能力、领悟能力等等，都是必需的。而要成为一个优秀的昆剧演员，我认为，除了必要的业务条件以外，还要具备两点：一是爱，二是奉献精神。有爱，才能奉献。以前这个我们提得比较少，现在应该重点提。以"昆三班"为例，一共六十来个，留下来三分之一。有三分之一是自然流失的，确实不适合干这行；也有三分之一自身条件很好，但是不喜欢，前功尽弃。一个昆剧演员的成熟周期是十五到二十年，学校里学八年，毕业入团再实践八年十年，才能像个样。三十岁，在其他行业可能都是部门领导或者小有成绩了，但在昆剧演员来说，还只能说像个样。经得住八年科班，守得住二十年寂寞，还未见得能成为舞台中心的主角，如果没有对昆剧深深的爱，没有一点奉献精神，谁能坚持？而且，昆剧现状还没有达到理想状态，还需要从业者奉献，才能生存发展；也就是说，昆剧还不能给绝大多数从业者带来令人满意的名和利。所以，我对学生的要求就是，刻苦努力，准备好为昆剧奉献终身。

钮：从"昆三班"到"昆五班"，在人才培养角度来说，进步在哪里？有哪些有益的经验？

蔡：这三班昆剧演员都是上海市戏曲学校培养的，毕业后基本都进了上海昆剧团。在全国范围内，是比较系统的培养模式了。我觉得在戏校里，最重要的就是：练好基本功，多学传统戏，尽可能地多演出。进团之后，还是这三条，但是顺序反一下。要给年轻人足够的机会和舞台，他们才能成长。条件成熟了可以参与一些新编戏或原创剧目。

"昆五班"是戏校招收的第一个本科班，十年制，中学连着大学，毕业时具有本科学历。这可以说是昆剧演员培养的一个进步。"昆三班"当年毕业的时候都是中专文凭，无论是自身文化修养，还是职称评定，都遇到很大问题。所以，他们都是进团以后再去进修，现在很多都是本科，甚至是硕士学历。而且，昆剧需要高素质的演员，中专肯定不够。"昆五"是第一批，还有很多地方要改进。比如说，初中、高中、大学，尤其是大学，我们应该教什么？什么人去教？怎么教？怎样才能更科学，更符合昆剧艺术规律？这些问题有待进一步探索。可惜，"昆五班"今年都毕业了，下一班什么时候招，还是未知数。

钮：您觉得昆剧人才培养还存在哪些问题？

蔡：人才培养，关系到昆剧的生存和发展。现在存在很多问题，师资是大问题。被认为是师资条件最好的上海，问题也很严重，一个是师资紧缺，一个是行当分布不匀。昆剧绝对不仅仅是"三小"戏，即小生、小旦、小丑戏。从昆剧发展历史来看，原来行当相当丰富，而且是文武双全。只不过近百年来，昆剧衰落了，行当也不全了。

昆剧缺的还不仅仅是演员，各方面人才都很紧缺，作曲、编剧、乐队、舞美等等。昆剧是个综合艺术，缺一不可。昆剧要健康发展，还需要有能力有远见有全局观念又懂业务的管理人才。

昆剧界必须正视这些问题，而且要共同努力来解决。要有一个强有力的，能调动各个院团、各种资源的部门或组织来统筹协调，不能局限于小圈子，不能为个人名利，否则昆剧仍然很危险。

钮：昆剧传承，一直是大家关注和讨论的问题，您觉得怎样的传承才是积极有效的？

蔡："传承"可以拆成两个字来看，"传"是老师教，"承"是学生学，传承必须要有好的老师和学生，但并不是说有了好的老师和学生，戏就能传下去。"承"，仅仅是学会了，还不能算。必须是学生学了，融会贯通，化作自己的东西；通过一定时间的舞台历练，成为他的代表和常演剧目，并加以发展；再有一批学生向他学习。这样才能说完成了一个周期的"传承"，才是积极有效的"传承"。而我们很多传统戏的"传承"，仅仅停留在老师教了、学生学了这个阶段。学生学了之后仅仅汇报演出一两次，甚至从来不演。比如说，2006年夏天，在上海举办了一个全国昆剧小生演员培训班，我教了《琵琶记·书馆》，学的人倒是不少，学完了，汇报演出。可是，他们回到各自院团后就没消息了。我后来问了问，有很多回去了连排都没排，更不用说演出了。学的东西不排不演，很快就生疏了，估计现在也忘得差不多了，非常可惜。我认为这样的"传承"是不完整的。

再拿我自己举例。俞振飞老师的昆剧代表剧目我都学了，大部分是我常演的，比如说《惊变》《迎哭》《见娘》等，观众比较认可，而且经过我和我的同事、搭档的努力，这些戏都有所变化和进步。像《长生殿》，我们不仅排了大戏，而且有四本，有精华本，还拍成了电影。我又把这些剧目传给了我的学生，不仅有上海昆剧团的学生，还有其他昆剧院团的学生，他们都在演，都在实践。我想我是完成了一个周期的"传承"。但是，俞老的京剧代表剧目，我学了，也演了，但是我没有系统地传给学生。所以，我在俞派京剧小生方面的"传承"是不完整的，我还要努力，还在努力。

钮：您最近几年指导了好几个新编戏，比如上海昆剧团的《景阳钟》、江苏省昆剧院的《南柯梦》、北方昆曲剧院的《红楼梦》，影响很大。您怎么评价这些戏对于昆剧发展的意义？也有意见说，昆剧要保持原汁原味，并不赞成新编戏，您怎么看？

蔡：我从艺六十周年，也参与了很多新编戏，有的留下来，有的没有留下来。首先，我们得明确"新编戏"的概念，哪些戏属于新编戏。我认为可以分为两大类：一类是严格意义上的新编戏，完全"原创"的剧目。比如说上昆的《班昭》和《司马相如》，剧本、音乐等都是新创作的。北昆的《红楼梦》，原来有小说，昆剧也演过这个题材，但是剧本和演员的表演基本属于原创，也可称为新编戏。第二类是整理、改编和缩编剧目，有传统戏基础。这类往往也会冠以"新编戏"的名头，因为有今人的创作在里面。最典型的就是《牡丹亭》《长生殿》这类传统经典大戏，有比较丰厚的传统基础。尤其是《牡丹亭》，至今整理、改编、缩编的版本有十几个，上昆就有五六个。最近创排的，上昆的《景阳钟》和南京的《南柯梦》，都是比较成功的整理改编剧目。《景阳钟》以《铁冠图》中《撞钟》《分宫》《乱箭》等传统戏为基础，《南柯梦》的传统戏基础弱一点，只有《瑶台》。

我说这些是要强调，不管是哪一种新编戏，都离不开扎实的传统基础。有些新编戏排出来，不像昆剧，为什么？就是因为丢了昆剧的传统。昆剧的传统太深厚了，不管是剧目，还是唱、念、做、表。你传统的东西没学好，就不要轻言"新编"。所以，就昆剧目前的状况来说，我认为最重要的是学习抢救传统剧目，并在此基础上整理、改编、缩编；新编戏可以搞，但不宜多搞。

生 活

钮：我们知道您退休之后更忙了，日程排得很紧，甚至一天被拆成上午、下午、晚上，您为什么要这么辛苦？

蔡：是的，我的日程排得很紧，主要是教戏、排戏、演出，还有讲座之类的。只要时间允许，我都尽可能地去做。为什么？因为我是一个昆剧演员，我对昆剧有责任。这不是说大话，说大道理，是一个最简单的道理。我的老师们为什么全心全意地教我？他们就是为了把昆剧传下去。

这种责任感我不是从开始就有的。有时候看看一些有钱的朋友，活得那么潇洒自在又舒服。想想自己，学戏演戏多苦啊。别以为文戏演员轻松，喊嗓子练身段，哪样不苦？尤其是在工作中遇到重大困难或挫折时，心里就会不平衡。当初为什么选择了这么一条苦不堪言的道路？还学了戏曲当中冷僻小众的昆剧，如果我学的是京剧，甚至选择做影视演员，是不是要好很多呢？后来发现这是我自寻烦恼，这种不着边际的想法不仅对解决现实问题毫无帮助，而且还严重影响工作情绪和生活情绪。这样多次反复，我渐渐意识到：一个人的时光是有限的，你如果常常陷于非分的幻想，想些办不到的事情、无法改变的事情，只有百害而无一利。我对自己说：蔡正仁啊，你还是老老实实地做好一个昆剧演员吧！你唯一能做好、应该做的就是好好唱昆曲演昆剧，把昆剧传下去。

我对昆剧事业的责任感和使命感，从三心两意到两心一意，再到一心一意，经历了痛苦的挣扎和磨砺。我现在坚定地认为：我就是应该一辈子干昆剧，活一天就要干好一天。这是我的乐趣，也是我的幸福。而且，经过了那么多年，我对昆剧艺术确实产生了一种深厚的感情，有时候音乐一响，我就会情不自禁地沉醉其中。艺无止境，你越是投入其中，就越觉得其乐无穷。学生想学戏，我就去教，他们有进步，排了新戏，观众喜欢，我就特别高兴。

钮：很多人都担心您的身体，您是怎么调整、安排的？

蔡：有时候确实很累。不过，我全身心投入其中，碰到一个困难解决一个困难，每前进一步都是光荣和幸福。我愿意做，想做，而且还能做，这就没有停下来的理由。至于我的身体，没什么大问题，定时吃药。这要感谢我的夫人，都是她照顾我，家里的事也都是她操心。她说我是"甩手掌柜"，确实是。到外地教戏排戏演戏，她都跟着照顾我。现在她年纪也大了，偶尔是我儿子陪我去。家里人都很支持，我就没什么后顾之忧。能干几年，就再干几年吧。

钮：蔡老师，昆剧现在有一批忠实的戏迷，成为一个固定的观剧团体。您也有一大批铁杆的"粉丝"，您和他们有怎样的交流呢？

答：昆剧现在有很多年轻观众，我很高兴。年轻人用他们自己的方式来宣传昆剧，普及昆剧，比如每次看完戏，都把照片放到网上，还写剧评。我不会上网，但是我有所了解。上海昆剧团到德国科隆演四本《长生殿》，就有戏迷买了飞机票追到德国，我很惊讶，也很感动。我们也成为了很好的朋友。昆剧有这样的观众，一定有希望。我还有一些年轻的朋友，不仅仅是戏迷，而且很专业，对昆剧有责任感。比如说我的《蔡正仁昆曲官生表演艺术》这本书，《俞派唱法昆曲经典唱段赏析》的 DVD，是王悦阳和韩昌云两位年轻人做的，都是义务的，没有稿费，甚至自己垫付了一定的经费，这也促使我更好地演戏，更多地演出。

钮：您觉得演员和戏迷之间应该是一种什么关系？

蔡：我觉得演员和戏迷就是鱼和水的关系。演员应该真诚地聆听观众的意见，不能高高在上，无视观众的意见。但也不能一味迎合观众，赚取廉价的掌声。我认为，高素质的戏迷，才能培养高素质的演员。

钮：您说到高素质的戏迷，昆剧一直以来有一批固定的观众是高级知识分子。

蔡：是的，这可能和昆剧的本身的特质和历史有关。从昆山腔的产生，到昆剧的鼎盛，就是一大批精通文学、音乐的高级知识分子参与其中的结果。昆剧本身文辞典雅，文学性很强，很精致很讲究，更适合文人士大夫来欣赏。昆剧和知识分子之间有一种天然的关系。一百年前，昆剧奄奄一息，就是穆藕初、张紫东这些有识之士在苏州创办了"昆剧传习所"，培养了"传"字辈老师，才有了我们。再到新中国，上海昆剧团成立，画家谢稚柳功不可没，他和夫人陈佩秋一直以来都非常关心昆剧的发展。著名作家秦瘦鸥，八九十年代，常来看我们的戏，提出了很多意见。白先勇先生，为昆剧的普及推广做了很多工作。这样的人很多，我就不一一说了。还有，世界各地的曲社曲友，都是自发组织起来学习和推广昆曲。一些曲友在昆曲唱念上的研究和造诣，可能比专业演员还深。他们是昆曲的观众，更是昆曲的知音，为昆曲的发展出谋划策。他们对戏对演员，要求很高，也很挑剔，我们需要他们的意见，尤其是批评意见。

演戏演戏，那是演给观众看的。观众问题，现在还是昆剧发展的大问题。我们要吸引新观众，也要留住老观众。

我们谈了那么多，其实总结下来，主要就两个问题，昆剧发展的两个关键：演员和观众。我们还任重道远啊！

艺术传评

　　我和昆剧已经结缘六十年了，整整一个甲子。我越来越觉得，我是属于昆剧的。我享受着昆剧带给我的喜怒哀乐，我有责任传承和弘扬昆剧。

——蔡正仁

蔡正仁

引 子

一辈子的 《长生殿》

2014 年 5 月 21 日，上海福州路的天蟾逸夫舞台灯火通明，"兰馨辉耀一甲子——纪念昆大班从艺六十周年"的最后一场演出——精华版《长生殿》即将拉开帷幕，蔡正仁的唐明皇，大家百看不厌。

六十年前，1954 年 3 月 1 日，华东戏曲研究院"昆曲演员训练班"开学，第二年转为上海市戏曲学校第一届昆剧班，这就是后来星光熠熠的"昆大班"。蔡正仁就是那六十个孩子中的一个，入学考试的场景依然历历在目。白驹过隙，转眼已是一个甲子。从青涩少年到白发老人，《长生殿》这个戏蔡正仁演了一辈子。

七点一刻开戏，蔡正仁按习惯，四点半准时到达天蟾逸夫舞台。台上台下一片忙碌景象，上海昆剧团的团队已经在剧场奋战了一个星期，略有疲惫，但各项工作都有条不紊，一丝不苟。这是一支训练有素、经历过大阵仗的年轻队伍。乐队、舞美、音响等都已准备完毕，就等几位主演最后走台。蔡正仁曾经执掌上昆十八年，如今上昆的骨干多是"昆三班"毕业的年轻人。蔡正仁看着他们长大，一路培养，如同自己的孩子般亲切和熟悉。在他们眼里，蔡正仁是老师，是老团长，更是大家长。

蔡正仁一路打着招呼进入化妆间，休息片刻，开始走台，试音响和灯光，走位置……虽然是常演的剧目，但每次都会有调整。这次团里就把原来的五级台阶改成了两级，主要是考虑到蔡正仁和张静娴两位主演年纪大了，台阶多了麻烦又危险。五点半开始化妆，化妆师兼盔帽师窦云峰和蔡正仁合作了三十多年，太熟悉了，一边化妆一边聊着家常开着玩笑。看似轻松，其实每一个步骤都有极精细的要求，要考虑今天人物的身份——唐明皇，还要和对手演员——杨贵妃的妆容保持一致。老搭档张静娴来得比他还早，贵妃的妆面更费时。化妆时，"唐明皇"和"杨贵妃"还不时交流着，提醒着排练时发现的问题。从 1989 年第一次合作演出《长生殿》起，这个戏他们一起演了二十五年，尝试过多个版本。但常演常新，每一场都兢兢业业，力求完美。

不时有团里的年轻人进来问好，拿来吃的，说两句闲话。也有外地的学生刚刚赶到剧场，给老师带来鲜花和祝贺。化妆间里人来人往，窦师傅总能在关键时候把蔡正仁从人群里拉回来，一切都在他的掌握之中。一个小时，化妆基本结束。蔡正仁开始吃晚饭，照例是老伴蒸热放在保温桶里的三个肉包子。吃完休息片刻，蔡正仁又到前面舞台走了走，演职人员都已到位。最后是勒头，穿戏服和厚底，别话筒……"唐明皇"准备完毕，等待开场的钟声。

蔡正仁的两个学生，"昆三班"的黎安和"昆五班"的卫立一直在旁边给老师当助手。黎安学演了精华版《长生殿》，台上台下烂熟于胸，各种细节都替老师上心想着，一如当年蔡正仁给老师俞振飞当助手一样。他提醒师弟，有两场结束的时候，灯一暗，要立刻跑上去把蔡老师接下来。卫立还是戏校的学生，是蔡正仁最年轻的学生，已经学了《小宴》《迎哭》等折子戏，前途无量。

蔡正仁从俞振飞和"传"字辈老师手中继承了《长生殿》的传统折子戏，不断演出、打磨、整理、创新，从1987年的一本到2007年的四本，再到精华版，继而拍成了电影；他也将"唐明皇"的种子播撒到全国的昆剧院团，除了上海以外，苏州昆剧院的周雪峰、江苏省昆剧院的张争耀、北方昆曲剧院的张贝勒，都在学习、演出这个经典剧目。这样欣欣向荣的局面，是蔡正仁对老师最好的继承和回报。

为了这次"纪念昆大班从艺六十周年"的演出，蔡正仁已经忙了一个月。他在开幕演出中有一段清唱《长生殿·哭像》[脱布衫]，在折子戏专场中演出《太白醉写》，最后一天是精华版《长生殿》。蔡正仁早早就开始准备，对戏、哑排、响排，毫不懈怠；连轴转的排练演出，也考验着"昆大班"这些"熊猫"的体力。演出前一周，蔡正仁还是重感冒，持续咳嗽，嗓子状态不稳定。但这对一个职业老演员来说不算什么，积极调整吃药，实在不行演出前还有紧急措施。其实，"昆大班"的几个同学，如岳美缇、梁谷音，也都是带病带伤排练演出。好在"天公作美"，演出前蔡正仁已基本恢复，[脱布衫]和《太白醉写》都演绎得几近完美。天蟾逸夫舞台也持续被演员的激情和观众的热情点燃着，迎接最后一场大轴演出。

精华版《长生殿》第一场《定情》，[东风第一枝]"端冕中天，垂衣南面"一句开口，蔡正仁的声音清亮高昂，嗓子好极了。这是六十年前戏校开蒙的一支曲子，男生学唐明皇和高力士，女生学杨贵妃和宫女。咿咿呀呀学了一个学期，结果蔡正仁的高力士不及格，唐明皇勉强得了三分（五分制）。这是蔡正仁常讲的故事，他总说是"唐明皇"救了他，并发誓要演好这个角色。果然，他这一辈子都在演，也获得了"活明皇""蔡明皇"等诸多美誉。

《定情》之后，"唐明皇"还有《絮阁》《密誓》《惊变》《埋玉》四场戏，要改四次装，重新勒头，调整话筒。最紧张的是从《惊变》到《埋玉》，中间只有三五分钟，化妆师、服装师、学生，四五个人齐上阵，忙而不乱，配合默契。

蔡正仁清唱《长生殿·哭像》[脱布衫]

《太白醉写》，蔡正仁饰李白，"昆三班"胡刚饰高力士

《长生殿·惊变》，蔡正仁饰唐明皇，张静娴饰杨贵妃

《长生殿》幕间紧张地改装

羞煞咱掩面悲伤，
救不得月貌花庞！
是寡人全无主张，
不合呵，将他轻放！

精华版《长生殿》结尾一段［脱布衫］，化自《迎像哭像》，蔡正仁唱得哀婉悲切，痛彻肺腑。观众如饮醍醐，掌声如雷。

"兰馨辉耀一甲子——纪念昆大班从艺六十周年"系列演出，从首场开幕演出到大轴《长生殿》，短短五天自然不能涵盖"昆大班"六十个人六十年的舞台和人生。但这样的盛会，却勾起了演员和观众的回忆和热情。尤其是第一天谢幕时，当来自全国各地，甚至是世界各地的"昆大班"成员，齐齐亮相舞台谢幕时，台上台下都是眼含热泪。

他们中间，有的早早离开了昆剧舞台，有些长期在戏校培养学生，有些则活跃于世界各地的曲社。和蔡正仁一起出场的，是同学岳美缇、郑鹏程……当年一起学小生的有十个，如今还活跃在昆曲舞台上的只有他和岳美缇了。有趣的是，当年在戏校时，蔡正仁最早学的是老生，而岳美缇学的则是旦角。

第一章

少小离家

那真叫缘分。要不是因为家庭出身牵连上不成学，我也不会报考戏校；要不是因为家里兄弟姊妹多、生活困难的话，父母也不会让我去学戏；更为重要的是当时政府决定重振昆剧，由华东戏曲研究院承办"昆曲演员训练班"，一个绝妙的机缘，正好被我遇到了。

——蔡正仁

一、小镇少年

1941年7月2日（农历辛巳年六月初八），蔡正仁出生在浙江吴兴县的南浔镇东栅，是家里的长子。父亲蔡守华，高中毕业，能文能武。母亲盛彬如，外公早逝，外婆王氏独自抚养两儿一女，坚强能干。盛彬如青春美丽，在兵荒马乱的时代，不免惹人觊觎。土匪头子几次说亲不成，便欲强抢。时为学兵连长的蔡守华挺身而出，英雄救美，遂成姻缘，成就了一段佳话。

蔡正仁三个月大时，举家迁往距离南浔十二里的江苏吴江的震泽镇。父亲和大伯开了一间浴室，一家人勤俭度日。母亲一共生育了九个孩子，蔡正仁下面有七个弟弟和一个妹妹。家里的孩子越来越多，生活压力也随之增大。在蔡正仁的印象中，母亲一天到晚忙碌着，洗衣做饭，操持家务。吃饭时，一张张小嘴张着，常常是母亲端上来一个菜，转身去端另一个时，就被孩子们一抢而空。这时，父亲就会开玩笑地说："一群蝗虫！"

"母亲真是绞尽脑汁，养活了我们七八个孩子，不容易啊！"蔡正仁回忆童年，不无感慨地说。生活艰难，逼着母亲变着法儿地把所有能吃的东西都变成饭桌上的菜。最困难的时候，真是吃了上顿没下顿，得靠上海的两个舅舅接济周转。要是这个月没有收到上海的汇款，父母便只能愁眉苦脸。后来，老七、老八不得已送到别家抚养，改名换姓。作为长子，蔡正仁更能理解父母的艰辛。他对母亲尤其敬重，

蔡正仁与母亲合影

工作以后一直尽力帮助照顾家里和弟妹。长兄如父，蔡正仁在弟弟妹妹眼里，确也是如此。

算算时间，蔡正仁的童年是在战争中度过的，但他却没有什么炮火连天、枪林弹雨的印象。一则，震泽地处江浙交界，远离战场；二则，等他开始记事，差不多是解放战争的尾声了。"有关'蒋委员长'的标语倒是看到过。突然有一天，国民党的兵就看不见了，解放军就进来了。"蔡正仁说得很轻松。1949年，解放苏州和上海，解放军的运输卡车从西往东，夜以继日地从小镇旁的杭嘉湖公路驶过。尤其是晚上，运输车的灯光把公路照得如同白昼。那时蔡正仁七八岁，小学生，学校停了课，组织沿路欢迎解放军，递送茶水。蔡正仁还记得解放军的手榴弹就是酒瓶里装着炸药，和后来电影《地道战》《地雷战》中演的一样。解放上海的时候，国民党的空军来轰炸，飞机飞得很低，低得能看到飞行员的脸。机枪"哒哒哒"地扫射，地上冒起一阵烟，也有人不幸被射中死了的。令蔡正仁印象最深刻的是投诚的国民党军队，还穿着国民党的军服，据说是四川的十六兵团。突然有一天晚上，武器全被收缴了。全军嚎啕大哭，士兵们一拥而上打军长。蔡正仁当时并不能理解，就是觉得奇怪，那些画面深深地印在了他的脑海里。

少年不识愁滋味，生活有苦也有乐。

震泽小镇因为地处苏嘉湖三角洲，水路四通八达，常有大小戏班来演出，所以京剧、越剧、锡剧、沪剧、滑稽戏等等，蔡正仁都看过。父亲最爱京剧，是个水平不错的票友，唱马派。蔡正仁还记得曾经看过父亲彩唱《借东风》，扮演诸葛亮。耳濡目染，蔡正仁对"戏"也极有兴趣，爱看穿龙袍的皇帝和七十二变的孙悟空，威风、气派又热闹，他还常带着几个弟弟和四周邻居的小伙伴"演戏"玩。爱好归爱好，游戏归游戏，父亲没想过送孩子去学戏，蔡正仁也从未想过当一名戏曲演员。曾经有过一些采访报道，说蔡正仁自小受父亲影响，受过戏曲熏陶，早有了学戏演戏的念头。其实不然，蔡正仁说小镇生活简单淳朴，那时他年纪也小，没想那么远大。

蔡正仁的人生转折发生在 1953 年。这年夏天，该小学升初中了。蔡正仁在镇上的藕河坊小学读书，成绩还不错，语文科最好。可是他却在升学考试中"名落孙山"，没能考上中学。也许是他太贪玩，没有好好复习准备，但更为关键的原因是蔡正仁的"家庭成分"不好。父亲是浴室的老板，被定性为"资本家"，外婆家也是"地主家庭"。在唯阶级论的年代，蔡正仁这个地主资本家的"长子""外孙"，自然难有升学的机会。

这些"现实问题"不是小小的蔡正仁能理解的，但父母心里清楚，也不再强求。升学无望，蔡正仁失落了一段日子，但很快也就过去了。在父母的安排下，他开始向邻居汤公公学习中医。汤公公八十多岁，医术高明，在小镇上颇有威望，大家都称他为"神奇老中医"。蔡正仁认真学了三个月，有模有样，也渐渐生出兴趣来。如果不是父亲无意间看到了"华东戏曲研究院开办昆曲演员训练班"的招生广告，他也许就这样做几年学徒，最后成为小镇上的一名中医。

二、招生广告

1953 年 12 月底，父亲偶然在《解放日报》上看到了"华东戏曲研究院开办昆曲演员训练班"的招生广告。广告上说：

> 昆曲是我国民族戏曲中历史悠久、有高度艺术成就的剧种，散布流行地区很广，但这个剧种在发展上经过了士大夫的加工，变成曲高和寡，脱离了广大群众，几使这个华东最优秀的古老剧种濒于灭绝的境地。华东戏曲研究院为了贯彻毛主席"百花齐放，推陈出新"的方针，并根据上级的指示，特集中力量开办昆曲演员训练班，大力培养新的昆曲演员，适应新中国文化建设的需要。训练期定为九年，由昆曲界名演员朱传茗、沈传芷等担任教授，现已筹备就绪，开始招生。招收名额定为六十名，男女兼收。报名日期于一九五四年一月一日至一月五日止。学生膳宿费、学杂费

由研究院供给。报考资格：年龄十至十二周岁，具有小学四年级以上程度，不分民族、宗教信仰均可报名参加入学考试。报名地点：上海华山路一四四八号昆曲演员训练班。关于报名手续及考试科目详细事项，华东戏曲研究院备有简章可以函索。希望爱好戏曲的家长们，督促你的子女前往报名投考。

"学生膳宿费、学杂费由研究院供给"这句话令父亲动了心，如此优越的条件对经济拮据的蔡家来说，很诱人。如果能送大儿子到上海学习，既能减轻家里的负担，又可保证将来有一份稳定的工作，倒是不错。但转念一想，昆曲如此没落，未必有前途，于是叹气说："可惜啊可惜，要是京剧，你就去考！"小正仁倒是听进去了，问："昆曲穿龙袍吗？""昆曲倒是穿龙袍的。""那我就去！"

虽然看过很多戏，但蔡正仁对昆曲却是一无所知。其实，那时候也没几个人知道昆曲。

昆曲是戏曲的"没落贵族"，其鼎盛时期早已过去。从明嘉靖隆庆年间，魏良辅改革"昆山腔"而成"水磨腔"起，至清中叶康熙乾隆年间，在两百多年里，昆曲是占据中国戏曲舞台的第一大剧种。可到了清中期，昆曲因为过度雅化、地方戏曲竞争等原因而逐渐衰落。至民国年间，昆曲已是奄奄一息。剧团凋零，演出难以为继；演员流落各地，艰难求生。

全家福（1986 年摄于震泽公园，后排左三为蔡正仁）

总持风雅有春工 艺术传评

父亲了解昆曲的困境，自然不赞成儿子报考。但蔡正仁上了心，小主意打定，便给上海的大舅舅写信求助。大舅舅很快便回了信，赞成外甥到上海考学，还寄来了招生简章。父母还在犹豫：这么个乡下小子跑去大上海考学，不放心，也没信心。蔡正仁倒是坚决，心里小算盘打得噼啪乱响：考上了，就能去大上海上学了，还能减轻家里的负担；考不上，那也算去过上海了。江南小镇上的孩子，对摩登的大上海总有一种向往的情结。父母知道了，也不再阻拦，同意让蔡正仁去试试。

这是一段蔡正仁反复讲述的童年往事，一个"偶然"改变了他的命运。

三、只身考学

父母托一个熟人照顾，蔡正仁便一个人进沪赶考了。清晨6点钟出发，先坐三个小时小火轮到嘉兴，再转火车，傍晚到达上海西站。两毛五分钱叫了一辆三轮车，直奔襄阳路复兴中路桃源村的舅舅家。大外甥来了，舅舅十分高兴。第二天，舅舅要上班，蔡正仁就自己去华山路1448号报了名，然后等通知参加初试。

初试竞争之激烈，不亚于如今的艺考，几千名考生里选出120人进入复试。如今艺考的学生，全家总动员做后勤不说，至少也有一技之长，或唱歌跳舞，或乐器小品；即便临时抱佛脚，也得学一段朗诵之类的。可蔡正仁，一个小镇来的乡下小子，什么也不会，什么也没准备。不说父母无法陪同，舅舅舅妈也忙于工作，留下几毛钱路费和饭钱，一切都是由蔡正仁自己去闯。初生牛犊不怕虎，蔡正仁压根也没想到要做准备，逛大上海，看连环画，初试前的一周玩得不亦乐乎。

初试那天，眼前的阵仗让蔡正仁傻了眼。候考室里人头攒动，挤满了考试的小孩和送考家长，小朋友都长得粉嫩可爱，穿着时髦漂亮，还能说会道。一下就显出了蔡正仁的土气和孤单。有小朋友来搭话，他也不敢回答，生怕自己的乡下口音被人看不起。

蔡正仁的准考证号是417号，等啊等，终于轮到了他。

主考老师，一个矮矮胖胖，一个高高瘦瘦，那是昆剧"传"字辈中赫赫有名的沈传芷、朱传茗老师。这两位有多厉害，蔡正仁当然是进了戏校后才知道的。初试并不复杂，主要看小孩的身材扮相、嗓音乐感，以及表达能力、模仿能力等基础条件。一句话，就是看祖师爷赏不赏饭吃。

先唱了首歌，蔡正仁感觉挺好。然后按老师要求表演寒冬腊月穿单布衫在街上走的样子，还有被拿着刀的疯子追赶的情景。这些表演题目对于蔡正仁来说，反而有利，他有"生活经验"。在震泽镇近郊一个大大的果园，看守果园的就是个疯子。蔡正仁有好几次带着弟弟们去偷摘水果吃，看园的疯子发现了，就会拿着棍子追赶。大家见势不妙，就撒开腿拼命跑。正中下怀，蔡正仁觉得自己表演得很好，跑得像兔子一样敏捷。

一个星期后，复试名单张贴在华山路1448号，蔡正仁还是一个人去看榜。也许是因为紧张的缘故，连看两次都没看到自己的名字。再核对准考证号，还是没有。他失望极了，转身走向大门。可是不甘心，又回去看第三次，这次竟然发现了"417"！这种柳暗花明的惊喜，让蔡正仁一蹦三尺高，兴高采烈地回家给舅舅舅妈报喜。

闯过了初试，进入了120人的复试行列。这似乎是意料之外的事，原本虚无缥缈的梦，竟然变得触手可及了。蔡正仁的心里打起了小算盘，几千个人里都能被选中，120个人中取60个，一半的机会啊！他心中随之有了明确的目标："我一定要考上！"

能参加复试的，当然都是条件优秀者，竞争更加激烈。蔡正仁先唱了《二郎山》。这是一首歌颂修筑入藏公路解放军官兵的歌，男高音。蔡正仁唱着唱着竟觉得不过瘾，又让伴奏的老师调高了一个调门。老师笑着紧了紧二胡的弦，从头开始。"二呀么二郎山，高呀么高万丈。古树荒草遍山野，巨石满山岗，羊肠小道难行走，康藏交通被它挡那个被它挡。"蔡正仁唱到高亢之处，忽然间听见"嘣"的一声，胡琴弦居然绷断了。伴奏老师不禁大声喝彩："嗬！这小子的调门也忒高了！"老师们也是又惊又喜，给了蔡正仁高分。

那位为蔡正仁喝彩的伴奏老师就是后来名闻昆坛的昆曲作曲家辛清华，他早年毕业于夏声戏剧学校，1952年转入华东戏曲研究院工作，1954年调入昆曲演员训练班任教。1978年，上海昆剧团成立后，他一直担任作曲。上海昆剧团的很多剧目都是他谱的曲，如《蔡文姬》《钗头凤》《牡丹亭》《占花魁》和《新蝴蝶梦》等。

"当时觉得自己会唱歌，其实就是扯开嗓子喊，完全没受过专业训练，但我的嗓子确实不错。"现在想来，能考进训练班，蔡正仁的天赋好嗓起了关键作用。

唱歌得到了老师的喝彩，跳舞却让蔡正仁手足无措。学校里没教过，勉强扭了几下秧歌舞，压根不能称为"舞蹈"，大概就是看身体是否协调吧。

还有一个考试项目——"照镜子"，由沈传芷老师主考。一个木头镜框，中间是空的，老师和考生隔着镜框面对面站着。老师做什么，考生就跟着做什么，达到"照镜子"的效果。蔡正仁看沈老师一动，就紧跟着做动作，好像也不太难。后来沈老师才告诉蔡正仁，因为早挑中了他，所以没做高难度的动作。这也是师生的缘分。

复试结束等结果，录取者一个星期之后会收到邮局寄发的入学通知，就像现在的高考放榜。蔡正仁觉得自己尽了力，而且发挥也不错，心里有那么点小希望。这一天，蔡正仁在外面玩得天都黑了，才回舅舅家。原来还怕舅舅责骂，磨磨蹭蹭不敢进门。不料听见舅舅一声吼："阿迪（蔡正仁的小名），你的通知书来了！"蔡正仁呆在那儿，连高兴都忘记了。他接过通知书，那情景历历在目。入学通知书是蜡纸油印的，上面手写着"蔡正仁"三个字。

糊里糊涂，懵懵懂懂，蔡正仁就这样考进了华东戏曲研究院第一届"昆曲演员训练班"。昆曲是什么，他完全不懂。蔡正仁呵呵笑着，回忆说："小时候的想法很简单，就是想来大上海。我复试的时候看到旁边有木工在做双层床，我想如果考取的话，就能睡那个床了，真是越想越向往。"

第二章

懵懂学艺

我学习昆剧小生，得到了俞振飞和沈传芷两位老师的倾心相授，真是三生有幸。俞老师舞台经验丰富，在台上那么潇洒，嗓音那么好听，让人怎么都看不够听不够。沈老师呢，一肚子的戏，小生戏、旦角戏都会。我学一个戏，常常是沈老师打基础，拍曲，教身段。学扎实了，俞老师再来加工指点。俞老师着重讲他在舞台实践中的体会，哪些地方需要发挥一下，哪些地方需要特别"卖"一下，哪里又可以"偷"一下。演出了之后，听两位老师的意见，再加工，再演。反反复复，一遍又一遍。所以，只要是戏校里学过并演过的戏，我都印象深刻。哪怕经历"文革"，十多年不演，恢复起来都不是很困难。

——蔡正仁

一、天时，地利，人和

1954 年 3 月 1 日，"华东戏曲研究院昆曲演员训练班"正式开学，蔡正仁和众多小伙伴一起住进了华山路 1448 号，那是一座原属于中华书局的三层花园洋房。

华东戏曲研究院成立于 1951 年 3 月，原来有京剧实验剧团和越剧实验剧团两个团，京剧名家周信芳担任院长，越剧名家袁雪芬担任副院长。1954 年夏，华东戏曲研究院又招收了"越剧演员训练班"。1955 年 3 月，华东戏曲研究院撤销，在"昆曲班"和"越剧班"的基础上，扩充为独立建制的上海市戏曲学校。第一届昆曲演员训练班转为戏校首届昆剧演员班，后来习惯称这个班为"昆大班"。第二年，首届京剧班入校。1958 年，上海市戏曲学校从华山路 1448 号迁至复兴中路 597 号（即文化广场）。除京、昆、越外，又相继招收了沪剧、淮剧、评弹、木偶、儿童剧等表演班。所以，"大班"的概念，宽泛而言，当指戏校招收的各剧种的首届学生。

只是在后来的艺术发展中，昆剧班和京剧班的艺术成就较高，"昆大班"和"京大班"拥有更为广泛的社会知名度和认可度。

"昆大班"开学第一天，吃了一顿极丰富的午饭，同学们都开心极了。下午，"传"字辈的老师们为这些小孩儿演了一场折子戏。蔡正仁和小伙伴们都不懂，只觉得台上花花绿绿，老师们咿咿呀呀地唱着。演文戏的时候，还有人睡着了。蔡正仁记得当时沈传芷老师演了《断桥》，也是模模糊糊的印象。"那时候太小，不懂，都是'传'字辈老师。那个演出阵容，买票都看不到啊！"

昆剧"传"字辈，是20世纪20年代苏州"昆剧传习所"培养的一批昆剧艺人。"昆剧传习所"由贝晋眉、张紫东、徐镜清等有识之士发起创办，后由上海实业家穆藕初接手。其间虽有波折，但学员于1926年满师毕业。"传"字辈艺人先后以"新乐府""仙霓社"为名组班，演出于上海的笑舞台、新世界等大小剧场。"传"字辈的演出热闹过一阵，也出现了顾传玠、朱传茗等一批有知名度的演员，但总体而言是萧条的。那时京剧已占领舞台的中心，昆剧不过是众多绿叶中的一枝。尤其是进入战争年代，演出日益困难。1937年，日本飞机轰炸上海，"仙霓社"的全部衣箱化为灰烬。穷途末路，勉强支撑一年，最终报散。"传"字辈艺人从此流离失所，有的以给曲友拍曲为生，有的入了京剧科班教学，也有流散各地艰难度日，竟还有冻饿死于路边的。

在"华东戏曲研究院昆曲演员训练班"筹备之初，这些流落各地的"传"字辈艺人就被陆续请了回来。沈传芷、朱传茗、张传芳、华传浩、郑传鉴、方传芸、周传沧、薛传钢、王传蕖，即便是远在四川的倪传钺、马传菁、邵传镛，也都回来了。除了周传瑛等少数几位已在浙江参加"国风苏剧团"外，"昆大班"汇集了几乎所有能找到的"传"字辈老师。他们在旧社会历经劫难，如今能被尊敬和厚待，成为"人民教师"，心中的感激无法表达，就全身心扑在这批小学员身上，倾囊相授，尽心培育。旧时学戏坐科，打骂是再正常不过的事情，但"传"字辈老师对学生是"宠爱式"教学。沈传芷老师总是笑眯眯的，像个弥勒佛，循循善诱，教戏极为投入。旦角组的张洵澎、梁谷音等，回忆起老师朱传茗来，总要说他买糖果、冰棒哄着学生学戏的故事。

当然，传统戏曲的学习，怎么都不是一件轻松的事情。每天的课都排得满满的，清晨6点起床，先练早功，踢腿下腰跑圆场，星期天也不间断；上午主要是练毯子功、跑圆场，还有把子功等；下午除了拍曲、曲辞讲解、学工尺谱外，还有政治、语文等其他文化课。按照老习惯，每个学生都要学习一件乐器，"昆大班"多数学的是笛子。蔡正仁学得算不错，后来也能吹吹，学得最好的是顾兆琳，到了专业水平。

辛清华老师指导学生练习基本功
（后排左一为蔡正仁）

除了老师的悉心教诲，小学员们的生活也被照顾得无微不至。每个月十四元伙食费，每天荤素搭配，还有水果和点心。当时一个人每月的工资也就二十多元，十四元差不多就是半个月的工资。此外，还提供一年四季的衣服，包括练功服和日常便服，一应俱全。还有阿姨专职洗衣服，照顾生活起居。在物质匮乏的年代，蔡正仁真觉得那就是"天堂"了。

"昆大班"除了拥有众多优秀的老师和优越的生活条件外，还有很多观摩演出的机会。上海，汇集了京、昆、越、沪、淮顶尖水平的演出，而且不时有全国性的、各剧种的汇演和观摩演出。京剧看的是梅兰芳、周信芳、马连良，越剧看的是袁雪芬、徐玉兰、王文娟……在这样的艺术氛围中长大，接受着最为传统的戏曲训练，"昆大班"的艺术眼界极高，因为他们见过"最好的"。当然，他们看到的昆剧演出更是最高规格。

1955 年 8 月，京昆艺术大师俞振飞辗转从香港回到上海。10 月 1 日至 7 日，上海市戏曲学校为欢迎俞振飞，在黄河路的长江剧场举办昆曲观摩演出。除俞振飞夫妇和在沪"传"字辈演员外，还邀请了浙江国风苏昆剧团的周传瑛、王传淞、张娴、朱世藕、包传铎、周传铮及"世"字辈学员，并广邀昆曲专家、曲家。这场观摩演出，就是南方昆曲的精英大汇合。尤其是 10 月 7 日最后一场合作大戏《长生殿》，由四位"杨玉环"（张娴、张传芳、黄蔓耘、朱传茗）、三位"唐明皇"（周传瑛、沈传芷、俞振飞）、三位"高力士"（王传淞、周传沧、华传浩）共同演出，真是空前绝后的昆曲盛会。

"昆大班"的幸运，还不止于此。1956 年 4 月 17 日，浙江省昆苏剧团在北京中南海怀仁堂演出由传统昆剧改编的《十五贯》，得到了毛泽东主席、周恩来总理的赞赏，后在北京连演四十多场，轰动全国。5 月 18 日，《人民日报》为此发表了《从"一出戏救活了一个剧种"谈起》的社论。昆剧的命运由此发生了巨大变化，又重新回到人们的视线，并得到全国上下的重视。

当年11月，盛况空前的"南北昆观摩演出"在黄河路长江剧场举行，昆曲名角汇集沪上。3日至28日，26天共演出30场。蔡正仁大开了眼界，令他印象最深刻的是北方昆曲剧院的韩世昌，生活里又矮又黑，就像个农民。但他演起春香来，娇俏可爱，满台生辉，与台下判若两人，真是神奇。还有北昆的白云生，演出《拾画叫画》，也许是文戏的缘故吧，蔡正仁的印象有点模糊了。

"昆大班"全体参加了这次盛会，他们演出了《游园惊梦》《出猎回猎》《花荡》《问探》等折子戏。有些同学已经崭露头角，但蔡正仁当时并不出挑，他在戏校的前两年并不顺利。

二、从老生到小生

第一个学期，不分行当。开蒙戏是《长生殿》中的《定情赐盒》，男生学唐明皇和高力士，蔡正仁险遭淘汰。"高力士"不及格，"唐明皇"得了三分（五分制），他勉强过关。第二个学期，根据各自的条件、特长和意愿分行当，蔡正仁毫不犹豫地选择了老生。

蔡正仁的选择很大程度上受在家乡时看京剧的影响，戏里的皇帝都由老生扮演，前呼后拥，威风凛凛，蔡正仁一直很羡慕。

老生是京剧的主要行当之一，是舞台主角，多饰演帝王将相、忠臣义士。相对而言，京剧小生的地位弱一些，多扮演年轻书生或将领。蔡正仁在震泽小镇上看到的剧团艺术水准一般都不高，小生就更弱一些，声音和形象很糟糕，所以没什么好印象。而在昆剧里，小生是主要行当，又分为巾生、官生、穷生和雉尾生。在巾生、穷生、雉尾生上，京昆比较相似，最大的分别在于官生。小官生扮演年轻官员，大官生则多扮演帝王，挂髯口。蔡正仁至为羡慕的"皇帝"，在昆剧里恰恰是大官生应工，如最为出名的"昆剧三帝"：《长生殿》中的唐明皇，《千忠戮·惨睹》中的建文帝，还有《铁冠图·撞钟分宫》中的崇祯帝。哪里想得到，这些小生戏，如今都是蔡正仁的代表剧目呢！

蔡正仁如愿被分到了老生组，主教老师郑传鉴，同组的有甘明智、闻复林、秦锐生等同学。而后来鼎鼎大名的"昆剧第一老生"计镇华，最初进的则是小生组。

蔡正仁从老生转到小生，要感谢他的两位恩师——沈传芷和俞振飞，感谢两出戏——《评雪辨踪》和《断桥》。

1955年8月，在周总理的直接关心下，通过夏衍等人的努力，京昆艺术大师俞振飞从香港辗转广州、北京，回到上海。一到上海，他就听说戏曲学校开办了昆曲班，有一群十三四岁的小孩子在学戏，高兴极了。10月，俞振飞就专门到戏校来看望小学员。在练功房搭起的舞台上，俞振飞和朱传茗两位老师为昆曲班的学生们表演了一折《评雪辨踪》。蔡正仁记得，那个练功房是用芦苇泥巴搭起来的，简陋极了。俞大师就在那样的条件下给他们这群孩子演出，而且演得那么认真那么精彩，真是了不起。

《评雪辨踪》，讲北宋宰相之女刘翠屏彩楼抛绣球择婿，掷中落魄书生吕蒙正。刘父嫌贫爱富，小夫妻被逐出相府，栖身破窑。一日，吕蒙正冒雪至木兰寺赶斋，受僧人嘲弄，落魄而归。行至窑门外，见雪地有男女足迹，怀疑刘千金不贞。回到窑中，又见其妻端上热粥，更为疑心。后经盘问，才知是岳母差院子与丫环送来银、米，误会冰释，夫妻和好如初。

俞振飞的"吕蒙生"一出场，就把蔡正仁吸引住了。开头一段念白："这窑门之外，为何有这许多的男踪女迹呀？哦，一定是他爹娘见天气寒冷，差人来接她回去了。唉，娘子啊娘子，你既要回去，也该等我回来再走哟。不对，想我娘子只因不从父命，才被赶出相府，他爹娘焉能接她回去？嗯，想她是官家女子，焉能忍受这样的贫苦？这男踪女迹——啊，他他他莫非另有新欢么？唉，想娘子与我平日是十分的恩爱，岂能做出这样的事来？嘿，不会的，不会的。哎呀，不一定，不一定呀！……待我回去看看（唱）忙回窑中。"蔡正仁对词意不甚了解，但就觉得好听好玩，一下子就喜欢上了。吕蒙正以穷生应工，穿黑褶子，演一个落魄的酸秀才，人物、扮相上并不讨巧。但俞大师的一举手一投足，都透着一股子说不清道不明的好看。蔡正仁越看越起劲，心想："天下原来还有这么好看的小生，这样的小生我喜欢！"就这么一出戏，改变了他对小生的偏见。

其实，这出《评雪辨踪》并不是昆剧的传统戏，中间大有故事。昆剧有《彩楼记》，其中的《拾柴泼粥》与《评雪辨踪》情节相似，但唱多念少，文辞典雅。《评雪辨踪》是朱传茗、沈传芷两位老师从川剧移植过来的，也许是哪一次戏曲汇演，两位老师看到了川剧版，引起注意和兴趣，进行了改编整理，于是有了这出昆剧"新戏"。昆剧的《评雪辨踪》基本保留了川剧的唱念，如吕蒙正出场时的一段唱："冒雪回窑，浑身上下似水浇。妻在窑中苦难熬，怎把忧愁抛。但则见男踪女迹来往相交，荒村寂寞又是谁来到？此事必定有蹊跷。"完全就是川剧的原词。戏中的高潮，吕蒙正和刘翠屏在屋外辨足迹，你来我往，有大段对白，也几乎照搬了川剧。两位老师看准了川剧版《评雪辨踪》通俗易懂、平易近人的特点，这正是昆剧所欠缺的。他们眼光独到，大胆开放，将川剧化作昆剧，而且化得不着痕迹。

更令人叫绝的是，俞振飞就向沈传芷学习了这出新编的《评雪辨踪》。那时，俞老师才从香港回来两个月，什么时候学的、怎么学的、为什么要学，都不得而

《评雪辨踪》，蔡正仁饰吕蒙正（海青歌摄）

知。蔡正仁后来推测，俞老是考虑小孩子能看得懂，感兴趣，便临时钻锅学了这个戏。如果俞老演他擅长的《迎像哭像》或《拾画叫画》，也许精彩，但小孩子理解不了，功夫就白费了。俞老师也不是为了自己以后演出而学的，在蔡正仁的印象里，这次以后俞老师再没演过《评雪辨踪》。从这一件"小事"上，足可见俞老师的风范与胸襟。

还有一点成就了这次《评雪辨踪》的高水准，穷生是沈传芷和俞振飞两位老师都极为擅长的行当。沈传芷的祖父沈寿林和父亲沈月泉都以穷生闻名，家学渊源。俞振飞也受教于沈月泉，与沈传芷老师同门，而且他京昆不挡，京剧如《金玉奴》《打侄上坟》等穷生戏，都是他擅长且常演的。

当然，这次演出的深意，蔡正仁是很久以后才体会到的。只可惜没有具体问过俞、沈两位老师，这中间的故事和门道。受几位老师的影响，蔡正仁一生都在探索和追求，在不丢失昆剧品格的前提下让昆剧"平易近人"。

《评雪辨踪》非常成功，极受欢迎，原来的《拾柴泼粥》反而很少演了。后来，蔡正仁向周传瑛老师学习了《拾柴》，也和沈传芷老师提过要学《泼粥》，想把昆剧的演法留下来，但沈老师兴致不高。如今活跃在舞台上的《评雪辨踪》，就是当年沈、朱两位老师改编自川剧的版本，成了蔡正仁常演不衰的代表剧目。

沈传芷老师教学,右一为蔡正仁

　　回到蔡正仁被俞老师的"吕蒙正"吸引的那一幕,当时,他还是老生组的一名
学生,如果学习顺利,也许不会转行当。但祖师爷正在考验这个学昆剧的小孩,才
在老生组学习了一段日子,蔡正仁就进入了倒仓期。"倒仓"是戏曲演员逃不开的
"生死关",尤其是男孩子。青春发育期,嗓子变低或变哑是正常的生理现象。如果
迈不过这个坎,可能就此一蹶不振,甚至只能转行。蔡正仁的嗓子久久不见起色,
有一段时间还被安排进武生组。他不甘心,但又无可奈何。

　　蔡正仁的苦闷彷徨,沈传芷老师一直看在眼里,当年考试的时候就觉得他是小
生的好苗子,可惜选择去了老生组,也不好强求。到了1955年下学期,小生组开
始教《断桥》,几个"许仙"都不怎么"开窍"。这时,蔡正仁的嗓子渐渐恢复,沈
老师便有意将他借调来试试。没想到一试就成了,这个"许仙"不仅让沈老师眼前
一亮,而且受到众多"白娘子"的喜欢。蔡正仁本身忠厚憨直的性格与许仙就有几
分相似,加之机会得来不易,他更是加了十二分的努力。沈老师有意让他转行当,
一提,蔡正仁求之不得,便顺其自然地入了小生行当。

三、恩师沈传芷

　　沈传芷是蔡正仁的伯乐，是启蒙老师，给了他最为传统、规范、系统的昆剧训练，是他艺术的坚强基石；俞振飞老师则为蔡正仁树立了舞台表演的楷模，成为他终身学习和追随的榜样。两位老师师出同门，互敬互重，两师一徒，是昆坛佳话，也是蔡正仁此生之大幸。

　　沈传芷出身昆剧世家。祖父沈寿林工小生，以官生著称，兼能巾生、雉尾生，后专工穷生，在清同治、光绪年间享有盛誉。父亲沈月泉主工小生，十门角色样样精通，是清末民初的名角。沈月泉晚年担任昆剧传习所首席教师，人称"大先生"。作为昆剧世家的第三代传人，沈传芷自小耳濡目染，功底深厚。后入昆剧传习所学戏，初学小生，艺名传璞；后专工正旦，改名传芷。

　　蔡正仁学戏，几乎都是由沈传芷老师打基础。每出戏都是先拍曲，曲子拍熟了，再加引子、念白；唱念都滚瓜烂熟了，再教身段动作。

　　沈老师拍曲很有特色。先示范，提出吐字行腔的重点，然后一遍又一遍地领着学生唱，随时纠正不恰当的地方。沈老师随身带着一盒火柴，拍一遍，就拿出一根火柴放在桌子上，每段曲子总要唱完一盒火柴，至少二三十遍。然后学生每人唱一

沈传芷、朱传茗老师示范表演，右起依次为蔡正仁、岳美缇、沈传芷、朱传茗、华文漪、梁谷音

蔡正仁与沈传芷老师合影

遍，谁都逃不掉。蔡正仁曾经撰文回忆儿时拍曲的情景："有意思的是沈老师在拍曲时的那种专注神态。他常常双眼微闭，右手握着一块小长方形木砖，不停地在桌上一板三眼地敲着，嘴里发出取之不尽的曲调，全然不顾我们这些学子们到底能听进去多少，也不管小脑袋晃来晃去究竟是打瞌睡还是哼曲。"（《忆恩师点滴事》，载《沈传芷先生百年诞辰》纪念集）昆剧的曲辞那么文雅深奥，即便老师详细解释了，小孩子也是似懂非懂，唱着唱着就走神了，春夏天还打瞌睡。沈老师看似不注意，但心里明镜似的。最后回课，都得老老实实地唱，谁都不能蒙混过关。

沈老师教身段，也是倾尽全力。蔡正仁清楚地记得，沈老师教《连环记》中《梳妆掷戟》时的情景。这出戏演吕布在凤仪亭质问"变心"的貂蝉，被董卓撞见。吕布气愤之极，执戟向董卓刺去。吕布是雉尾生应工，帽插双翎，舞方天画戟，身段动作极为繁复。正是大热天，沈老师又体胖，几遍掏翎、掷戟之后，已是大汗淋漓，汗衫都湿透了。学生们不忍心，让老师休息，沈老师却笑着说："你们学得好，我就高兴。说实话，我连教自己的儿子也没这么卖力！"简单的话，深深地刻在学生心里，化为练功的动力。

当时没有录音、录像，不管是唱念，还是身段动作，老师只有一遍又一遍地做出标准的示范，一遍又一遍地带着复习纠正，才能在学生身上打下深刻的烙印，确保在以后的演出中不走样。当蔡正仁自己做了老师教学生，才知道原来教戏比自己演戏累得多，也更加难忘老师的恩情。

沈传芷老师个子不高，胖胖的身体，圆圆的脸，总带着弥勒佛似的笑容。蔡正仁和沈老师格外亲些，老师家在苏州，蔡正仁家在吴江震泽，节假日多半在学校度过，师徒二人常在一起吃肉泡澡。少小离家，沈老师给予蔡正仁的，是父亲般的慈爱和关怀。沈老师喜欢吃肉，蔡正仁也喜欢吃肉，沈老师偶尔会带着他出去改善生活。沈老师常说："唱戏就是要多吃肉，要不然哪有力气呢？"唱戏真是个"体力活"，尤其是唱《长生殿》之类的大戏，尤其需要及时补充体力。现在，蔡正仁也把这个"光荣传统"传给了自己的学生们。

沈老师难得也有发火的时候。蔡正仁说自己学戏速度比较慢，在众多学生中算是比较笨的。别人都会唱了，他还不会；身段动作老师示范三遍，蔡正仁上去却只能学个五六分。这时候，沈老师也会着急上火。蔡正仁学得慢，还有一个原因，他想得比较多，总是在心里问为什么。虽然慢，但看得仔细，学得扎实。爱提问，也是蔡正仁的一个特点，有时候也能把沈老师问住。这个沈老师倒不生气，常常是笑着说："这个问题我也不是很清楚，我要回去查一下资料，下次再解释给你听。"现在蔡正仁教学生，总要留出一点时间给学生提问，从学生的问题里就能看出他们掌握了几分。

沈老师会戏极多，除了小生戏，还兼授正旦戏。他就像一个取之不竭的蓄水池，供学生们汲取艺术养分。沈老师不仅能演，而且能编能导，可谓"十项全能"。上海市戏曲学校排演的老戏新戏，多数都有沈传芷参与。

四、恩师俞振飞

俞振飞老师的出现，为"昆大班"的学生们拉开了舞台上的那道幕布，耀眼夺目，让他们领略到舞台的光彩。俞老就是那舞台的中心，他美妙动听的嗓音，儒雅潇洒的形象，散发出不可抵挡的魅力。蔡正仁不自觉地跟随着老师，努力再努力，希望成为老师那样的演员。

俞振飞出身书香门第，满腹诗书，善书法绘画，具有极高的文化艺术修养。父亲俞粟庐是清末民初著名清曲家，昆曲正宗"叶派唱口"的唯一传人，享有"江南曲圣"之美誉。俞振飞自小以《邯郸梦·三醉》中的〔红绣鞋〕为摇篮曲，六岁随父习曲，尽得家传。在身段表演上又得前辈艺人沈月泉亲授，后来又拜京剧名小生程继先为师，传其衣钵。俞振飞转益多师，博采众长，京昆兼善，在长达半个多世纪的舞台生涯中，与梅兰芳、程砚秋、周信芳、马连良、张君秋等京剧大师都有合作。尤其是自然流露的"书卷气"，为其一绝，令同辈、后人无限神往，梅兰芳就曾称赞俞振飞"在台上儒雅风流，无与伦比"。

俞振飞老师一出临时钻锅的《评雪辨踪》，让蔡正仁感受到了小生艺术的魅力。而俞老师的一段《邯郸梦·三醉》，又让蔡正仁明确了练嗓的目标，并为之努力终生。

1957年5月，俞振飞出任上海市戏曲学校校长。这一年正是明代剧作家汤显祖诞辰340周年，复旦大学举办纪念活动，邀请戏校师生前去演出。蔡正仁的嗓子渐渐恢复，在小生组也已学了好几个戏，渐渐脱颖而出。他与华文漪搭档的《断桥》被定为开场戏，然后是《牡丹亭·游园》等经典折子戏，大轴是俞振飞老师演出汤显祖"临川四梦"之一《邯郸梦》中的《三醉》。

这样高规格的演出，又是俞校长带队，大家都格外重视。蔡正仁特别上心，吊嗓、排练一丝不苟，他想借这个演出机会亮亮自己的嗓子，说不定能一鸣惊人。演出这天蔡正仁起了个大早，找了个空旷的地方喊了喊嗓子，状态很好，高音清亮。他心中暗喜，去药房买了口罩戴上，一整天都不说话，觉得这样就能把好嗓子存到晚上用。这个天真的想法，着实让蔡正仁出了一次大洋相。

《断桥》开场，蔡正仁的许仙出场，一张口，竟然发不出声音。他慌了神，使出浑身力气，嗓子就是不听使唤。其实嗓子一天没用，早就"闷"掉了。尤其是到了后半段，白素贞唱完一大段［金络索］"曾同鸾凤衾，指望交鸳颈。……"许仙要接唱："娘行须三省，乞望生怜悯。……"原本是亮嗓子的一段，结果蔡正仁不知从哪儿憋出了十分难听的声音。相辉堂的观众也发现了小许仙的问题，倒也不生气。只要许仙开口，观众就跟着乐，蔡正仁恨不得找个地洞钻进去。气氛挺热闹，但是演出砸了。好不容易挨到演完，蔡正仁逃回后台卸妆，一个人躲在角落里生气懊恼。

正在此时，从天外传来一阵仙音："趁江乡落霞孤鹜，弄潇湘云影苍梧。残暮雨，响菰蒲。晴岚山市语，烟水捕鱼图。把世人心闲看取。……"那是俞振飞老师在唱《三醉》中的头段曲子［红绣鞋］。蔡正仁冲到侧幕看老师演出，听得如痴如醉，心里就在琢磨："多么好的嗓子，多么美的声音啊！我怎么就唱不出俞老师那样的声音呢？"对比着自己刚才出的丑，蔡正仁更加羞愧，就自己这点水平就想"一鸣惊人"，自不量力，所以受到了"惩罚"。他暗暗下了练嗓的决心，不求快，五年、十年，哪怕练上一辈子，也要练出俞老师那样的嗓子！

从此，蔡正仁每天坚持早起喊嗓子，模仿俞老师的声音。一天两天容易，可是练了一两个月后，嗓子并无明显起色，这时候难免动摇，甚至打过退堂鼓。但只要

《三醉》，蔡正仁饰吕洞宾（陈鹏昌摄）

想到相辉堂观众的哄笑，想想俞老师美妙的声音，他咬咬牙，从头开始。一点点练，慢慢摸索，总结经验。放暑假时，蔡正仁回到震泽，就跑到大运河边喊嗓，对着奔腾的河水喊，对着过路的船只喊……两个月后回到学校，蔡正仁一亮嗓子，声音悠远嘹亮，把老师和同学都镇住了，连他自己也吓一跳。就此，他总结出一个练嗓的"秘诀"，就是要在空旷的地方喊嗓。

有了进步，得到了老师的表扬，蔡正仁练得更加起劲，早上练一次不够，下课之后还要再练一次。不能急于求成，要一个一个音地练，就像爬楼梯那样。这是蔡正仁总结的第二个经验。铁杵磨针，水滴石穿，两三年后，蔡正仁的声音终于到达了一个相对稳定和自如的状态。当然，这只是万里长征第一步，对于一个戏曲演员来说，声音训练是终身事业，一日也荒废不得。尤其是俞振飞老师的高度在那儿，蔡正仁更不敢懈怠。

"俞老师的嗓子、扮相真是好，在台上，怎么看都看不够。"跟俞老师学戏，现场观摩是最重要的学习方式。蔡正仁不放过任何观看老师演出的机会，俞老师演《牡丹亭》，他就演牛头马面；演《长生殿》，他就是小太监。戏曲界有一个词叫"熏戏"，学生追随老师，耳濡目染，天长地久，不知不觉受到影响。老师的艺术风格，包括一个细微的动作或眼神、一个小腔，都会不自觉地"移植"到学生身上。熏着熏着，蔡正仁身上真有了几分俞老师的影子。

俞老师舞台经验丰富，教戏"就讲他在舞台上实践的体会，哪些地方只要点到一下，哪些地方需要发挥一下，哪些地方需要特别'卖'一下，哪里又可以'偷'一下，等等。这些演唱的'体会'，便是老师几十年舞台实践的宝贵经验，即是行家所谓窍门，也就是艺术家的艺术结晶"。

俞老师正式教小生组的第一个戏是《拾画叫画》，大约是在 1959 年。"正式"的意思是从拍曲开始，再到念白、身段，完整地教一个戏。

《拾画叫画》是《牡丹亭》中的第二十四、二十六折，演柳梦梅因病寄居在杜府后花园的梅花观中，偶然在花园的太湖石下捡到了杜丽娘的写真图，为之所动，不禁叫之、拜之、赞之。《叫画》在原著中叫《玩真》，《拾画叫画》两折常常合在一起演。《拾画叫画》是小生的独角戏，是昆剧的"五独戏"之一。演员一人唱、念、做、舞，撑足全场，极考验功力。

这戏沈传芷老师也曾教过，有一定基础。俞老师的唱念和沈老师的基本一样，不同的是俞老师对小腔、擞头等细节地方特别讲究，而且还要讲出个所以然来。比如说落腮腔，俞老师就会强调下巴要动，通过下巴开合产生声音和耍腔的变化，唱

俞振飞老师讲《拾画叫画》，右为著名演员葛兰

《叫画》，蔡正仁饰柳梦梅（元味摄）

出来会更加饱满，富有感染力。这些地方，就是"俞家唱"的"独门秘笈"。

传统的《拾画叫画》，要连演四十多分钟。俞振飞1957年录音，蔡正仁为其配像，就是较为完整的版本，时长约四十分钟。蔡正仁记得还看过北昆白云生老师的《拾画叫画》，估计得五十分钟。俞振飞教给蔡正仁的，是"俞言版"《牡丹亭》中的一折，约三十分钟左右。1957年，上海市戏曲学校将改编本《牡丹亭》搬上了舞台，分为八折，俞振飞饰演柳梦梅，言慧珠饰演杜丽娘，简称"俞言版"。

俞老师这版《拾画叫画》的特点是精炼，精简了部分唱词和念白，保留了基本情节和人物情绪，使演出更为紧凑而吸引人，比较符合现代观众的观赏习惯。《拾画》中［颜子乐］完整保留，其他曲子一般不唱。

《叫画》的第一支曲子［二郎神］，主要表现柳梦梅猜测画中女子身份，保留三句唱。这段表演的身段很讲究，需与唱念、人物情感相协调，舞台表现的中心在画。这画是铺是挂也有讲究，俞振飞老师演的时候，画大部分时间是铺在桌上。画卷展开一半，柳梦梅看到女子仙容，以为是观音，便唱："这慈容只合在莲花宝座。"待画全展开，柳梦梅顺势看到画的下端，"原来不是观音"，因为"只见两瓣金莲在裙下拖"。他又猜"是尊嫦娥"，却"并不见祥云半朵"，视线遂又回到画的上部，"难道人间女子不成？"柳梦梅三猜画中女子的身份，当看到画上题诗："近睹分明似俨然，远观自在若飞仙。他年得傍蟾宫客，不在梅边在柳边。"确定了画中确实为人间女子，不由激动起来。第二支［集贤宾］唱全省，只留念白。柳梦梅觉得题诗中的"梅边""柳边"与自己大有关系，看这美人"熟识得紧"，忽然想起去春曾得一梦，"梅树之下，立着一位美人"，并说与他有"姻缘之分"。柳梦梅此时越发激动了，下面一支［莺啼御林］是柳梦梅与画中丽娘的"对话"，似在互吐情思。尤其是唱到末一句"她含笑处朱唇淡抹"时，柳梦梅以手指交替点自己和画中丽娘之唇，头渐渐靠近画作，似要亲吻。

至此，画都是铺在桌上的。蔡正仁理解老师的用意，杜丽娘的美是通过柳梦梅的唱念和表演表现出来的。如果观众能跟随"柳梦梅"的表演想象杜丽娘的容貌，那才是演员的水平和成功。如一开始就把画全展示给观众，一直挂着，坐实了，则失含蓄之美。观众是看画，还是看演员的表演呢？

唱完［莺啼御林］，柳梦梅此时已"想入非非"，才把画面向观众搁在书桌上，并念："看这美人，这双俊俏的眼睛，只管顾盼着小生。小生走到这边，嗻嗻嗻，她也看着小生。待我走到那边，咿咿咿！哈哈！她又看着小生……"念完这一段，又把画收起来，平铺在桌上。接下［簇御林］一段，则真是"叫画"，柳梦梅声声唤着"姐姐"，想象着把杜丽娘从画中叫出来，如癫如狂。

《叫画》很难，难在唱念、动作、眼神、情绪，四者要兼顾，并且始终围绕画展开。演员要和画交流，也要和观众交流。蔡正仁开始学的时候，总是顾此失彼。顾了唱念，顾不了眼神；顾了表情，又顾不上动作；好不容易全顾上了，却忘了画。柳梦梅的情绪层层递进，演员要交代清楚，不能自己演得很激动，观众却没什么感觉。柳梦梅"叫画"，痴狂中不失诚挚，不失书生的儒雅，这种分寸很难拿捏。

五、崭露头角：《惊变埋玉》

在俞振飞和沈传芷两位老师的悉心教诲下，蔡正仁的"小生"之路走得越来越稳。他在众多小生里脱颖而出，成为重点培养的对象。

1958年，为纪念元代戏剧大师关汉卿创作活动700周年，"昆大班"排演了关汉卿的两部代表作品《拜月亭》和《调风月》。蔡正仁饰演《拜月亭》中的男主角蒋世隆，张洵澎饰演王瑞兰。《调风月》则由梁谷音饰燕燕，岳美缇饰小千户，华文漪饰莺莺。"昆大班"的明星阵营，已初现端倪。

元代杂剧《拜月亭》，全名《闺怨佳人拜月亭》。此戏流传甚广，南戏《拜月亭记》，为"荆、刘、拜、杀"四大南戏之一。后又有南戏《幽闺记》，在杂剧基础上改编而成，情节有所不同。《幽闺记》是昆剧的基本剧目，"传"字辈老师常演《走雨》《踏伞》等八折，这些戏至今仍活跃于舞台。

戏校的这本《拜月亭》，由周玑璋、汪一鹓改编整理，沈传芷老师编曲，并与朱传茗老师共同担任导演。全剧共分为《逃军》《踏伞》《认女》《招商》《回朝》

《拜月亭·招商》，蔡正仁饰蒋世隆，张洵澎饰王瑞兰，刘异龙饰店家，冯顺芝饰店主婆

《拜月亭·团圆》，蔡正仁饰蒋世隆，张洵澎饰王瑞兰，周启明饰王镇，王芝泉饰王夫人，余慧清饰蒋瑞莲

《离鸾》《上路》《拜月》《思妻》《议婚》十出，删去了原著中陀满兴福这条线，主要突出蒋世隆和王瑞兰的爱情故事。1958 年 6 月 29 日，《拜月亭》首演于大众剧场。用现在时髦的话，是"青春版""全明星"阵容，除蔡正仁、张洵澎外，周启明饰王镇，王芝泉饰王夫人，余慧清饰蒋瑞莲。机缘巧合，五十年后，"昆五班"也排演了《拜月亭》，蔡正仁最年轻的学生卫立饰演蒋世隆，剧也是新编，不变的是青春靓丽的昆剧。

排演《拜月亭》时，蔡正仁的眼睛还遭遇了一场意外。1958 年，大炼钢铁，"昆大班"去上钢三厂劳动。这一天，一片米粒大的铁片弹进了蔡正仁的左眼，老师和同学赶紧把他送到第九人民医院。检查结果，铁片深入了眼球根部，差一点就要伤及大脑。第一次紧急手术，铁片没有取出来；如果第二次手术再失败，左眼球就要被摘除。学校领导果断将蔡正仁转到瑞金医院，主刀的是眼科主任、上海第二医学院的副院长聂传贤。聂医生早年留德，医术精湛。他巧妙地用吸铁石把铁片吸了出来，保住了蔡正仁的眼球，化险为夷。康复之后，为了感谢瑞金医院，蔡正仁和同学们专程医院为医生、护士演了一次《拜月亭》。第二医学院以此作为素材，创作了话剧《重见光明》，上海的一个少儿读物还专门写了文章报道了这件事。

蔡正仁也是因祸得福，正在欧洲巡演的俞振飞老师听说了这事，写信回国，关心鼓励这个年轻学生，他还说："等我欧洲演出回来后，那时我相信你一定康复出院了。请你放心，你想学什么戏，尽管提出来，只要你愿意学我都愿意教。"这无疑又给蔡正仁吃了一颗定心丸，他兴奋极了。

一场意外，最终是"喜剧"结局。学戏演戏，一切都回到正轨。

1959 年末至 1960 年初，上海举行盛大的"青年汇报演出"，话剧、杂技、戏曲、评弹的青年佼佼者同场竞技。上海市戏曲学校昆曲班共演出两场，1960 年 1 月 21 日日场演出折子戏《连环记·小宴》（甘明智、岳美缇）、《钟馗嫁妹》（方洋）、《惊变埋玉》（蔡正仁、王英芝）、《盗仙草》（王芝泉），1 月 22 日日场演出大戏《墙头马上》（岳美缇、华文漪、梁谷音、刘异龙）。这也是青年汇报演出的最后两场。

《惊变埋玉》是《长生殿》中的两折，一般作为"昆大班"实习公演的大轴，大官生的重头戏，有分量，能压得住台；又是生旦对儿戏，曲子好听，场面也热闹。《惊变埋玉》也是俞振飞老师的代表剧目，演出较多。

《惊变》演唐明皇与杨贵妃在御花园赏景饮酒，悠闲惬意。杨贵妃歌舞助兴，演唱李白所作《清平词》，唐明皇大悦。贵妃酒醉，被宫娥们搀扶而归。不料，乐极生悲，鼓声大作。杨国忠启奏安禄山起兵作乱，潼关已破，危及长安。唐明皇大惊失色，被迫起驾幸蜀避乱。若演到贵妃醉而归即结束，也常称作《小宴》。

《惊变》是《长生殿》中流传最广、演出最为频繁的一折戏。这一出有两难，

《埋玉》，蔡正仁饰唐明皇

一要演出帝王家的气派，二要生旦配合极默契。

　　演出帝王家的气派，非一朝一夕之功。身段动作尽量按老师的要求完成，要大气雍容，区别于巾生的潇洒飘逸；声音上也有大不同，大官生的嗓子更加宽厚醇正。在形象和声音上，蔡正仁努力模仿着俞老师，最难最难的是气质上接近。俞老师的唐明皇深深地刻在蔡正仁的脑子里："俞老唱［石榴花］［斗鹌鹑］时，总是微眯双目，偶尔张大，有时索性闭上，那种帝王的风度和气质真是妙不可言。"这当然是二十来岁的蔡正仁难以做到的，即便是演到七十多岁，他也觉得难以达到老师的高度。"我也学过，可是达不到老师的舞台效果。这是演员的修养、天赋和悟性，说不清，我希望下一代演员能有学好学像的。"

　　那时候和俞老师搭档的是言慧珠老师，两位真是珠联璧合，美不胜收。在《惊变》中，唐明皇与杨贵妃乘坐车辇，在太监、宫女的簇拥下出场，合唱［粉蝶儿］［泣颜回］两支名曲。为了看得更清楚，蔡正仁常争取演那个推车的小太监。御花园里摆上酒宴，贵妃歌舞助兴。贵妃不胜酒力，显出娇美的醉态，唐明皇见了越发喜欢。这一大段表演，一要表现帝王家生活的富丽堂皇，二要表现唐明皇与杨贵妃之间的恩爱。演唱时，生旦的气口、要腔、声音要协调一致。舞蹈时，身段、动作也要配合默契。尤其是眼神交流，时时处处表现两人的浓情蜜意。

蔡正仁与华文漪

生旦配合，也是小生要过的一关。蔡正仁最初学习《断桥》时，与饰演白素贞的华文漪压根就不敢对看，更别说亲昵的动作和眼神了。沈传芷、朱传茗就用火柴撑开了两人的眼皮，用手固定两人的头。"强扭的瓜不甜"，生旦之间的配合，要发乎自然，才能表现人物、剧情，才能打动观众。在两位老师的调教下，蔡正仁渐渐开窍了。这类戏倒成了他擅长的剧目，女同学也喜欢和他搭戏。除了《断桥》，《贩马记》也是常与华文漪搭，《评雪辨踪》是和蔡瑶铣、张洵澎合作。而这出《惊变埋玉》，与他搭档的则是王英姿。

《埋玉》紧接着《惊变》的情节，唐明皇行至马嵬坡，护驾士兵因杨国忠专权弄国，怒而杀之，并迁怒于杨贵妃，"不杀贵妃，誓不护驾"。无奈之下，唐明皇保江山而弃美人，杨贵妃自缢而亡。这段要演出逃亡、兵变的紧张气氛，以及李、杨之生离死别。

年轻的唐明皇和杨贵妃，演得虽还稚嫩，但中规中矩，尽力按着老师的要求完成。坐在台下的俞振飞老师和副校长周玑璋真是高兴又欣慰。观众也喜欢，有人窃窃私语："演唐明皇的那个真像俞振飞……"

就在蔡正仁演出《惊变埋玉》的当天，1月21日的《解放日报》刊登了一篇题为《谈昆曲小生蔡正仁的成长》的文章，署名野鹤。文中称赞蔡正仁："不管扮演任何角色都有适当的风度；他的嗓子不但真假嗓都很响亮，而且能运用得比较自然、圆润而有韵味，虽然现在还觉得嫩一点，如果再锻炼几年，很有可能成为一个

蔡正仁和同学孙世龙

出色的昆曲小生……在昆曲小生中比较难学的是鞋皮生（即穷生）和冠生，这两种小生不但对外形要求很严，更重要的要有内心的表现力，这两种角色如果只做到外形的像而缺乏内心的感情，则不能表现人物的真实性和完整性……"

从 1960 年起，"昆大班"每周在上海市戏曲学校实习剧场演出，星期五、六、日演夜场，星期日加演日场。蔡正仁的演出越来越多，认识他喜欢他的人也越来越多，报刊杂志上也常常能见到对他的报道和赞美。

蔡正仁不仅在艺术上名列前茅，思想上也积极进步，用当时的话来说是"又红又专"。1956 年，他加入了共青团，并担任总支委员和昆曲班的支部书记；1958 年，他被评为"上海市青年建设社会主义积极分子"；1959 年，又被评为学校的"五好学生"。1960 年 7 月 6 日，在辛清华、范静波两位老师的介绍下，蔡正仁光荣地加入了中国共产党，他是昆曲班第一个入党的学生。

第三章

春风得意

我们提前毕业组成京昆实验剧团，与时代需求有很大的关系，我们是一张文化交流的名片，代表了新中国的艺术形象。我们去香港演出《白蛇传》，空前成功，对我个人的艺术道路，对昆剧的发展，都有很大影响。

——蔡正仁

新中国的戏改，如火如荼地进行了十年，成绩显著。

新中国培养的第一批戏曲演员也陆续毕业，走上舞台。1958 年，中国戏曲学校的一批京剧毕业生进入中国京剧院，成立中国京剧院四团。1959 年，由杨秋玲、王晶华等年轻演员担纲主演的《杨门女将》获得极大成功。京剧《杨门女将》是剧作家范钧宏根据扬剧《百岁挂帅》改编而成。同年，北京电影制片厂将之拍成彩色电影，引起轰动。1960 年，《杨门女将》荣获《大众电影》"百花奖"，这部京剧电影不仅红遍了大江南北，也让香港观众为之疯狂。香港已经有十年没看过传统戏了，便想邀请《杨门女将》赴港演出。

让中国京剧院四团去香港演出《杨门女将》，似乎是顺理成章的事情。但中央领导想得更为深远，与中国戏曲学校南北呼应的上海市戏曲学校，也有一批青春靓丽的年轻演员即将毕业，而且有京有昆。如果由这批演员组团赴港演出，将会给香港同胞带去更大的惊喜，更能全面展示新中国培养戏曲演员的成果。

一、提前毕业

"华东戏曲研究院昆曲演员训练班"于 1954 年 3 月 1 日开学，次年转为上海市戏曲学校昆曲班。原来计划学制为九年，1963 年毕业。但领导觉得"昆大班"在艺术上已较为成熟，也积累了一些舞台经验，可以正式站上舞台了。另外，上海市戏曲学校首届京剧班，即"京大班"，已经毕业。"京大班"招收的是初中生，1956 年入学，学制五年。所以，1961 年 8 月，"昆大班"提前一年半毕业，与"京大班"

"昆大班"时期的蔡正仁

组成"上海市戏曲学校京昆实验剧团"（后改为"上海青年京昆剧团"）。当然，京昆实验剧团的成立，也受到了赴港演出的影响。因为实验剧团成立才一个月，就接到了赴香港演出的任务，是周恩来总理和陈毅副总理亲自讨论决定的。

1961年8月1日，上海市戏曲学校第一届昆曲、京剧、武功三班共同举行了毕业典礼，蔡正仁作为毕业学生代表发言。俞振飞校长亲自给学生颁发了毕业证书，同时宣布"上海市戏曲学校实验京昆剧团"成立。剧团共有演员84名，其中昆剧49人，京剧35人。可谓人才济济，行当齐全，青春靓丽。昆剧旦角有华文漪、梁谷音、张洵澎、王芝泉、王英姿、蔡瑶铣，小生有蔡正仁、岳美缇，老生有计镇华，丑角有刘异龙，花脸有方洋、陈治平，武生有丘众等。京剧也是群英汇聚，青衣李炳淑、杨春霞，老生李永德、周云敏，小生费振年、陆柏平，老旦孙花满，武旦齐淑芳，花脸苏盛义，花旦高青。光听名字，就觉得光华灿烂，耀眼夺目。

剧团一成立，便投入紧张的排练。建团公演，也是赴港演出预演，备受瞩目，《新民晚报》等报纸做了连续跟踪报道。千挑万选，最终选定两台大戏：京昆合演的《白蛇传》和京剧《杨门女将》。

京昆传统戏里都有《白蛇传》，昆剧习惯叫《雷峰塔》，赴港演出选用的是田汉的京剧剧本。京剧《白蛇传》是新中国成立后新编戏的又一代表作，田汉十年磨一剑，在民间传说和传统戏的基础上，几易其稿而成。此版《白蛇传》大大减弱了传统戏的"妖"气，更加符合"人"性。尤其是白素贞的形象更趋完美，她美丽深情，温柔善良，遭遇变故时又是那么勇敢无畏；许仙的形象也变得可爱许多，原来是懦弱、无主见，田汉将之塑造为一个质朴善良的小市民，虽有一时动摇而有负白素贞，但最终醒悟，对白素贞真心真意。1952 年，中国戏曲学校首先排演了《白蛇传》，担任唱腔设计的是"通天教主"王瑶卿，导演李紫贵，刘秀荣饰白素贞，张春孝饰许仙，大获成功。1954 年，中国京剧院排演《白蛇传》，阵容更为强大，导演吕君樵、郑亦秋，杜近芳饰白素贞，叶盛兰饰许仙。经过新一轮加工打磨，《白蛇传》更加精致优美。这一版《白蛇传》流传甚广，成为京剧的代表剧目、常演剧目。

上海市戏曲学校实验京昆剧团排演《白蛇传》，请来了前两版的导演李紫贵、吕君樵。"南吕北李"一起给初出茅庐的小演员排戏，可见对此事的重视。除了《上山》《盗草》《水斗》等几折将田汉的词改唱昆曲外，基本就是原版演出，得其精华。京昆合演是此版《白蛇传》的一大特色，另一与众不同之处，是汇集了四个"白娘子"：华文漪、王芝泉、王君惠、杨春霞；三个"许仙"：岳美缇、蔡正仁、陆柏平；三个"小青"：王英姿、齐淑芳、于永华；两个"法海"：计镇华、朱文虎。按现在的话说，就是"超豪华""青春版"。

京昆合演的《白蛇传》共十二场，《游湖》《结亲》《查白》《说许》《酒变》几场唱京剧，华文漪的白素贞；《上山》《逃禅》，蔡正仁的许仙，唱昆曲；《盗草》《水斗》唱昆曲，王芝泉、王君惠分饰白素贞；《断桥》《合钵》《毁塔》，唱京剧，杨春霞的白素贞。（正式演出剧目有调整）就戏份而言，蔡正仁不算重，虽然唱词念白和原来所学的传统戏有所区别，但都是昆曲，多多练习，便胸有成竹。

经过两个月的排练，"上海市青年京昆实验剧团"的建团公演拉开帷幕，由俞振飞、言慧珠两位校长领衔，从 10 月 1 日至 31 日，整整持续了一个月。其中，由年轻演员担纲演出的就有三十多场。

首先推出《杨门女将》和《白蛇传》两台大戏，令观众耳目一新，好评如潮。俞振飞老师特撰文《〈白蛇传〉中的三个许仙》，对蔡正仁的"许仙"颇为满意：

> 蔡正仁所扮的许仙，只有《上山》《逃禅》两场戏，一共也不过演十
> 几分钟，可就在这短暂的两个过场里，他便以相当强烈的艺术魅力，吸引

了观众。他的昆曲唱念发音部位正确，优美动听。《上山》一出场的一段〔雁过声〕，歌来感情饱满，唱出了许仙六神无主、疑虑难释的心境。尤其是当他回忆端阳唱到"揭开红罗帐"时，猛地一顿，目瞪口呆，倒抽一口冷气，把当时的惊恐神色，再现眉宇，观众心弦也不禁为之一震。许仙原本无意上山，法海再度挑唆、蛊惑，蔡正仁抓住了许仙当时既怕蛇妖、又爱贤妻的这种动摇心情，着意刻画：苦闷、惊恐、彷徨、踌躇，以至终于随法海上山，层次鲜明。尽管这一场戏不多，它却是集中表现人物性格的关键之一，一般观众对他的表演反映是好的。

《逃禅》紧接在火爆紧张的《水斗》之后，演"冷"了，戏便断气，而且会使《断桥》顶不上去。蔡正仁在这一场戏中，适当地运用了幅度较大的夸张表现手法。和小沙弥对话时，他巧妙地撷取溶化了《奇双会》中《三拉》的一些动作，把许仙那种像热锅上的蚂蚁似的焦急情绪以及跳出樊笼、投奔爱妻的果决心情，有力地表达出来，发挥了这两场戏承上启下的重要作用。

学生的用心，老师看得清清楚楚。

《杨门女将》《白蛇传》公演结束之后，青年京昆剧团又在中国大戏院作了为期十天的演出。除了在《白蛇传》中演许仙，在《贩马记》中为俞振飞、言慧珠两

《活捉王魁》，蔡正仁饰王魁，华文漪饰敫桂英

位老师配演保童外，蔡正仁还主演了好几个折子戏，与李炳淑合演《三堂会审》，与华文漪合演《活捉王魁》，颇引人瞩目。

二、誉满香江：《白蛇传》

新中国建立的戏曲学校培养的第一代演员，去香港演出新编剧目，其艺术和政治意义不言而喻。上海青年京昆剧团第一轮公演结束后，听取各方意见修改调整，又在 11 月进行了一次短期公演。计划月底出发至广州预演，12 月中旬赴香港正式演出。万事俱备，大家跃跃欲试，紧张又兴奋。

可就在这个关键时刻，发生了两个意外，让蔡正仁措手不及。先是三个"许仙"变成了一个，再是蔡正仁这个唯一的"许仙"竟然哑了嗓。

原来有三个"许仙"：岳美缇、蔡正仁、陆柏平。岳美缇因为家庭成分未通过政治审查；陆柏平则是横遭意外，因为食物中毒住进了医院。这时候离出发不过半个月时间，蔡正仁必须在这段时间内学会另两位"许仙"的戏，而且都是京剧。

蔡正仁一头扎进了排练，背词，学身段，和"白素贞"对戏。在戏校虽然学过点京剧，但和上台正式演戏完全是两回事。京胡一响，蔡正仁都不知道从哪儿开口唱。刚开始真是手忙脚乱，顾此失彼，狼狈不堪。李紫贵导演和众位老师就围着他，练习练习再练习。终于，蔡正仁将《白蛇传》全剧学了下来，领导审查也通过了。

一场危机，转变为契机。看似偶然地，蔡正仁获得了在这个重大演出里担纲主演的机会，但机会只属于有准备的人。而且，对这个年轻人的考验还只是开始，容不得他有丝毫懈怠。

11 月底，剧团以"上海青年京剧团"为名出发至广州。时任上海市文化局局长的孟波为团长，副团长是《上海戏剧》的副主编、中国戏剧家协会上海分会副主席刘厚生，俞振飞、言慧珠任艺术指导。剧团先在广州预演，决定《白蛇传》和《杨门女将》两台大戏哪一台打炮。

两台大戏各有优势，《杨门女将》已有电影版在香港的影响，可谓先声夺人；而《白蛇传》是京昆合璧，有文有武，必定令人耳目一新。意见不一，争论不下。最后决定邀请 150 多位香港著名人士来广州观看《白蛇传》《杨门女将》，由他们投票决定。更深一步想，提前请香港观众来看戏，也便于宣传。

虽然同属于一个剧团，但《白蛇传》以"昆大班"为主，《杨门女将》以"京大班"为主，大家不免有竞争之心。而就在这关键时刻，蔡正仁的嗓子竟然哑了。

这一天，上午安排《白蛇传》走台，晚上为香港客人演出，广东省和中南局的

《白蛇传·断桥》，蔡正仁饰许仙，杨春霞饰许仙，于永华饰小青

领导都会来看。领导提醒大家走台时注意控制嗓子和体力，以保证晚上演出的质量。走台开始，台下竟坐满了观众，原来是广东省戏曲学校的学生前来观摩学习。年少气盛，大家都不愿在"同行"面前示弱，便拿出七八分力气。蔡正仁更是扎扎实实地演了一回《白蛇传》，该翻高腔的，该吊毛抢背的，一处都没含糊。下午是全体共青团员开誓师会，统一思想，鼓舞士气，保证演好晚上的《白蛇传》。蔡正仁是党员，自然带头发言，慷慨陈词。这时候，他嗓子扁桃体已经发炎，自己却全然不知，更不懂休息调整。

晚上正式演出，蔡正仁觉得越唱越累，气不够，怎么也使不上力。演至《断桥》，"许仙"唱大段［西皮流水］向娘子吐露真情："先只想拜佛早回转，文殊院粉墙高似天。听鱼磬只把贤妻念，那几夜何曾得安眠？……"接着"白素贞"接唱脍炙人口的"小青妹你慢举龙泉宝剑"一段。饰演白素贞的是蔡正仁的同学杨春霞，她原在"昆大班"，主工闺门旦，后转学京剧。杨春霞的嗓子好极了，声音又脆又亮，而且唱得缠绵婉转，观众一阵阵地喝彩鼓掌。

"白素贞"这一大段唱有十二分钟，"许仙"只需配合着做动作。十几分钟不唱，嗓子更加肿胀。"白素贞"唱完，"许仙"本该叫一声"娘子啊"，接唱［西皮摇板］"端阳那日我吓破了胆，轻信法海去逃禅。才知道娘子心良善，千辛万苦为许仙……"哪知"许仙"一张嘴，完全发不出声音。杨春霞最先发现异样，用眼神询问蔡正仁：难道是忘词了？蔡正仁面红耳赤，拼命挤出一个又尖又细的声音。他心中暗叫一声不好，复旦相辉堂的哑嗓事故将要重演，又是这折《断桥》！

《断桥》之后是《合钵》，"许仙"不仅有好几段唱，而且还要翻高腔！当时领导建议把高腔改成低腔，可蔡正仁已心慌意乱，加之京剧才刚学会，降调降腔唱没把握，他只得硬着头皮再上场。结果可想而知，勉强应付，这场《白蛇传》算是演砸了。想想上上下下几十人的努力将付之东流，蔡正仁又羞又愧，沮丧极了。第二天一早，他被送到中山医科大学医院治疗。

意想不到的是，香港"评审团"最终还是选择了《白蛇传》作为打炮戏。蔡正仁又惊又喜，他不知道原因，也没时间容他探究原委。在《大公报》一篇名为《〈白蛇传〉先睹记》的文章中说道："我们不但看到了他（蔡正仁）的俞派唱腔和周身书卷气，也欣赏了他的武功，一个吊毛，引起了满堂掌声。"（1961年12月20日，梅岭春）由此可知，香港观众并没有发现"许仙"的嗓子出了什么大问题，或者说是瑕不掩瑜。离到香港正式演出只有一个星期了，《白蛇传》要连演十二场，领导为确保万无一失，让京剧小生费振年突击学习"许仙"的戏。正式演出时，费

海上谈艺录 ◆ 蔡正仁卷

蔡正仁和"白素贞"杨春霞（左）、华文漪在一起（2014年）

蔡正仁

上海市戲曲學校崑劇班第一屆畢業生。專攻小生，由沈傳芷老師教導，幷得著名表演藝術家俞振飛指導。擅演冠生、鞋皮生（窮生）戲。常演"驚變埋玉"、"販馬記"、"太白醉寫"、"活捉王魁"、"評雪辨踪"、"見娘"、"斷橋"等戲，在"白蛇傳"中飾許仙，形象刻劃較爲生動。

赴港演出场刊对蔡正仁的介绍

振年一同化妆，穿戴好，时刻准备着接演"许仙"。

　　广州这边紧张准备，香港那边的观众则是翘首以盼，奔走相告，期盼上海青年京剧团的到来。12 月 18 日下午，在俞振飞、言慧珠的率领下，剧团 80 多人到达香港尖沙咀火车站。普庆戏院董事长何贤和《大公报》社长费彝民等各界人士到车站迎接。《大公报》《星报》《华侨日报》等均在显著位置报道了剧团到港的消息，并说明《白蛇传》于 19 日上午 10 时在普庆戏院预售三天戏票，21 日首演。在演员介绍中，蔡正仁已被称作"小俞振飞"，还特别提到："蔡正仁的许仙，有一个十分精彩的身形，许仙跪在白娘子前面，被小青猛踢一脚，许仙就地旋身，一个抢背，既快且准，又高又圆，是个精湛的身形功夫。"（《大公报》12 月 19 日）

　　在 19 日刊出的接站照片中，有一张很有意思。接站的人排列得整整齐齐，演员也是排成一列，依次握手。其实，在这场沪港艺术交流的背后，隐藏着一场特殊的政治"斗争"。据说在香港的台湾特务预谋在火车站截走蔡正仁等"十二块金牌"，借此制造事端，破坏内地与香港的交流；另外的目的是"解救"这些优秀的年轻演员，帮助他们"走出牢笼，奔向自由世界"。有备无患，香港接待方面动员了九龙的工会，组织大批工人到车站迎接。他们组成两道人墙，把其他迎接的人员拦在外面，以防万一。演员一下火车，迅速从人墙中间穿过，直接上车。每辆车都编了号，蔡正仁牢记自己应该坐三号车，不敢多看多停留，看准了就钻进去。车子一辆辆紧跟着，直接开往旅馆。

这种紧张的气氛贯穿了演出始终，香港方面的保护十分严密。旅馆就在剧场的不远处，穿过马路就到了。就算是几分钟的路，也不允许演员们单独行走，来往总有保镖不离左右。到了剧场，再换一批人，滴水不漏。太周到了，也有坏处，繁华的香港没机会逛，街边小吃也只能看看，暗咽口水。

别说香港方面保护过度，台湾特务还真制造了些麻烦。《白蛇传》首演，上半场顺利结束。下半场《上山》，许仙上场刚开始唱，突然响起了"机关枪"的声音，把演员的唱念全部淹没了。和蔡正仁演对手戏的是"法海"朱文虎，两人强装镇定，继续演着，侧眼看到孟波和刘厚生团长在侧幕做手势，意思是"不要慌"！果然是虚惊一场，是有人故意在剧场外放鞭炮。据说特务破坏演出有两种方式：放毒蛇或装定时炸弹。演员们虽然受了惊吓，倒都还镇定，没有影响演出。

香港接站场面

《白蛇传·游湖》，蔡正仁饰许仙，华文漪饰白素贞，王英姿饰小青，张启洪饰艄公

当然，这场"意外"淹没在如狂欢般的演出中，大多数人并不知情。

《白蛇传》始终一票难求，戏票总在预售那天被一抢而空，买票的队伍在普庆大戏院外围了一圈又一圈。能否买到上海青年京剧团的演出戏票，成为亲友间谈论的话题，甚至是炫耀的资本。没买到票的观众，迟迟不愿离开，守在戏院门口等着退票或加座。为了满足观众要求，从 23 日起，丽的金色台在晚 8 时播出演出实况，《大公报》全文刊登了全部《白蛇传》的念白和唱词。

从 24 日起，普庆戏院设日夜场，日场演出京昆折子戏，晚上演出大戏。《白蛇传》和《杨门女将》各连演十二场。年轻演员们尽情展示着自己的本领，他们的剧照持续占领着各大报纸的版面，他们的一举一动也格外受人瞩目，即便是练功、出游都被记录下来，写成报道。

这批如花似玉的年轻演员，引起了香港各界人士的关注，尤其是戏剧界，他们热烈讨论着"白素贞""许仙"和"穆桂英"的表现。粤剧演员白雪仙、任剑辉、陈锦棠、梁醒波等简直被迷住了，一场一场地追看。白雪仙喜欢白素贞，任剑辉则钟情许仙。吃饭、聚会，小演员们被奉为座上宾。香港的电影演员夏梦、高远、傅奇，都兴致勃勃地向"小老师们"学习身段动作。有一张珍贵的照片，蔡正仁和著名影星夏梦、高远举杯共饮。蔡正仁笑得略有些腼腆，但并不怯场，落落大方，容貌气质竟不输这两位大明星。那是 21 岁的蔡正仁，清秀俊朗，自信满满。

年轻演员展示结束后，俞振飞、言慧珠联袂演出吹腔《贩马记》，昆剧《惊变埋玉》《太白醉写》，京剧《凤还巢》《宇宙锋》《贵妃醉酒》等代表剧目。两位大师

蔡正仁（左二）与香港演员夏梦、高远合影（左一为蒋英鹤）

蔡正仁（左三）与香港演员傅奇、高远、朱虹等合影

上海青年京剧团在香港合影（后排右三为蔡正仁）

俞振飞、言慧珠和学生们在香港合影（左四为蔡正仁）

珠联璧合的演出，又掀起一个观剧高潮。如果说年轻一辈的演出清新如山泉，那么俞、言二位的演出则醇厚如陈酒，香港观众看得如痴如醉。

这次公演从 1961 年 12 月 21 日一直持续到 1962 年 1 月 21 日，历时一月，共演出三十九场，场场满座，观众近七万。演出盛况空前，足以载入新中国戏剧演出的史册。上海青年京剧团在香港度过了圣诞节和元旦，体验了一回"资本主义社会"的繁荣。虽然，大家都心存警惕和疑惑，但艺术的碰撞和交流所激发的热情，深深印刻在蔡正仁的脑海中。

1962 年 1 月 24 日，上海青年京剧团回到广州汇报演出。2 月 20 日，回到上海。自 3 月 1 日起，又在人民大舞台作汇报演出，《白蛇传》和《杨门女将》都连演半个月。至此，上海青年京剧团赴港演出圆满落幕。

三、春风得意：《白罗衫》

再辉煌的成功也只属于昨天，剧团领导并没有给年轻人沾沾自喜的机会。赴港汇报演出一结束，蔡正仁就投入了新戏《白罗衫》的排演。当时，剧团同时排演了两部大戏——京剧《大名府》和昆剧《白罗衫》。

《白罗衫》是昆剧的传统剧目。清末常演《贺喜》《井遇》《游园》《看状》《详梦》《报怨》六折，其中以《看状》一折最为著名，"传"字辈老师能演十五折。1956 年，南北昆第一次汇演时，俞振飞和周传瑛、郑传鉴、朱传茗、王传淞、华传浩、沈传芷、张传芳等合作，演出了串折全本。在戏校时，蔡正仁学习了《井遇》《看状》等传统折子戏。

这一版《白罗衫》由苏雪安改编，突出徐继祖在审案过程中矛盾复杂的心理变化。沈传芷、华传浩两位老师任艺术指导，较为特殊的是担任此剧导演的是著名电影演员舒适。蔡正仁饰演主角——少年巡按徐继祖，蔡瑶铣饰郑兰，钟维德饰徐能，刘异龙饰李贵。徐继祖受理一件十八年前的杀人越货案，发现被告竟是自己的父亲徐能。徐继祖通过矛盾挣扎，秉公审理。最后白罗衫出现，证实徐继祖并非凶手徐能的儿子，告状的妇人郑兰才是他的生母，真相大白。比之蒋世隆，徐继祖这个人物的内心戏更加复杂，人物更加深刻有张力。

6 月 1 日起，《白罗衫》在中国大戏院上演。《白罗衫》是蔡正仁继《拜月亭》后担纲主演的第二新编剧目，颇受好评，《新民晚报》和《文汇报》都刊发文章，赞扬蔡正仁的表演：

这个戏重点集中在徐继祖身上，扮演者蔡正仁抓住贯穿全剧的"惊"

《白罗衫》，蔡正仁饰徐继祖

字来表现人物的感情变化。原告郑兰说出被告徐能左脸有一肉瘤，姓名相同，形貌相似，使他"一惊"。……于是他微服私访，来到当年肇事地点，从老船户嘴里探得果有此事，并指出徐能就住在他家居住的清河县城，这使他"二惊"。……为了进一步核实，他回家探询，从奶公惊慌的神情中，从养父吞吐的谈话中，更疑更惊了。他想找到凶手，又不敢找到，想象是但又不愿是；既要秉公理案，为民雪冤，不料这场官司落在自己身上。演员用跪对老父、满脸痛苦的神情令徐能招供，表达了此时此地角色的复杂感情。蔡正仁在掌握"三惊"上是有分寸的。初惊仅是头帽的振动，像在说："啊?!"二惊时比一惊掌握较多材料，所以在老船户说完"凶手就在清河县城"时，演员抖袖直颤。等到真相逐渐大白，知道凶手就是养父时，演员用了一个反甩袖，一个跟跄，表达了感情的起伏。

《白罗衫》演得并不多，因为从1963年起，传统戏渐渐不能演了，"文革"后也没有机会复排。但蔡正仁却念念不忘，时隔五十多年，依然记忆清晰。他觉得这

《白罗衫》，蔡正仁饰徐继祖，蔡瑶铣饰苏夫人，陆永昌饰奶公，成志雄饰小三

版《白罗衫》的改编很成功，值得复排演出，能够锻炼年轻演员。《白罗衫》对蔡正仁来说还有一个特殊意义，那是他和同学蔡瑶铣合作的唯一一部大戏。"昆大班"人才济济，旦角更是耀眼夺目，经常和蔡正仁搭戏的有华文漪、张洵澎、王英姿等。蔡瑶铣主工正旦兼闺门旦，和蔡正仁合作大戏的机会不多，常合演的是折子戏《评雪辨踪》等。上世纪80年代初，蔡瑶铣赴北方昆曲剧院工作，两人一南一北，各自忙于工作，但同学、搭档的感情不减，一直保持联系。2007年，蔡瑶铣因病早逝，这是蔡正仁心中深深的遗憾。最近几年，昆剧的形势越来越好，可老同学却没有赶上。她的正旦戏在同辈中首屈一指，却是后继乏人，也是昆剧界的遗憾。

1962年底，蔡正仁带着《白罗衫》参加了苏、浙、沪三省一市昆曲观摩演出大会，获得优秀表演奖。参加这次昆曲汇演的，除了上海青年京昆剧团、浙江昆苏剧团和江苏苏昆剧团外，还有永嘉县昆剧团、武义县昆剧团及宁波昆剧老艺人，共计五百多名演员，共演出十四场。其中年轻演员四百多人，以沪、浙、苏建国后培养的为主，演出其中七场。上海市戏曲学校培养的"昆大班"、浙江昆苏剧团的"世"字辈、江苏苏昆剧团的"继"字辈，首次"大会师""大比武"，优秀者崭露头角，昆剧后继有人、欣欣向荣的局面令人欣喜。

既为同辈年轻演员，不免拿来比较。上海青年京昆剧团得俞振飞大师和"传"字辈亲授，自然出挑，被认为整体风格"华丽、精巧、细腻"。作为小生的代表，上海的蔡正仁和浙昆的汪世瑜、苏昆的董继浩被认为成"鼎足而三"之势。旦角里

《墙头马上》，蔡正仁饰裴少俊，华文漪饰李倩君　　《长生殿》，蔡正仁饰唐明皇

如华文漪、张继青、沈世华等也都小有名气了。

　　1962年是忙碌而充实的一年，巡演、汇演，日程排得满满的。上海青年京昆剧团是上海一张靓丽的名片，承担了许多重要演出任务。3月、5月，毛泽东先后两次观看了折子戏，周恩来、陈毅、叶剑英等中央领导也都十分喜欢。除此之外，他们还常常招待外宾。蔡正仁常演的大戏，除《白蛇传》《白罗衫》外，还有《牡丹亭》《墙头马上》和《贩马记》；折子戏有《评雪辨踪》《惊变埋玉》《太白醉写》等。

　　上海青年京昆剧团是一个辉煌耀眼的团体，虽然从建立到"文革"，实际存在、能进行正常演出的时间不过三四年，昆剧演出则更短。但它在中国戏曲演出史上取得的光辉和荣耀，至今为人所津津乐道。

四、风云突变

　　昆曲观摩演出热热闹闹地举行着，台上台下，四百多个年轻的昆曲演员正待绽放自己的艺术华彩。然而，风云变化，轰轰烈烈的"大写十三年"正在上海酝酿，改写了他们这一代人的命运。

　　1963年1月4日，柯庆施，时任中共上海市委书记、上海市长，在上海文艺界

蔡正仁在深圳演出昆剧现代戏《琼花》

元旦联欢会上提出"大写十三年"的口号，号召文艺工作者要关注 1949 年以来的社会现实，创作反映社会主义革命和建设的艺术作品。迅速地，现代戏的风潮从话剧开端，席卷整个戏剧界。1963 年年底，在上海举行华东话剧观摩会，全部为现代剧目。1964 年 6 月 5 日至 7 月 31 日，在北京举行了京剧现代戏观摩演出大会，全国 18 个省市的 29 个剧团参加。这场酝酿了大半年的京剧汇演，共上演了 35 个剧目。《杜鹃山》《红色娘子军》《红灯记》《智取威虎山》……这些日后"一统天下"的"样板戏"初见端倪。

以演才子佳人、帝王将相为主的昆剧，早早地感受到政治变化带来的寒流。传统戏不能演了，昆剧还能演什么？

1964 年，蔡正仁在昆剧现代戏《自有后来人》中饰演大反派鸠山；1965 年，在新创作的现代戏《琼花》中饰演南霸天。蔡正仁当时很瘦，演南霸天时不得不在嘴里塞上棉花，把脸撑起来，在形象上靠近人物。风流倜傥的小生，演起了日本鬼子、地主恶霸，不免荒唐。

1965 年 11 月 10 日，《文汇报》发表《评新编历史剧〈海瑞罢官〉》。1966 年 5 月 10 日，《解放日报》《文汇报》发表《评"三家村"——〈燕山夜话〉〈三家村札记〉的反动本质》，"文化大革命"正式拉开帷幕。

《琼花》的成功，并不能改变昆剧的命运，毛泽东一句"我看京昆剧团的'昆'字可以拿掉了"，便给昆剧判了死刑。"上海青年京昆剧团"只剩下京剧半边天，昆剧队的演员四散。蔡正仁起初留在团里跑龙套，演日本兵。再后来，连龙套都没机会演了。1967 年，排演革命现代戏《南海长城》时，他被调离演员队，进食堂负责管账，兼管分发饭菜。蔡正仁管账管得一塌糊涂，苦不堪言。没多久，他又被下放到"五七干校"劳动学习，每天插秧、摘棉花，彻底离开了剧团和舞台。

蔡正仁亲历了周信芳的批斗会，在文艺会堂，俞振飞老师就坐在他对面。很久没见过俞老师了，可老师面色凝重，没和他说一句话。那还是"文革"前夕，"批斗"也不过是喊喊口号，但亲眼看到德高望重的"麒老牌"受此侮辱，蔡正仁心生恐惧，俞老师难道也要遭受这些吗？

"文革"的残酷和黑暗，远远超出了蔡正仁的想象。俞振飞被定性为"黑帮分子""反动学术权威""文艺黑线代表人物"，大字报铺天盖地，大会小会地被批斗，写不完的"请罪书"和"检查"……蔡正仁时时留心着老师的情况，却也无能为力。难得一次见面，是在"文革"中后期，当时蔡正仁在"吕君樵专案组"负责记录工作。专案组在文艺界大破"四旧"，"询问"俞老那些戏服的去向。蔡正仁眼看着老师被审问斥责，那种痛与无奈，不是经历那个年代的人，无法体会。

蔡正仁是俞振飞的学生，被定性为"文艺黑线"培养的"黑尖子"，也受了些苦。但和老师相比，他的遭遇算不了什么。如今回想起来，最让蔡正仁心痛的是上交了俞老师给他的两三百封信，亲手毁了多年积累的曲谱和剧本。"我有一大摞剧本，当时学戏时，老师说了什么，这个身段应该怎么样，这句唱腔要注意什么，我都一句一句记下来。这么珍贵的剧本，我当时就是自觉地，甚至是心甘情愿地，一本一本地撕了，放在煤球炉上烧了。现在想想，太可惜了！就留下一本《惊变埋玉》和《迎像哭像》，现在当宝贝收着。还有俞老给我的那么多信，谈艺术谈人生，多珍贵啊，都上交了。现在不知道在哪个角落，或者说已经被毁了，想想就心疼，钻心地疼啊！"

"文革"十年，运动一场接着一场，长期的身心折磨使人不自觉地怀疑、否定自己，否定自己的人生选择。靴子劈了，剧本烧了，书信上交了……蔡正仁压根不敢再想"昆剧"二字。

"文革"对中国传统戏曲的摧残，其损失不可估量。尤其是对以演出才子佳

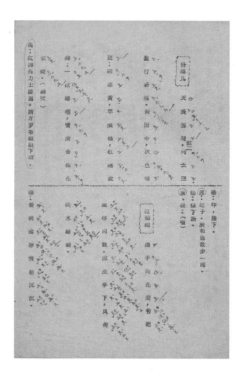

蔡正仁在戏校时使用的《惊变埋玉》《迎像哭像》剧本

人、帝王将相的昆剧而言，更是毁灭性的。从不演传统戏开始，到"文革"后恢复，前后至少有十五年，昆剧的正常演出处于停顿状态。带来的直接危害：第一，演员在艺术上的荒废和演员本身的流失。俗话说：一天不练自己知道，两天不练同行知道，三天不练观众知道。如果是十几年不练不演，那是一种什么状态？相应地，编剧、作曲、乐队也面临相同的问题。第二，昆剧艺术传承中断了。如果没有这十几年，"昆大班"还能向俞振飞和"传"字辈老师学多少戏？历史不能假设，但令人痛心疾首。与此同时，接班人也没有合理安排，使得演员出现年龄的断层，直接影响当今昆剧舞台的格局。第三，观众流失和断层。传统戏曲的观众，很多是因为家里有长辈喜欢，从小被带着进剧场，耳濡目染，进而懂戏爱戏。这个途径断绝了多年，而舞台上又没有演出，观众自然流失。

五、曙光微露

1973 年 5 月，蔡正仁的生活发生了一个大变化。他经过"三考六问"，进入《智取威虎山》剧组，担任参谋长少剑波的 C 角。这让很多人都大吃一惊，蔡正仁是唱昆剧小生的，竟然改唱了京剧老生！这就是蔡正仁，埋头苦练三年，练出了京剧老生的嗓子。有人说他不知天高地厚，更有人嘲笑他痴心妄想，并扬言："蔡正仁，你要是能进任何一个样板团，我就在地上爬三圈！"蔡正仁回应道："如果进不了样板团，我就在地上爬三圈！"

蔡正仁想得很简单，他不想放弃舞台，也想自己的生活能好一点儿。老同学里，"昆大班"的蔡瑶铣进了《海港》剧组；从"昆大班"转入"京大班"的杨春霞进了《杜鹃山》剧组，"京大班"的李炳淑进了《龙江颂》剧组。那毕竟是少数，多数人离开舞台去了工厂，也有进样板团跑龙套的。"文革"里能唱的便只有那几个样板戏，但是样板团里不要小生，更不要昆剧小生。对蔡正仁而言，要改变命运，唯一的办法就是练出大嗓。幸运的是，同一个劳动队里有京剧队的乐师，吊嗓练唱还算便利。于是，蔡正仁每天起早摸黑地喊嗓子、吊嗓子，这成为他的"必修课"。

日复一日地练啊练，样板戏中英雄人物的唱段，蔡正仁都能唱得有板有眼了。《智取威虎山》中杨子荣的"穿林海"，《红灯记》中李玉和的"临行喝妈一碗酒""狱警传"，《沙家浜》中郭建光的"朝霞映在阳澄湖上"……蔡正仁都能按原调门唱。尤其是《智取威武山》中少剑波的著名唱段："朔风吹，林涛吼，峡谷震荡。望飞雪，漫天舞，巍巍群山披银装，好一派北国风光……"他唱得几可乱真，常有人误以为是原唱沈金波来了。消息传到了《智取威武山》剧组领导耳朵里，于是有了三次严格的考试，通过层层审查，蔡正仁终于得以进入剧组。

在《智取威武山》剧组里，蔡正仁只是少剑波的 C 角，A 角是沈金波，B 角是李崇善。重要演出自然是 A 角，再是 B 角，只有在下工厂、下农村时，C 角才有机会唱一段"朔风吹"。蔡正仁向沈金波学过全剧的唱念、身段，但从未有机会演。绝大部分时间，他的主要工作就是威虎山的匪兵或夹皮沟的老乡。即便这样，蔡正仁也很满足，"无所事事"的生活终于有了一丝转机。

这一年 11 月 9 日，上海青年京昆剧团与上海京剧院一起被撤销建制，《智取威虎山》《海港》《龙江颂》剧组合并成为上海京剧团，专演样板戏。

1975 年 9 月 10 日，儿子蔡少迪降生了，带来了生活的曙光。

蔡正仁和妻子冯茵华相识于动荡年代，谈不上浪漫。妻子没有看到蔡正仁在台上风流倜傥的小生模样，看到的就是面目模糊的日本兵或夹皮沟的老乡。非常年代，夫妻彼此信任和依赖，成为蔡正仁最大的精神动力。初相识时，冯茵华是照相馆负责着色的学徒工，按规定前三年不能谈恋爱。两人谈了三年"地下情"，终于在 1970 年 12 月 28 日，喜结连理。这段感情在"文革"中也受到冲击，因为冯茵华的父亲是佛教居士，组织多次找到蔡正仁谈话，希望他与冯茵华断绝关系。蔡正仁没同意，他不认为这是严重的政治问题，而且父亲的问题和女儿又有什么关系？在

蔡正仁与父母、妻子

蔡正仁与儿子蔡少迪

蔡正仁一家与俞振飞在华园合影（1978 年）

那个年代，一个党员竟然对组织说"不"，是极严重的政治错误。整党时，上海青年京剧团被拉到横沙岛上，蔡正仁是重点批判对象。他面临的考验是：要党员，还是要老婆？蔡正仁始终保持沉默，这是他唯一的"武器"。整整一个月，大会、中会、小会地批判，行动也受到限制。后来，事情也就不了了之了。无独有偶，赴港演出时与蔡正仁分饰"许仙"的费振年是另一个批判对象。当时，费振年的妻子正怀孕待产，他申请回家照顾。家里的事再大也是小事，整党第一，可费振年却一再请求。虽然最后得到了组织同意，但也被认为是"在关键时刻，革命意志不坚定"，和蔡正仁成了难兄难弟。

1975 年，形势发生了微妙的改变。病中的毛泽东想听传统戏，于是，一些有关的京昆演员被秘密地调往北京录音录像。蔡正仁进了录音组，同组的还有蔡瑶铣、岳美缇、计镇华等老同学，他们主要负责录制苏轼、辛弃疾等名家的词。最重要的是，俞振飞老师也来了北京，并且在他病重时，蔡正仁能在身边照顾，度过危机。

"文革"后期，俞振飞老师一直住在华园，受人监视，探访极不方便。蔡正仁到外地演出时，就让妻子去看望老师，没有人认识她，反而方便。俞老被调往北京准备录音，身体不好，需有人照顾，恰好《智取威虎山》剧组就在北京演出，领导便派蔡正仁前去照顾。蔡正仁真是求之不得，随同俞老师住进了国务院的第二招待所，前后住了一个多月。

俞老多年不唱戏了，嗓子需要恢复调整，可不知道为什么一直咳嗽，还咳血。俞老怕多生枝节，只说是着凉，过两天就好。可是，情况越来越严重，蔡正仁着急了，俞老师才说了咳血的事儿。蔡正仁赶紧联系医务室，迅速将俞老送到北京积水潭医院。经诊断，俞老得了非常严重的肺炎，身体很虚弱，在医院住了一个多月。蔡正仁就每天在国务院第二招待所和积水潭医院之间奔波，后来岳美缇也来了，两人便轮流照顾。俞老终于度过了危险期，身体也慢慢恢复。

"文革"中，不知有多少人受到压迫和摧残，有人走了，有人熬过去了。当时，李少春先生也住在积水潭医院，俞老还带着蔡正仁去看望他，可没几天就走了，那是1975年9月。半年前，在上海，周信芳大师病逝于华山医院。俞老熬过了最艰难的日子，是学生之大幸，更是昆剧之大幸。

转眼到了1976年，5月中旬，蔡正仁随"上海京剧团"出访日本。这是一次规模较大的访问演出，演出《智取威虎山》全剧，《磐石湾》中《蜂窝洞》《狼牙礁》两场，还有《审椅子》《津江渡》两出短剧，全都是革命"样板戏"。蔡正仁除了跑龙套外，还在《审椅子》中扮演了一个较为重要的角色——富裕中农沈家昌。

《审椅子》是高义龙改编自李骐骧的同名小歌剧，1964年3月由上海京剧院李玉茹首演，1974年修改后由李炳淑主演。《审椅子》《津江渡》都是"文革"末推出的"样板折子戏"。1976年，《审椅子》拍成了电影，但因时间太短等因素而影响不大。赴日演出时，饰演主要人物丁秀芹的是新秀吴江燕。而沈家昌这个角色原来也是沈金波的A角，蔡正仁的B角。这次，他终于在重要演出里当了回主要演员。访日演出一直持续到了6月底。

1976年10月，"四人帮"反革命集团被粉碎，"文化大革命"结束。

"文革"的阴霾逐渐散去，百废待兴。可是，社会在非正常的轨道上运行得太久，何时能恢复正常，不得而知。昆剧何时能恢复演出，传统戏是否还能再演，这些都是萦绕在蔡正仁心头的疑问。

第四章

几度沧桑

"文革"之后，上海昆剧团成立，我们一门心思地排练演出，想把丢掉的宝贵时光找回来。新戏一年就能排两三个，这个速度现在是很难想象的。稳定之后，我就开始考虑恢复一些俞老师的代表剧目，官生戏，觉得这是我应该努力的方向。

——蔡正仁

"文革"刚刚结束，一切都是未知。冰冻三尺，非一日之寒，何况是十年之"禁"。蔡正仁即便对昆剧有那么一点点想法，也只能深埋心底。

有一天，画家谢稚柳通过上海京剧团的学生吴明耀联系到蔡正仁，说要见他一面。蔡正仁之前与谢老也曾见过，知道他是画坛大家，且与夫人陈佩秋都十分喜爱昆曲。谢老邀请，蔡正仁欣然赴约。

"你们应该马上恢复昆剧！"这是谢稚柳见到蔡正仁说的第一句话。

"中国不能没有昆曲，我们这个国家过去贫穷落后，不知丢失了多少宝贝，现在我们这一代能眼睁睁地看着这样的国宝丢掉？"蔡正仁有些无措。

"我从你们还是学生时，就看你们演戏。你们'昆大班'能出这么多优秀演员，实在是个奇迹。这是昆曲命不该绝，也是我们中华民族的一大幸事，你们不出来挑这副重担，谁来挑？""我想来想去，只有你蔡正仁出来，领个头，把你们的一些同学全请回来，上海的昆曲不就恢复了？"

一番话如醍醐灌顶，句句击中蔡正仁的心。是的，这是"昆大班"的责任。当年招收他们这个班，老师们倾囊相授，不正是为了把奄奄一息的昆剧传下去吗？如今，是该他们站出来，将倾倒的大厦扶起。

筹建属于上海的昆剧团，谈何容易，迫在眉睫的有两件事：一是要取得上海市主要领导的支持，批准建立；二是要召集分散各地的"昆大""昆二"两班的同学。

谢老考虑得非常周到，他提议蔡正仁联合几位同学写信给市领导，说明"四人帮"对昆剧的摧残，提出成立上海昆剧院团的申请。"彭冲同志（当时上海市委的主要负责人）和王一平同志（当时上海市委主管文教的书记）都了解昆曲，也十分喜爱昆曲，只要你把信写好，我来想办法把它送到王一平同志的手里。"吴明耀告诉蔡正仁，谢老从来没有给领导"递信"的习惯，这是破天荒第一回。蔡正仁明白其中的分量，回去即考虑如何写好这封信。

一、上海昆剧团成立

1976 年 12 月，一封由蔡正仁、华文漪、辛清华、顾兆琪等人联合署名的信，经由谢稚柳送到了上海市委领导苏振华、彭冲、王一平的手里。

毛主席于 1965 年冬在上海的一次晚会上，曾对青年京昆剧团的昆曲演员冯顺芝说："我看京昆剧团的昆字可以拿掉了。"

冯顺芝回答说："我们响应您的号召干昆曲革命，搞了个现代戏《琼花》，连演了一百多场，场场满座，工农兵很喜欢看。"主席听了满意地说："改了就好。"

可是，在传达主席指示的时候，只有前半句话了。……

华文漪亲口问毛主席："北昆解散了，您可知道？"

主席回答说："我不知道。"

可是北昆的同志讲，北昆的解散，江青说是根据毛主席的指示而解散的。由此可见，江青、张春桥下令解散北昆和上海的昆剧团，是背着伟大领袖毛主席干的。……他们假借主席名义，歪曲主席的指示，把昆曲扼杀在新生的摇篮里，真是罪恶滔天。

……我们都已是三十过半了，我们这些末代昆剧演员和音乐工作者，有决心也有信心成为社会主义新昆剧的第一代……在社会主义文艺百花园中增添一朵光彩夺目的兰花。

信写得真诚而热切。

在等待回音的时候，联络同学的事情也在积极进行中。蔡正仁、华文漪、周启明和"昆二班"的师妹张静娴同在《智取威虎山》剧组，计镇华、刘异龙在《龙江颂》剧组，岳美缇和张洵澎在越剧院学馆当身段老师，秦锐生在沪剧院当导演，梁谷音在浙江京剧团……还有的同学在工厂当工人。召集工作进展得十分艰难，大家在"文革"中都被迫对昆曲"死了心"，如今也是将信将疑；十几年没练功没演出，唱念、身段都已生疏，甚至都忘记了，还怎么上台？最为现实的问题是，要放弃现

蔡正仁与俞振飞老师、张充和女士在赵景深教授家中书房合影（1978年）

在尚算安稳的生活，单位放不放人还不得而知。但是，大家听说要组建属于上海的昆剧团，眼睛都亮了。虽有千难万难，也都一一克服，陆续归队。

演出也在酝酿中，决定先演现代昆剧《琼花》。因为传统戏还未说可演，且演员们恢复还需时日。《琼花》在"文革"前演了一百多场，影响大，观众基础好；华文漪、计镇华、蔡正仁等主要演员都在样板团，恢复相对容易。于是，以上海京剧团的名义，以《龙江颂》剧组为班底，并吸收一批"五七京训班"的毕业生，《琼花》开始恢复排练。1977年7月13日，现代昆剧《琼花》在徐汇剧场隆重上演，以此为契机，宣告昆剧回归上海舞台。

为此事而忙碌的不仅是"昆大班"，俞振飞也用自己的方式表达盼望恢复昆剧的急切之心。他的亲笔信辗转送到了叶剑英老帅的手上，并附了用昆曲演唱的叶帅的《远望》诗。1977年底，叶剑英来沪，在锦江饭店小礼堂欣赏了《挡马》《出塞》《游园惊梦》《太白醉写》等传统经典折子戏，并宴请全部演员。这是一个令人振奋的信号。

1978年1月初，上海第一个专业昆剧团经过上海市委讨论，正式获准成立。上海市文化局的李太成局长亲自在办公室向蔡正仁传达了这个好消息。不过，中间还有个插曲，当时批准成立的剧团名称是"上海昆曲剧团"。蔡正仁觉得上海有京剧院、越剧院、沪剧院，"上海昆曲剧团"听着有点别扭，建议去掉"曲"字，直接就叫"上海昆剧团"。李局长也同意了，一锤定音。2001年5月18日，联合国教科文组织宣布将"昆曲"列入"人类口头及非物质文化遗产名录"，昆曲、昆剧，一字之差，造成了一定困扰。除去专业的戏曲理论研究，作为一个剧种名，昆曲、昆剧，并没有本质区别，现在大家也都能接受。

1月30、31日，上海昆剧团在大众剧场举行建团公演，剧目为《十五贯》。2月1日，上海昆剧团正式宣布成立，俞振飞大师出任上海昆剧团首任团长。

上海昆剧团汇聚了"昆大班""昆二班"演员、音乐、舞美的精英。演员行当齐整，人才济济，号称"七梁八柱"。"七梁"指华文漪、计镇华、蔡正仁、岳美缇、梁谷音、刘异龙、王芝泉，"八柱"指方洋、史洁华、姚祖福、段秋霞、陈同申、陈治平、张铭荣、蔡青霖，还有邱夬、成志雄、顾兆琳、张静娴、涂婉芳、沈晓明、周志刚等众多优秀演员。笛师有顾兆琪，鼓师有李小平，艺术指导郑传鉴，编剧陆兼之，导演李进，作曲辛清华，舞美设计龚伯安，均是第一流的艺术家。可谓群贤毕至，精英荟萃。

上海昆剧团坐落在绍兴路9号，一座小洋楼，原为法国军人（海军与陆军）之家和警察俱乐部，"文革"前是上海京剧院。这条绍兴路不长，安静低调，充满文化气息。上海昆剧团和上海人民出版社、上海文艺出版社、上海音乐出版社等比邻

蔡正仁与梁谷音（右二）、王泰祺（左一），在复旦大学教授赵景深家中合影

而居，幽兰暗香，夹着书香，越发清雅迷人。从此，绍兴路9号成了蔡正仁的另一个家，倾注了他绝大部分的时间、精力和爱。

二、重生：《白蛇传》《贩马记》

1978年，"昆大班"年近不惑，"昆二班"三十而立，都已过了"翠生生"天然映丽的青春年纪。

每个人都想把那不该失去的十几年抢回来，争先恐后地练功吊嗓、对戏排戏。早上7点多，练功房就被占满了，小洋楼根本装不下大家的热情，附近的绍兴公园和文化广场都成为练功场。笛师最忙，一个接着一个地练，根本停不下来。念白、唱腔、身段、动作，大家互相提醒着，一点一点地找回来。僵硬了的腰腿，慢慢柔软了，鼓笛一响，水袖一挥，竟又是那如花美眷，婀娜摇曳。

蔡正仁的刻苦勤奋，自不待言。已经那么遥远生疏的传统戏，排练场上走几遍，竟渐渐地找了回来。"童子功"是多么神奇的东西，老师们精心琢磨的一字一腔、一招一式，已在他的血肉、精神中深深扎根，岁月也无法抹去。只待那一声召唤，便又生发出来，到达眉眼、手指和脚尖。更为幸运的是，俞振飞老师就在身边，到老师那儿复习复习，聆听教诲，用心揣摩，蔡正仁恢复得很快。但是有一样老师帮不上忙，那就是嗓子。"文革"中，蔡正仁为了能演样板戏硬是练出了京剧

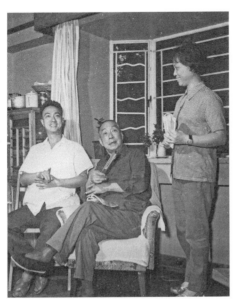

俞振飞老师给蔡正仁、岳美缇说戏

《白蛇传》，蔡正仁饰许仙

老生的大嗓，如今又要练回昆曲小生的嗓子，真是苦不堪言。他的执拗劲来了谁也挡不住，又是日复一日地喊嗓子，又是三年，嗓子才逐渐恢复。

大家以惊人的毅力和速度恢复了演出，上海昆剧团成立当年就推出了《白蛇传》《十五贯》两出大戏，都是"文革"前的新编戏。蔡正仁在《白蛇传》中饰演许仙，在《十五贯》中饰演熊友兰。

《白蛇传》在田汉京剧本的基础上改编而成，对传统折子戏有所借鉴，分为：《游湖》《结亲》《说许》《端阳》《盗草》《上山》《水斗》《断桥》《合钵》《毁塔》十场。剧本改编陆兼之、顾文苅，导演李进、秦锐生，作曲辛清华、顾兆琳。

这版《白蛇传》基本保留了田汉版的故事结构和人物定位，演出方式也是多人饰一角，充分发挥了上昆"七梁八柱"的优势。王英姿、王芝泉、华文漪饰白素贞，岳美缇、蔡正仁饰许仙，梁谷音、史洁华饰演小青，计镇华饰法海，刘异龙饰艄公。10月2日首演于上海徐汇剧场，一票难求，人们似乎又回到了上海青年京昆剧团刚成立时的情景。

《白蛇传》是蔡正仁的代表剧目，其中《断桥》一折更是经典。《断桥》有两个版本，一个是改编本《白蛇传》中的《断桥》，不唱［山坡羊］［金络索］，重填了［仙侣入破第一］至［出破］十三支曲子。另一个则是传统折子戏。说是传统折子戏，其实也经过了俞振飞老师的精心修改，尤其是他在和梅兰芳合作的过程中，做了很多新的处理。

　　在老版本中，许仙的形象并不可爱。他是奉了法海之命前去稳住白娘子和小青，以便用金钵收伏二妖。蔡正仁记得，最初和沈传芷老师学习《断桥》时，许仙是揪着法海的拂尘出场的，口中称白素贞和小青为"妖"。经过俞振飞老师的修改，许仙是主动逃下山寻找妻子，真心认错。

　　蔡正仁的"许仙"基本继承了俞老师的路子，在演过田汉版《白蛇传》后，他对人物有了进一步认识。许仙是个小市民，有胆小怕事的一面，所以会误信法海之

《白蛇传》，蔡正仁饰许仙，华文漪饰白素贞，梁谷音饰小青

《白蛇传》，蔡正仁饰许仙，华文漪饰白素贞

言，使妻子受难。蔡正仁总结为："好人犯错误，上了法海的当。"但许仙对白素贞的感情是真的，后悔也是真的；他的怕，源于自己的错误。所以，许仙是又可恨又可爱。蔡正仁说："最难的是把握许仙这个人物的分寸，多一分，少一分，就不可爱，也就无法吸引和打动观众。"《断桥》是小生的基础戏，相对而言，唱念、身段都不算难，但想演好却不容易。

《白蛇传》后，蔡正仁恢复演出的另一个传统戏是《贩马记》。

《贩马记》是吹腔戏，包括《哭监》《写状》《三拉》《团圆》四折。原来京剧演得多，叫《奇双会》。俞振飞先后向京剧前辈蒋砚香、程继先学习这个戏，和梅兰芳、程砚秋、张君秋等多位旦角演员合作过。和俞振飞同时的小生名家姜妙香、叶盛兰都擅演《奇双会》，但风格不同。俞振飞在和梅兰芳合作时，对剧本、表演都做了加工提高，成为两人的代表剧目。俞振飞又把这出戏带到了昆剧里，名为

《贩马记》。蔡正仁继承了下来，现在倒成了昆剧的常演剧目。

《贩马记》，讲襄城县新任县令赵宠下乡劝农，新婚妻子李桂枝夜闻监中有凄凉哭声，开禁询问，不料竟是父亲李奇蒙冤入狱。赵宠下乡劝农回来，桂枝向其哭诉，请求搭救父亲。赵宠问清其中原委，代妻写状，并嘱桂枝向新任巡按告状。次日，桂枝扮作赵宠家人告状，竟被巡按拉进后衙；赵宠闯衙寻妻，才知巡按正是桂枝胞弟保童。李保童为父伸冤，一家团聚。俞老师演《贩马记》时，蔡正仁就配演《三拉》《团圆》中的保童。老师的每一个精彩表情和动作，都深深印在他的脑海里。如今，他演《贩马记》，就是他的学生黎安配演保童，代代传承。

《贩马记》中演得最多，也最精彩的是《写状》一折。桂枝向丈夫哭诉父亲冤情，赵宠又劝又哄，方才问清事实，为妻写状。原本悲剧的情节，却用喜剧的手法表现出来。《写状》是一出生旦"对儿戏"，生旦必须始终保持舞台的平衡，旗鼓相当，配合要求默契十足、严丝合缝。哭诉冤情和闺房之乐交织在一起，怎么演得合情合理，又妙趣横生，完全掌握在演员手里。过，则油滑；不及，则无趣。俞振飞在《〈奇双会·写状〉的表演格调》一文中说：赵宠的戏，"难就难在不容易演得有格调"，除了"对赵宠这个人物精神气质的理解之外，还有一个重要关键，就是演

《贩马记·三拉团圆》，蔡正仁饰赵宠，学生黎安饰保童

《贩马记·写状》，蔡正仁饰赵宠，华文漪饰李桂枝

员本身的艺术气质问题"。

蔡正仁擅演这类表现夫妻"闺房之类"的戏，为其一绝。除《写状》外，还有《评雪辨踪》《乔醋》等，他总能牢牢地把握"分寸感"，演得可爱有趣，观众在轻松愉快中得到艺术享受。

1979 年农历新年刚过，上昆便携《白蛇传》《贩马记》《太白醉写》和新编大戏《蔡文姬》等赴南京巡演。下半年，又恢复了大戏《墙头马上》，整理演出了《跪池》《相梁刺梁》《痴梦》《钟馗嫁妹》《访测》等二十多出传统折子戏，可谓气势如虹。

1980 年，蔡正仁演了两个大戏，改编剧目《连环记》和新编剧目《贵人魔影》。

《连环记》是传统剧目，演王允利用貂蝉，离间董卓、吕布父子的故事。蔡正仁学过《小宴》《梳妆》《掷戟》等折子戏，在戏校时曾和张洵澎、王英姿排演过串折版《连环记》。上昆此版经过改编，分《杀温》《赐环》《谢冠》《大宴》《掷戟》《激布》《诱卓》《刺卓》八场。蔡正仁饰吕布，王英姿饰貂蝉，计镇华饰王允，方洋饰董卓。2 月 15 日首演于上海艺术剧场。可惜的是，这一版《连环记》演得不多，也没有录音录像，只留下一些剧照。

《贵人魔影》是个全新剧目，是陆兼之根据《聊斋志异》中的《画皮》改编的。谁曾想，近年来屡屡被拍成电影电视剧的故事，三十年前就被搬上了昆剧舞

《连环记·小宴》，蔡正仁饰吕布，段秋霞饰貂蝉

《贵人魔影》，蔡正仁饰王占魁，梁谷音饰媚娘

台。《贵人魔影》讲青楼女子媚娘受无赖易士桂唆使，勾引书生王占魁，谋其财产。媚娘却反被魔鬼吞吃，王占魁为其所诱，将之藏于园中，并听从其诡计，差点将妻子毒死。后王占魁得道士指点，目睹魔鬼之真面目，幡然醒悟。易士桂为魔鬼吞食，魔鬼又被道士杀死。蔡正仁饰王占魁，梁谷音饰媚娘（魔鬼），刘异龙饰易士桂，方洋饰道士，刘健饰王妻。全剧仅五个演员，却满台是戏。9月15日《贵人魔影》首演于徐汇剧场，剧情生动，表演精彩，剧场效果极佳。到苏北、浙南等地巡演时，也是场场客满，深受欢迎。1983年，还演到了香港。

可惜，《贵人魔影》和《连环记》一样，没有留下来。但蔡正仁一直记得，觉得是值得排演的好戏。《连环记》有爱情，有阴谋，而且生、旦、老生、花脸都有精彩的表演。《贵人魔影》的故事精彩，舞台灵活，而且"三小"——小生、小旦、小丑全了，是个能充分表现昆曲表演特色的好戏。画家谢稚柳和陈佩秋夫妇就特别欣赏这出戏。

最近两年，蔡正仁将《连环记·小宴》恢复作为教学剧目，选用的不是传统版本，而是1986年的改编本。1986年，上昆首次赴美演出，选择了此戏。考虑到是演给外国人看，貂蝉和吕布加了一段翎子舞，唱一段北曲。这样，旦角戏份略有增

《连环记·小宴》，蔡正仁饰吕布，华文漪饰貂蝉，计镇华饰王允

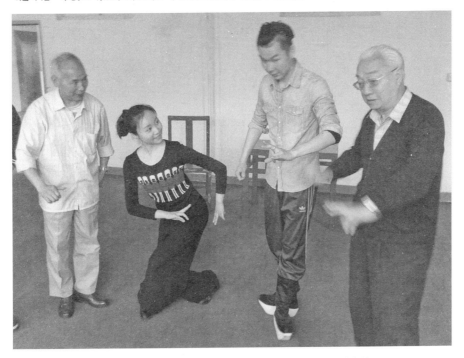

蔡正仁给学生卫立、蒋诗佳说《连环记·小宴》，左一为"昆大班"老生陆永昌

加，与小生、老生旗鼓相当，可看性大大增强。雉尾生，相对于巾生、官生来说，剧目不多。但这个行当不可或缺，有独到的表演手法，比如说翎子功。雉尾生的戏，留下来的也就是《连环记》中《小宴》《梳妆》《掷戟》几折。而且，吕布这个人物，不同于小生常演的书生或官员，是个年轻武将，英气勃勃，但又骄横、轻狂。苏州的学生周雪峰和"昆五班"的卫立都已经学演了《小宴》，演出效果不错，这也坚定了蔡正仁传承此剧的信心。但是，这折戏尚有不足之处。貂蝉舞翎子时唱的是北曲，而整出戏是南曲，也谈不上南北合套，于昆曲规律不符。听起来不算突兀，但是否有改善修改的可能，就留待后辈来解决了。

在1978年到1980年的三年里，上昆上下齐心，舞台演出生机勃勃，异彩纷呈。传统剧目如《墙头马上》《十五贯》，新编剧目如《蔡文姬》《红娘子》《雷州盗》，学习剧目如《晴雯》，移植剧目如《孙悟空三打白骨精》等，陆续推出。剧目之丰富，质量之上乘，令人惊讶又赞叹。蔡正仁既主演大戏，也在很多剧目中饰演配角，如《十五贯》的熊友兰、《蔡文姬》的董祀、《孙悟空三打白骨精》的唐僧等，他也演得认真投入。

那几年，真是充实极了，不觉得累，也不觉得苦。蔡正仁觉得浑身有使不完的劲，有那么多想演的角色，有那么多想演的戏，都在他脑海里徘徊不去，晚上做梦也都是戏。

三、改戏：《迎像哭像》

《迎像哭像》是《长生殿》中的一折，大官生的唱工戏，也是俞振飞的代表剧目。马嵬坡"埋玉"之后，唐明皇逃难至蜀中，悔恨不已，对杨贵妃朝思暮想，恨佳人难再复生。于是，建庙宇塑宝像，亲自祭奠芳魂，追怀往事，痛诉悲情。分为《迎像》《哭像》两部分，合称《迎像哭像》，简称《迎哭》。

蔡正仁在戏校时曾向沈传芷老师学习了这出戏，但演得极少，难度太大。学生时代演的，多是情节曲折、场面热闹的戏，即便是《惊梦》，也要加上堆花才足够吸引人。《迎哭》这样由唐明皇一人独唱四十分钟的戏，也就俞振飞大师驾驭得了。俞老师演《迎哭》时，蔡正仁总是争取演一个小太监，在台上一遍又一遍地看老师演出。

还有一件事，让蔡正仁对《迎哭》"另眼相看"。1961年，俞振飞率领"上海青年京剧团"赴香港演出，在广州预演。有一次，当时的中央领导康生和广东省主要领导宴请俞振飞和主要演员，席间谈起俞老的艺术，都十分敬佩。康生就问广东的几位领导："你们有没有看过俞振飞的《迎像哭像》？"大家颇为意外，面面相觑。

他接着说："没有看过俞振飞的《迎像哭像》，就不是中国人！"场面陷入尴尬。俞老赶紧打圆场："我的《迎像哭像》本来就演得不多，何况我在上海，不在广州，几位领导不太可能看到这个戏。您现在这么说，也是对我的鞭策，以后一定多演，到广州来演。"这个话题也就过去了。蔡正仁在另一桌，听得真切，心想：老师的《迎像哭像》原来这么厉害！便深深记在心里。香港回来后，蔡正仁在戏校的小剧场演过几次《迎像哭像》，只能算勉强完成任务。不久，"传统戏"不能演了，蔡正仁也就不再有演出和学习的机会。

上海昆剧团成立后，蔡正仁恢复了一些传统戏，心里也一直装着《迎像哭像》，因为这出戏的难度和分量，是检验大官生艺术是否成熟的标准，尤其是俞老的唱，是蔡正仁一直追随奋斗的目标。《迎哭》的唱极难，十二支曲子需一气呵成。蔡正仁清楚地记得自己第一次唱《哭像》时，连咽口水的时间都没有。好不容易唱完一段，"哚哚"鼓板一响，紧接着第二段就开始了，也顾不上什么情绪、表情和动作了。到了最后［尾声］，还要翻高腔，没有深厚的基本功，准会"声嘶力竭"。至于帝王气度之类的，蔡正仁自己说，"离俞老师更是十万八千里的距离"。

《迎像哭像》，蔡正仁饰唐明皇（元味摄）

《迎像哭像》，蔡正仁饰唐明皇（元味摄）

　　蔡正仁恢复演出了几次《迎哭》，观众倒也能接受，他也有了些信心。每次演完，蔡正仁都要认真听取俞老师和沈老师的意见，修改打磨。他越演越觉得有意思，每次都有新的收获和进步。这是一个以声音为主要手段塑造人物的戏，但光有好嗓子好声音还不够，要在大段的演唱中表现唐明皇的复杂情感：悔恨、羞愧、愤怒、伤心、自责、无奈……唱出人物唱出情感，观众会随着你伤心落泪，如痴如醉。蔡正仁反复揣摩练习，对唱有了把握后，便有余心余力对人物情感、身段动作，以及表演的层次、节奏作进一步研究。

　　上半场《迎像》，［端正好］是唐明皇深悔自己"昧了她盟誓深，负了她恩情广"，［叨叨令］是痛斥陈元礼逼宫，杨贵妃香消玉殒，"兀的不痛煞人也"！这两段重点在于"痛"，而［脱布衫］［小梁州］则着重于一个"悔"字。"是寡人全无主张"，是悲剧之症结。作为一国之君，却无法保护自己心爱之人。"全无主张"由君王口中道出，格外凄凉悲哀。［小梁州］一句一情，唱至"我当时若肯将身去抵挡，未必他直犯君王"时，唐明皇陡然站起，双目圆睁，向前两步，后背双手，肩膀向前，做出抵挡之姿；然后低头一看，胸前却是白发苍苍，尽是无奈。"纵然犯了又何妨"，跺脚，两次挥袖击掌，再次跺脚，显示护佳人的决心；"泉台上倒博得永成双"，由激愤转而悲伤悔恨。这四句唱，强弱疾缓，节奏分明，君王之心在层层递进中展现。结束〔幺篇〕："我如今独自虽无恙，问余生有甚风光？只落得泪万行，愁千状，人间天上此恨怎能偿？"最后一个"偿"字，重音结束，跺脚，挥袖掩面。至此，座中已然有人潸然泪下。

下半场《哭像》，杨贵妃的塑像被引进庙里，升座。最重要的是〔快活三〕〔朝天子〕两支曲子，唐明皇睹像思情，从悲伤转入深深的回忆："记当日在长生殿里御炉旁，对牛女把深盟讲。"要唱得轻一些，缓一些，乐队也随之放轻放缓，进入一种情意绵绵的意境中。"有谁知信誓荒唐存殁参商，空忆前盟不暂忘。"陡然又回到现实。"荒唐"的"唐"字是开口音，面对观众用膛音唱出，"存殁参商"再翻高腔，表现悔恨之情；"空忆前盟不暂忘"一句则是缓缓放出。在一急一缓、一重一轻中，将观众的情绪牢牢抓住。"啊呀妃子呀，今日里我在这厢你在那厢"，"你在那厢"带哭音，右手指"那厢"，转头不忍看，目光恰恰落到左手握着的断头香上，突然站起，疾往前几步，"呀！"唱"把着这断头香在手添凄怆"一句。演唱中顺势将左手的香转到右手，递给高力士，闭目低首回身，踉跄几步。下面唐明皇亲自祭酒，接唱〔四边静〕，至"叫一声妃子也亲陈上"句，转身走至宝像旁，将酒杯递到杨贵妃嘴边，停顿，陡然后退，转身向台前疾走几步，"呀！"唱"泪珠儿溶溶满觞溶溶满觞，怕添不下半滴葡萄酿"。原来是唐明皇将杯中酒误作了贵妃的眼泪，

《迎像哭像》，蔡正仁饰唐明皇（海青歌摄）

《迎像哭像》，蔡正仁饰唐明皇，胡刚饰高力士（海青歌摄）

此时座中听者，均已泪下！三杯酒后，祭奠结束，高力士惊呼"杨娘娘脸上流出泪来了"，唐明皇回身观看，果然如此，又是一个叫头"啊呀妃子啊"，叫得人肝肠寸断。接唱［二煞］，节奏稍快，再次渲染悲伤的情绪。

唐明皇即将出庙回宫，［尾声］只有四句，俞振飞老师处理为两段，突出依依不舍之情，再掀一个情绪高潮。唱"出新祠泪未收"时，缓步向庙门；"转行宫"三字，抬腿欲迈，突然停住，转身冲回宝像前，唱"痛怎忘"，捶桌顿足。这里加入高力士念白："万岁爷年事已高，不必过度悲伤，保重圣体要紧。"唐明皇再次摆驾回宫，接唱："对残霞落日凝望，（妃子，寡人今夜呵）把哭不尽的衷情，和你梦儿里再细讲。"此时全场屏息凝神，继而响起"记当日在长生殿里御炉旁"的音乐，高力士请唐明皇上马，唐明皇不愿，回头又望向祠庙，他再低头拎髯，长叹一声，双手一摊，背手转身而下。余音绕梁，意蕴无穷。

表演、唱念均是一气呵成，看似不经意的动作或眼神，其实都是精心设计，与人物的情绪相契合，紧紧抓住观众的心，营造出肝肠寸断的观剧气氛。即便音乐已止，即便"唐明皇"已下场，观众却久久不能从悲伤的情绪中抽离出来。

1982年5月，蔡正仁带着《迎像哭像》参加了在苏州举行的苏、浙、沪两省一市昆剧会演，这是"文革"后第一次大规模的昆剧会演。上昆由俞振飞团长率领，精英尽出。25日开幕当晚，上昆推出了华文漪、岳美缇主演的《牡丹亭》，之后在新艺影剧院和忠王府古戏台演出三台折子戏。蔡正仁一出《迎像哭像》，艺惊四座。大家都觉得久违的"唐明皇"又回来了，激动不已。

俞振飞老师即挥毫赠诗一首："转益多师与古同，总持风雅有春工。兰骚蕙些千秋业，只在承先启后中。"诗下并注："蔡生正仁，泛游有年。近在吴门昆曲会演中演出《长生殿·哭像》，声容并茂，颇著佳誉。赋诗赠之，以表欣慰之情。"这是俞振飞老师赠送给蔡正仁的唯一一幅墨宝。俞老师的书法极好，向他求墨宝的人很多，蔡正仁的机会不少，但从未主动要过。所以这一幅字特别有价值和纪念意义，至今常挂在家中客厅。

1983年11月，蔡正仁就是带着这折《迎像哭像》去了香港，参加香港第八届亚洲艺术节。俞振飞带领"年轻"的上昆，再赴香江，时隔22年。

上昆准备了大戏《十五贯》和两台折子戏，是亚洲艺术节的最后三场演出。大家都非常紧张，昆曲到底能不能被香港观众所接受？毕竟这是上昆成立后第一次参

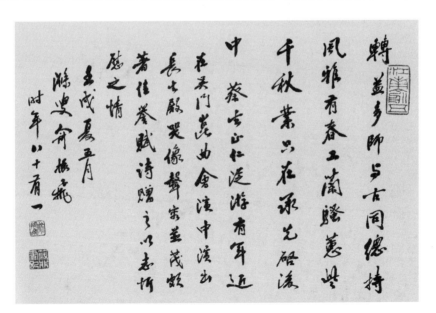

俞振飞题诗

《迎像哭像》，蔡正仁饰唐明皇（吴永平摄）

加国际性的艺术活动。

首场演出，蔡正仁的《迎像哭像》排第二，华文漪、岳美缇的《游园惊梦》大轴。从来自信满满的华文漪，竟然悄悄地和蔡正仁说想换出场顺序。若换作平时，蔡正仁自然同意考虑，但那次他拒绝了。《游园惊梦》怎么也是载歌载舞，还有堆花那么热闹的戏，《迎哭》是半个小时的独角戏，观众看不看得下去，他心里真没底，不敢冒险。好在演出十分成功，现场气氛热烈，观众看得如痴无醉，欲罢不能。出乎大家意料。《文汇报》上评价蔡正仁的《迎哭》"诸多曲子一气呵成"，"唱得动人、感人"。

其实，蔡正仁演出的《迎像哭像》经过了"微调"。他真是大胆，居然敢动俞老师的代表剧目！蔡正仁的想法很简单：改得有道理的话，可以试试。俞老师给学生的，就是这种宽松的艺术氛围：艺术的东西，可讨论，可尝试。改得好，就用；改得不好，就不用。

蔡正仁对《迎像哭像》的改动，可以概括为一加、一减、一移，都是小改，目的是使整出戏更加精炼紧凑，符合当代观众看戏的习惯。所有改动都是蔡正仁和

"昆大班"的同学秦锐生反复讨论，共同完成的。秦锐生原工老生，后转为导演。

一加，是唐明皇出场时，念白至最后一句："咳！想起当时，可怜我那妃子呵！"加上过门音乐［朝天子］中一句唱词的音乐，为下面大段唱铺垫，也调动观众的情绪。

一减，是减去唐明皇下场换衣、帽的情节。原来唐明皇出场时穿黄帔、戴九龙冠，先唱［端正好］［叨叨令］［脱布衫］［小梁州］几段。然后高力士来报宝像已在宫门外，唐明皇下旨："宣进来。"宫女太监将杨贵妃雕像抬进宫，唐明皇唱［上小楼］："别离一向，忽看娇样。……"然后进去换黄蟒、唐帽，再与杨贵妃的雕像一同出宫门，入庙。秦锐生觉得唐明皇进去换衣服这段很尴尬，两分多钟，宫女太监干等着，台上没戏，便提出能不能省略。两人讨论下来，觉得可行。唐明皇已知杨贵妃雕像将到，换好衣服等着，到了便直接出宫，护送入庙，这也合情理。原来在宫中唱［上小楼］，就移到入庙以后唱。此为一移。这样可省去唐明皇换装和雕像进出宫的情节，场上显得紧凑流畅，《迎像》《哭像》自然衔接，融为一体。

由此，唐明皇的装扮也随之变化，出场直接穿蟒，而且是秋香色的蟒，戴唐帽和黪三。秋香色是京剧衰派老生常用的颜色，与唐明皇此时的年龄、身份和情绪都相符，也与《惊变》有所区别。既然是一个"衰老"的太上皇，那么出场的步子也不能太大太宽，要显出老态，带出后悔追思的心情。

这就是演员的再加工，每一出好戏都必然经过一代又一代演员的反复打磨，精益求精。加一句，减一分，哪怕是一个停顿，都能让戏更精彩，更抓人。

改完了，请俞振飞、沈传芷老师来看，两位老师都同意这么演。令蔡正仁更为惊讶和感动的是，1986年，文化部给俞振飞老师录艺术资料，《迎像哭像》就用了修改过的版本，包括穿戴。俞老师还请了蔡正仁做"导演"，依他的路子来表演录像。蔡正仁诚惶诚恐，又激动感慨。谁说老戏不能改？改好了，老师向学生学习，这就是俞振飞的艺术胸襟和大师风范！

从此，演《迎哭》，不管是哪个院团，基本就按蔡正仁的路子和穿戴来演。不仅是《迎哭》，不仅是蔡正仁，任何一个演员学演一出戏，总会有属于自己的"二次加工"，区别无非是改得好，或改得不好。

四、领悟：《太白醉写》

蔡正仁演《迎像哭像》，经历波折，最终演出了自己的风格；而有些戏，初学时似乎轻松拿下，之后再经磨砺，才入佳境，《太白醉写》就是这样的戏。

"初学三年走遍天下，再学三年寸步难行。"从学会《太白醉写》，到真正领悟这出戏的艺术奥妙，蔡正仁用了二十多年时间。

蔡正仁向俞振飞学习《太白醉写》是在 1960 年，因为特殊的政治背景——"大跃进"。"大跃进"时期，工业生产"赶英超美"，农业生产连"放卫星"，艺术生产领域也是"争先恐后"。戏校里号召学生"攻尖端，克难关"，"旦角要学习言慧珠，赶超言慧珠；小生要学习俞振飞，赶超俞振飞"。作为小生学员，蔡正担负起"赶超俞振飞"的重任，领导找谈话："蔡正仁，你敢不敢赶超俞振飞？都说俞振飞的《太白醉写》最难，现在你就要赶超权威，打一场攻坚战！"蔡正仁嗫嚅地答应下来，不知如何向老师开口。

《太白醉写》原名《吟诗脱靴》，传奇《惊鸿记》中的两折，是难度极高的大官生戏。俞振飞在二十岁左右就向沈月泉大先生学习了这出《吟诗脱靴》，演了一次便不敢再演。直到四十岁后，他才在兰心大戏院再次演出此剧，改名《太白醉写》，一举成功，成为经典。

蔡正仁知道这个故事，可是领导的指示又不得不听。他在俞老师面前支吾了半天，也没说出口。俞振飞似乎看出了学生的为难，微笑着说："你有什么想法，放心说！"蔡正仁壮了壮胆，小声说："领导说要赶超艺术上的尖端，最难的是您的《太白醉写》。……我……只好来学……"蔡正仁不敢抬头，等候老师发落。

"好啊！"俞老师温和地说。蔡正仁惊讶地抬头，老师面带微笑，看不出生气的样子，他反倒有点不知所措。俞老师接着说："这个戏确实难，但年轻人有学习的勇气很好，该有这样的志气。这样吧，你先去向沈传芷老师学，我的《醉写》也是沈老师的父亲沈月泉大先生教的。学完了，我再和你说。"蔡正仁如释重负，立刻又去问沈老师的意见，没想到沈老师答应得也很爽快："明天你就来学吧！"

蔡正仁先在沈传芷老师那儿学了一个星期，唱词念白、身段动作都掌握了，便接着向俞振飞老师请教。俞老师细说了李白的人物形象、性格特点，舞台上的分寸、节奏，最重要的是李白的醉态和笑声，又是一个星期。两个星期，蔡正仁学会了这出官生戏中最难的《太白醉写》。

为了展示年轻人"赶超权威"的成果，戏校在文化广场的蒙古包小剧场举行了汇报演出。蔡正仁演出《太白醉写》，俞振飞、沈传芷两位老师就坐在观众席里。天气很热，演出结束，蔡正仁全身湿透了，但感觉演得不错。问两位老师的意见，也都说"不容易""可以""不错"。第二天，《新民晚报》刊发评论文章《他还是第一次醉酒赋诗——看戏曲学校青年演员蔡正仁的〈醉写〉》（马蓝，载《新民晚报》1960 年 12 月 20 日）。那年他不过十八九岁，不禁有些得意！

之后，蔡正仁常有演出《太白醉写》的机会。1965 年他还在人民大舞台给叶剑英老帅演过，反应似乎都不错。蔡正仁有时还纳闷："虽说《太白醉写》比一般戏

《太白醉写》，蔡正仁饰李白

《太白醉写》，蔡正仁饰李白

难点儿，但俞老怎么等到四十岁后才敢演呢？"他没敢问，俞、沈两位老师也没和他深谈《太白醉写》的难。那时候即便谈了，蔡正仁也无法理解。

《太白醉写》是前辈沈寿林的拿手戏，传与其子沈月泉，沈大先生又传给他的儿子沈传芷以及俞振飞、周传瑛这一辈。若从沈寿林算起，传至蔡正仁，已是第四代了。经过这几代人的修改积累，尤其是经过俞振飞的加工和打磨，《太白醉写》成为一出兼具艺术性和观赏性的大官生戏，易学，难演。

上昆成立不久，蔡正仁就着手恢复《太白醉写》，而他真正体会到这个戏的难是在南京的一次演出中。那是 80 年代初，蔡正仁像往常一样扮好了上台，熟悉的念白和身段突然变得陌生起来，浑身都不对劲。演完戏后，蔡正仁辗转难眠，连夜写信给俞老师。没想到两三天后就收到了回信，打开信一看，蔡正仁傻了！俞老师在信中说："正仁，你终于明白了。我等你这句话足足等了二十年。你觉得浑身难受，就说明你懂了，悟出来了，真的进步了。"

蔡正仁悟出了什么呢？

学生时代，只是单纯模仿两位老师的动作、唱腔，形似而不得其神，知其然而不知其所以然！动作学像了，但他的内心活动是什么，并不清楚。再如李白的醉态，知道要晃，但晃的节奏和分寸怎么样，心里想什么。这些蔡正仁在之前都没有

总持风雅有春工 艺术传评

099

《太白醉写》，蔡正仁饰李白，胡刚饰高力士，袁佳饰念奴（元味摄）

蔡正仁给学生黎安（中）、钱振荣说《太白醉写》

深入思考过。每一个动作，都要有丰富的人物内心支撑，因为没有，所以蔡正仁觉得浑身难受，觉得没有把握。

此时，蔡正仁四十不惑，经历了时代变化和人生起伏，能够深入一步理解李白这个人物，可以在精神气质上贴近他。同样的动作，同样的醉态和笑声，因为有了深刻的理解和内在情感的支撑，便有了神。

俞振飞曾在《〈太白醉写〉中"诗仙"之神采》一文中提到，《太白醉写》有"三不能演"："一是年轻演员心粗气浮的不能演；二是肌体不能松弛、僵硬、气横的不能演；三是对诗人缺乏理解的不能演。"这"三不能演"是层层递进的艺术要求。年轻演员学戏演戏容易流于表面，唱念身段学了几分像，便会满足，"心粗气浮"则无法理解和把握《太白醉写》和李白这个人物，故而不能演。在这个戏中，李白始终处于醉酒之中，人物状态和身段动作都要表现出"醉"。必须卸掉小生的"架子"，要以"松弛"的状态来表现人物，又不失诗仙的儒雅、潇洒，故而"僵硬、气横"者不能演。最深一个层次，在于表现"李白"这个人物的内在气质。演好李白，仅有"书卷气"是不够的。李白是一个充满浪漫色彩的天才诗人，是"诗仙""谪仙人"，他身上要有"文气""仙气"；他蔑视权贵，敢于在帝王面前"耍醉",敢于捉弄皇帝面前的红人高力士,又要具备一种"狂傲"之气。"醉"和"笑"都是外在表现的手段,内在文气、傲气和仙气才是神之所在。如果说前两条,演员还能通过训练、磨砺、经验来提高的话,第三条则对演员的文化修养、人生阅历以及艺术悟性提出了极高的要求。

蔡正仁这一次不舒服,就如同蛇蜕皮,把身体捋顺了,就是长进了一层。其实,所有角色都应该经历这个痛苦的阶段,而且应该是在不断地痛苦、进步的过程中。只不过《太白醉写》这个戏表现得最为强烈。

很长一段时间,蔡正仁都担心《太白醉写》的传承,学生们似乎都比他聪明,早早理解了其中的"难",没有提出学习的要求。这让蔡正仁有些着急。一直等到2010年,南京的学生钱振荣举办个人专场,提出学习《太白醉写》。上昆的黎安也希望在"五子登科"个人专场中演出这个俞门的经典剧目。蔡正仁欣然应允。尤其是黎安学戏期间,又有到江西演出的任务,蔡正仁和原版"高力士"刘异龙随学生出行,在演出之余,为黎安说戏排练。之后,苏州的学生周雪峰也学习、演出了《太白醉写》。

"李白"后继有人,蔡正仁也效仿两位老师的耐心,等待自己学生成熟长大,悟出其中的真谛。

第五章

更上层楼

> 上海昆剧团成立后，热闹了四五年。但到了80年代中后期，昆剧的形势越来越严峻，观众越来越少，演出变得很困难。我们一直在寻求突破，改编剧目以适应观众的欣赏口味，争取政府和社会的支持和重视。1986年在苏州举行的"昆曲演员训练班"就是政府组织的，我有幸向周传瑛老师学了《亭会》《乔醋》等几个戏，受益匪浅，后来都成了我的常演剧目。
>
> ——蔡正仁

一、《琵琶记》

1984年10月27日的《解放日报》上，刊登了《关于〈琵琶记〉的通信》一文，很有意思。写信的是秦瘦鸥，沪上知名作家和编辑，他的小说《秋海棠》被誉为"民国第一言情小说"，众人皆知。他经常看上海昆剧团的戏，和蔡正仁是忘年交。他看了《琵琶记》的排练，颇有感触，同时心存疑问。回信的一方是《琵琶记》的主演蔡正仁和华文漪。两封信都不长，却讨论了昆剧演出面临的几个重要问题。

首先是关于"古典名剧的整理改演"问题。"抢救、继承、改革、发展"已是昆剧从业者的共识，对于经典名剧名段的整理、改编、演出，就是一项重要内容。高明的《琵琶记》是从南戏时代就流传下来的传统剧目，但秦瘦鸥也指出："《琵琶记》封建意识特别浓重，而在艺术上又嫌结构松散，节奏缓慢，不论作为一部大戏搬上舞台，或者挑几出来演，都很难为今天的观众所接受。"原著在主题、结构、节奏等方面都存在弱点，观众的接受度也是一个大问题。

确实，传统《琵琶记》是冷门戏，舞台演出非常少。演出少，是因为情节性不强，以唱为主。而传统的《琵琶记》，以蔡伯喈为主的折子戏如《南浦》《辞朝》

《赏荷》《盘夫》《书馆》等，都是所谓的冷门戏。以唱念为主，四五十分钟从头唱到尾，这样的戏一般不敢演，怕观众坐不住。蔡正仁学过前三折，但没演过；《书馆》偶尔演，《盘夫》则是90年代末蔡正仁与张静娴合作恢复的，极少演，其中有大段唱均是著名的散板曲子。蔡正仁觉得非常可惜，唱段都很好听，需要后辈演员加工整理，希望能再现舞台。如果舞台演出困难，也要考虑作为小生的基础剧目保留下来。

关于秦瘦鸥的疑问，两位主演的回复很肯定，这类传统名剧不能只演几折戏，应该以比较完整的形式介绍给观众，但不能"照搬原著"。一要缩，二要改。原著共四十二折，"传"字辈老师能演十多折，全演不可能，必须缩减至一天演完。改，是改编传统折子戏，使之更加精炼紧凑，符合当代观众的欣赏习惯和心理。上昆这版《琵琶记》，共分《强就鸾凰》《糟糠自咽》《赏荷盘夫》《描容别坟》《官邸思乡》《二女廊会》《诉因决绝》七场。主要浓缩了传统戏的后半部分，突出蔡伯喈的"三辞三不从"，表现他的两难处境和矛盾心里。这就是所谓的"热处理"。最大胆的改动表现在结尾，高明原著中是"一夫二妻""一门旌表"的大团圆结局，体现了"全贞全烈""全忠全孝"的主题，而改编本采用民间故事和南戏"马踹赵五娘，雷轰蔡伯喈"的结尾。最后一场《诉因决绝》，蔡伯喈赶到莲花庵见结发妻子，得知父母双亡，悲恸不已。赵五娘怒斥蔡伯喈"亏心短缺"，伯喈悔恨不已，欲辞官返乡。牛丞相与牛小姐赶到，牛丞相言伯喈有欺君之罪，欲用纹银百两打发了五娘。

《琵琶记》
蔡正仁饰蔡伯喈，华文漪饰赵五娘

《琵琶记》，蔡正仁饰蔡伯喈，张静娴饰牛小姐

伯喈跪求五娘"成全"："朝廷意旨，丞相严命，如天日当头，五雷压顶。当日大错铸就，今朝无可挽回。"五娘绝望，狂奔离去，被马踏而死。其时一声焦雷，蔡伯喈魂飞魄散。秦瘦鸥显然认同了这种改编，觉得更有"悲壮苍凉，痛快淋漓"之感。

1984 年 10 月 23 日，《琵琶记》首演于徐汇剧场。蔡正仁饰蔡伯喈，华文漪饰赵五娘，张静娴饰牛小姐，方洋饰牛丞相，沈晓明饰蔡公，唐在娇饰蔡婆，顾兆琳饰张大公。导演秦锐生，作曲顾兆琳。演出效果出乎意料地好。令蔡正仁印象更为深刻的是，《琵琶记》到浙江瑞安、温州等地巡演，十分受观众欢迎。

80 年代，上昆除了在上海和北京、天津、武汉等大城市演出外，还定期到苏北、浙南的中小城市或乡镇演出。演出以故事性较强的大戏和武戏为多，一年至少两次，一去就是二十天。那时候条件非常艰苦，大家都是自带铺盖等生活用品，演出完就住在剧场后台；轮船是三等、四等舱，火车是硬座；不管是不是主演或领导，都一起装卸道具、布景和衣箱；食堂师傅随行，做大锅饭……到了小城镇，大部队再分成演出小分队，文戏一组，武戏一组，争取多跑几个地方多演几场。蔡正仁记得，那时候演得最多的是《贵人魔影》《红娘子》《琵琶记》《墙头马上》这样的大戏，观众都是自己买票。现在条件确实改善很多，出门都是飞机、高铁，住宾馆，演员是舒服了，但到外地演出一次的成本太高，演不起了。

二、上海昆剧精英展览

1985年5月14日至22日，上海昆剧团在艺术剧场（即兰心大戏院）举行了声势浩大的"上海昆剧精英展览"演出。演出历时九天，共上演了三十二个传统折子戏和一台大戏《玉簪记》。除上昆以外，上海市戏曲学校、上海昆曲研习社、上海京剧院及港澳、海外曲友均前来助阵演出，十三位"传"字辈演员参加或观看了演出。所有九场戏票，在演出前就一抢而空。

开幕演出的大轴，是俞振飞和郑传鉴合作的《八阳》；闭幕演出的大轴，则是俞大师和旅美华裔影星、曲友卢燕合作的《游园惊梦》，堪称经典。无论是演员，还是剧目，上昆可谓精英尽出，"七梁八柱"均拿出了自己的代表剧目和新学的传

"上海昆剧精英展览"场刊

《书馆》，蔡正仁饰蔡伯喈

统折子戏。蔡正仁演出了《见娘》《惊变》《迎像哭像》等代表剧目，还有特为这次演出学习的《书馆》，并与香港青年艺术家邓宛霞合作演出《琴挑》一折，引人瞩目。

《书馆》是《琵琶记》中的一折，和《荆钗记·见娘》《长生殿·惊变》并称"书见惊"，是官生的三出重头戏。在这三出戏的高潮段落里，唱念中加打小锣，以烘托人物的强烈情绪，增加舞台的气氛，故也称"风火戏"。

《见娘》和《惊变》，蔡正仁在戏校的时候就学了，而且常演，这折《书馆》却没有机会学，心中一直有所遗憾。趁举办"上海昆剧精英展览"的机会，他向团里领导提出要向沈传芷老师学习《书馆》的要求，领导非常支持，并把沈老师接到上海来教戏。从拍曲到教身段，十来天时间，蔡正仁和搭档朱晓瑜、张静娴学下了这出戏。机会来之不易，他们都是抱着抢救和保护传统的心态，所以学得特别用心和努力。

《书馆》的上半场是蔡伯喈的独角戏，下半场是蔡伯喈和赵五娘、牛小姐的"三脚撑"，小生的戏份很重。蔡伯喈被父亲所逼，进京赶考得中状元，留京为官；家中已有贤妻赵五娘，却被牛丞相强行招赘为婿；他想辞官回家，皇帝却不答应。三辞三不从，故而心中郁郁。这日，蔡伯喈"披香侍宴，上林游赏"，酒醉而归，已是"梅梢月上"时分。他独坐书馆，想念父母、妻子，心中越发苦闷。蔡正仁用"忧、怨、苦"三个字来总结蔡伯喈的心情：忧，不知双亲和妻子是否安好，心中挂念；怨，埋怨皇帝和牛丞相，使他有家归不得；苦，留又不想留，走又走不得，进退两难。"似我会读书的倒把亲撇漾","毕竟是文章误我，我误妻房"，[解三醒]要唱出这种复杂的心情。蔡伯喈欲借山水古画排遣忧思，无意间看到了父母的画像，这是牛小姐让人故意挂在那儿的。随后即唱著名的曲子[太师引]"细端详这是谁笔仗，觑着他教我心好感伤，好似我双亲模样……"他越看越怀疑，"猛可地小鹿儿在心头撞，丹青匠由他主张，须知道毛延寿误王嫱"。蔡伯喈又看到画像背后的题诗，竟觉得："这诗一句好，一句歹，明明嘲笑下官。"于是，请出牛小姐，询问其中原委。

下半场牛小姐先出场，她故意询问蔡伯喈题诗的内容，一答一问，层层深入，试探他的真心。"相公，你这般腰金衣紫，假如你有个糟糠之妻，见她褴褛丑貌，可不玷辱了你？"蔡伯喈回答道："夫人，你说哪里话来？纵然她丑貌褴褛，终是我的妻房，自古义不可绝。"牛小姐知蔡伯喈不忘结发之妻，便唤出赵五娘，夫妻相会。至此，全剧达到高潮。蔡伯喈得知父母双亡，悲痛万分，连呼三声"啊呀"，一声高似一声，一声紧似一声。同时脱去官服官帽，继而通过甩发、跪步等一连串高难度的身段动作，表现此时惊、痛、悔的情绪。赵五娘和牛小姐也要配合着发出"啊呀"的叫声，三个人的情绪、嗓子、动作必须协调一致，不能有一个是弱的，才能成为"三脚撑"。下半场，第一难在蔡伯喈要把声音和情绪控制在一个高度，而且要高潮迭起，表现出"风火戏"的特点；第二难是要找到旗鼓相当的闺门旦和正旦，演起来才动情动人。

《琴挑》是蔡正仁在精英展览演出中唯一的一出巾生戏，与他搭档饰演陈妙常的是香港的邓宛霞。蔡正仁和邓宛霞的艺术缘分颇深，是师兄妹，并有三十多年的舞台合作情谊。

邓宛霞出身名门，祖父邓典初当过香港中华总商会会长，外公岑春煊曾任清朝四川、两广、云贵总督。母亲岑德美，大家闺秀，早年毕业于燕京大学。这位邓太酷爱京剧，家中常常有名角、琴师来教戏。邓宛霞和姐姐自小耳濡目染，并接受了系统的京剧训练，她后来专业学习西方音乐，主修钢琴。1982年，邓太组织的"东方艺术协会"邀请梅葆玖、童芷苓率京沪两地京剧团赴港演出，轰动香江。这年夏天，邓宛霞恰从瑞士留学归来，应香港市政局之邀参加"中国戏剧节"，计划演出京剧《白蛇传》。邓宛霞演白蛇，并邀请中国戏校毕业后即赴港的黄晓玲演小青，就是找不到合适的"许仙"，最后决定向上海文化局商借一个小生。

在20世纪80年代初，单独赴港是件大事，上海文艺界从未有过。上海文化局党委反复研究，选中了蔡正仁。文化局副局长言行亲自找蔡正仁谈话，布置任务，蔡正仁却犹豫了。团里演出任务繁重，而且自己也才刚刚恢复《白蛇传》，又是唱京剧，他心里没底。何况，这个邓小姐演戏水平如何，也不知道。蔡正仁提出请

《琴挑》，蔡正仁饰潘必正

"白蛇"和"小青"来上海排戏，但香港回复说邓宛霞很忙，反而希望蔡正仁早日赴港排戏。蔡正仁无可奈何，只得单枪匹马奔赴香港。

邓宛霞母女亲自到机场迎接蔡正仁，他却高兴不起来。眼前的邓小姐看上去就像个中学生，小巧玲珑，演个小花旦还可以，她能演"白蛇"？蔡正仁心里直打鼓，没心思故地重游，第二天就投入排练。

蔡正仁来得虽然匆忙，想得却很周到，送给邓小姐的礼物是一本还没正式发行的《振飞曲谱》。蔡正仁希望邓小姐能了解一点昆曲，最好能学一点。他临行前还请辛清华老师把《上山》中的一段四平调改成了昆曲，邓宛霞一听果然很喜欢，最后决定《白蛇传》改用京昆合演的方式，中间《水斗》演昆曲。这还不够，邓宛霞回忆当时的情形说："在排戏之余，（蔡正仁）还给我哼唱和表演了不少昆曲中的代表剧目。他精彩的示范与耐心的启发，顿时令我眼界大开：世上竟有如此美妙的曲子，这般精雕细琢的剧本和醉人的身段……"蔡正仁成功地把邓小姐引入了昆曲的世界。

排戏很紧张，一天三班，从早到晚。邓宛霞虽然有京剧基础，但要正式上台演出，要学的东西还很多。从唱腔到念白，从表情到身段，蔡正仁一遍一遍地说戏，解释剧情，分析人物，示范表演。邓小姐冰雪聪明，越听越有味道，经过半个月强

《断桥》，蔡正仁饰许仙，邓宛霞饰白素贞

化训练，进步神速，脱胎换骨。邓太直说佩服蔡正仁，把她女儿调教得那么生动灵活。

8月14日晚上，《白蛇传》正式演出。邓家的亲朋好友皆来捧场，嘉宾云集。香港大会堂音乐厅一千四百多个座位，座无虚席。第一场《游湖》演得很顺利，观众看得很投入。演到《酒变》，"许仙"一个"入被窝"的技巧，赢得了满堂彩。端午节劝喝雄黄酒，白娘子现出蛇形，许仙被吓死，舞台上原是"摔僵尸"。赴港前，蔡正仁就和导演沈斌商量，"许仙"都吓死了，再慢慢地向后倒不合理，应该是"哎呀"一声，马上倒地。这就要摔"硬僵尸"，太危险，沈斌不赞成，他建议用"入被窝"。《断桥》原有一个"屁股坐"的技巧，"许仙"两条腿往前伸，人往前"唰"地出去，屁股着地，腿翘起来。沈斌在此基础上设计了一组新动作，腿不翘起来，滑出去，两脚一伸，着地！正合蔡正仁之意。现场演出效果好极了，动作完成得又快又漂亮，观众都没看明白是怎么回事，"许仙"就"啪"地在地上躺直了。观众炸开了锅，恨不得有镜头回放。

邓宛霞的沉着冷静，也让蔡正仁刮目相看。《酒变》之后是《盗仙草》，"白素贞"有一套剑舞，演到一半，剑把不知怎么断了。邓宛霞没有乱，而是顺着动作将剑扔至后台。后台管事非常机敏，扔了一把新剑到台上，邓宛霞稳稳地接住，不慌不忙继续舞。这样的意外，即便是有经验的演员也不一定能应付得了，邓小姐居然临危不乱，从容应对，蔡正仁心中暗暗道一声"佩服"。

《白蛇传》的演出大获成功，蔡正仁在《酒变》中的"入被窝"和邓宛霞在《盗仙草》中的接剑，成为报纸争相报道的热点。按上海文化局的指示，蔡正仁只在香港休息了一天，16 号便启程返沪。来去虽然匆匆，但蔡正仁与邓宛霞结下了三十年的艺缘，《白蛇传》成为他们的保留剧目。

在蔡正仁的影响下，邓宛霞深深地爱上了昆曲，她积极向华文漪学了《游园惊梦》《琴挑》《百花赠剑》等传统戏。连俞振飞大师也非常满意这位"香港小姐"，常夸她天资聪颖，为"多年来戏曲人才中所罕见"。邓宛霞有戏曲功底，悟性强，文化艺术修养又高，加之勤奋刻苦，学戏又快又好。1985 年，邓宛霞正式拜在俞老门下，成了蔡正仁的小师妹。

此后，几乎每年邓宛霞都邀请蔡正仁去香港演出，京昆不挡，而且兴致越来越浓。她对京昆艺术的热爱和执着，深深感动了蔡正仁，所以只要是艺术上的事情，蔡正仁总是有求必应。80 年代，邓宛霞到内地演戏，以当地京剧团为班底，搭档的小生总是蔡正仁，京昆都演。蔡正仁非常感谢邓宛霞给了他演京剧的机会，他从俞振飞老师那里继承了很多俞派京戏，苦无演出机会，邓宛霞给他提供了演出的机会和舞台。《凤还巢》《玉堂春》《白门楼》《罗成叫关》等等，他都演了个遍，过足了京剧戏瘾。

俞振飞、李蔷华（左二）给邓宛霞、蔡正仁说戏

《游园惊梦》，蔡正仁饰柳梦梅，邓宛霞饰杜丽娘

《百花赠剑》，蔡正仁饰海俊，邓宛霞饰百花公主

《罗成叫关》，蔡正仁饰罗成

　　蔡正仁与邓宛霞如此惺惺相惜，配合默契，不免有"闲言碎语"。蔡正仁并没把这些"流言"当作一回事，他相信"事实胜于雄辩"，邓宛霞则比他更洒脱。舞台上如花美眷，人世间似水流年。"流言"会散，艺术常在。2014年末，蔡正仁和邓宛霞再度在香港和北京合作《惊变埋玉》，岂不更是剧坛佳话？

三、两次"上书"　振兴昆曲

　　就在"上海昆剧精英展览"举行前的一个月，中央发布了《关于保护和振兴昆剧的通知》，对此后昆曲的发展起了至关重要的作用。这个通知，源于俞振飞给中央的一封信。

　　进入20世纪80年代中期，"改革开放"初见成效，人们的生活方式随之改变，电影、电视等媒体分散了观众的注意力。令人眼花缭乱的流行文化纷纷涌入，戏曲不再是文化市场的主角。昆曲唱词古雅，节奏缓慢，曲高和寡，甚至被讽刺为"昆曲昆曲，困困（睡睡）吃吃"。昆曲演员的要求极高，排练和演出的投入与回报不成正比，人心也随之浮动。在上海，有京、昆、越、沪、淮五大剧种相互竞争，昆曲并不占优势。台上的人比台下的人多，是常见的事。出了江浙沪，知道昆曲的人真是寥寥无几了。即便是在昆曲的发源地——苏州，境况也堪忧。有一次苏昆剧团下去演出，没有观众，只能改作歌舞表演，并在广告上醒目地标明："今晚无昆曲！"多么辛酸。

1984 年夏天，蔡正仁与华文漪、导演秦锐生等去北京观摩北方昆曲剧院的《长生殿》。他们在烈日下寻找平价旅馆，走了大半天，均告客满。秦锐生忍不住对服务员介绍说："这两位是昆剧演员华文漪和蔡正仁，我们是来北京观摩演出的，你们能不能照顾一下……""谁？没听说过？"三个人又递上"上海昆剧团"的工作证，服务员看了一脸疑惑："昆剧？什么叫昆剧……"这就是昆剧当时的状况。蔡正仁他们痛苦又无奈。最后，华文漪找了一位喜爱昆剧的领导帮忙，才解决了住宿问题。

在北京时，蔡正仁和华文漪拜访了老领导，时任中国剧协副主席的刘厚生老师。两个人说起昆剧的艰难处境，满腹委屈。上海昆剧团的现状是：排戏没经费，演出没剧场；最严重的是演出没有观众，没有市场。前景堪忧！

刘厚生老师也是忧心忡忡，他认为昆剧目前面临的问题，已经不是几个昆剧院团、昆剧演员，或者是几个文化人振臂高呼所能够解决的。他郑重建议："目前昆曲较为困难的情势属实。从下面解决来看比较困难，你们可以帮助俞振飞先生起草一封信，由他老人家出面，上书党中央，求得党中央的重视和支持。"要改变昆剧的困境，必须引起中央的重视，由中央出台政策。

蔡正仁、华文漪回到上海，向俞振飞老师汇报了情况。上昆随即建立了以党支部书记陶影为组长的起草小组，陆兼之、方家骥、蔡正仁、岳美缇等集思广益，字斟句酌，写了一封长达两千余字的信，详细介绍了昆剧艺术的悠久历史与价值，以及现在面临的困境，希望党中央对昆剧加以重点保护和扶持，并提出六条具体建议和请求：

一、希望把代表我国古典艺术的昆剧作为国家重点保护的对象；

二、实行"保戏保人"的方针政策，对昆剧工作者实行高待遇、高报酬；

三、昆剧团应保证"出戏出人"，并担负起对外文化交流的责任；

四、建议以上海昆剧团为试点；

五、成立全国性的昆剧中心及昆剧基金会，并通过电影、电视大力宣传昆剧；

六、建造一个适合昆剧演出的小剧场。

经过反复讨论修改，这封信于 9 月 18 日定稿，得到荀慧生夫人张伟君的帮助，再经由习仲勋夫人转呈给胡耀邦总书记。胡书记对俞老这封信非常重视，立即作出批示。1985 年 4 月 25 日，中央 20 号文件《关于艺术表演团体的改革意见》正式下发，其中着重指出："对有些古老稀有的艺术品种（如昆剧），观众面虽然狭小，但具有深厚艺术传统和较高艺术水平，应予以保留和扶持。"随后，文化部根据此改革意见，发出《关于保护和振兴昆剧的通知》，并成立了"振兴昆剧指导委员会"，由俞振飞担任主任。由此开始，从国家层面来指导昆曲的继承与发展，提出了保护的口号和措施。"振兴昆剧指导委员会"先后举办了四期培训班，共抢救传统剧目一百三十三出。1987 年，文化部再次发出《关于对昆剧艺术采取特殊保护政策的通知》，并于 1987 年 12 月 17 日至 25 日在北京举办了"全国昆剧抢救继承剧目汇报演出"，共演出折子戏三十三出、大戏两台。随后，在 1989 年，以俞振飞为顾问、集中了当时全国六个昆剧院团主要演员的中国昆剧艺术团赴香港演出，获得了极大成功。

对蔡正仁而言，"振兴昆曲指导委员会"成立最直接的影响有两件事。1986 年，"昆指委"在苏州开办首期抢救传统剧目的培训班，蔡正仁向周传瑛、沈传芷老师学习了四出传统折子戏。同年，上海市戏曲学校招收了第三届昆剧演员班，即我们俗称的"昆三班"。学员六十人，昆剧音乐班二十多人，蔡正仁主教四个小生。

四、再学《亭会》《乔醋》

1986 年 4 月，在文化部"振兴昆剧指导委员会"的指导下，苏州开办"昆曲演员培训班"，由"传"字辈老师主教，抢救濒临失传的传统剧目。周传瑛任班主任，沈传芷、王传淞、郑传鉴、倪传钺、姚传芗、沈传锟、张娴等老艺术家都来了。

蔡正仁的启蒙恩师沈传芷老师主教正旦戏，兼授一折穷生戏《击鼓骂配》。让蔡正仁最为兴奋的是周传瑛老师主教《拾柴》《亭会》《乔醋》三出拿手好戏。俞振飞、沈传芷、周传瑛是 20 世纪昆剧界最好的三位小生，各有所长。俞、沈二位老师，蔡正仁跟随在侧二十多年，言传身教，耳濡目染，自不用说。周传瑛老师一直在浙江，蔡正仁少有机会当面请教。

1921 年，周传瑛入苏州昆剧传习所学艺。原学旦角，后得沈月泉老师慧眼识珠，改学小生，自成一格。新中国成立后，周传瑛参与改编、导演并主演了昆剧《十五贯》，是"一出戏救活了一个剧种"的主导者之一。他为昆曲在浙江的传承和发展倾注了一生，培养了"世""盛""秀"字辈三代昆曲演员。

蔡正仁小时候多次看过周老师的戏，《亭会》《琴挑》，仰慕已久。"周老师身上特别漂亮，身段动作特别有弹性，眼神、身段与动作配合得极好，在舞台上有一种

蔡正仁和周传瑛老师合影

飘逸的美感。""文革"前,蔡正仁也曾到浙江,向周老师学习《十五贯》中的熊友兰一角,但时间仓促,戏份不多,没有学过瘾。所以,他格外珍惜这次学习的机会,提前一天赶到苏州拜见周老师。周老师对蔡正仁也格外关注,一直盼着这个学生的到来。

每学一出戏,周老师都要问蔡正仁是否向沈传芷老师学过。第一出《彩楼记·拾柴》,也是沈老师的拿手好戏。但沈老师确实没教过,蔡正仁学的是根据川剧移植的《评雪辨踪》。蔡正仁也多次向周老师表明,自己这次学戏就像小学生一样,一字一句,一板一眼,从头学起。小生组一共二十几个学员,学完一段,周老师总是先叫蔡正仁示范表演。蔡正仁学得也极用心,进步神速,周老师非常满意。

第二出戏是《红梨记·亭会》。《亭会》写名妓谢素秋深慕才子赵汝舟,假托为太守之女,夜赴赵居处,欲与之相会。赵汝舟酒后闻得女子吟诗之声,次日去花园寻觅等候。他见谢素秋立于亭边,月光之下,惊若天人,一见倾心,相约相会。蔡正仁在戏校时就向沈传芷老师学过,还演过。

《亭会》，蔡正仁饰赵汝舟

这是一出打基础的巾生戏，唱念、身段都很有特色，还有很繁重的扇子功，也是周传瑛老师的拿手好戏。蔡正仁学戏心切，不敢说以前向沈老师学过，怕周老师不方便多教，就含糊其辞："沈老师是教过这出戏，但主要是岳美缇在学，我就在旁边看看，不是很熟悉。"不知道周老师有没有相信，总之他教得非常认真。周老师的动作真是无处不美，蔡正仁看得非常仔细，剧本上密密麻麻地记录了每一个动作的要点。

其实，周老师是带病来苏州教戏的。《亭会》教了一半，他身体就顶不住了，但还是硬撑着把戏教完才住进医院。更令蔡正仁感动的是，《亭会》彩排汇报时，周老师特地从医院赶来看他演出。周老师的认真和用心，蔡正仁一生铭记在心。沈老师也来了，他毫不介意蔡正仁又向周传瑛学戏，反而为他的进步高兴。两位老师的戏都是沈月泉大先生教的，周老师的舞台经验更丰富些，身段更加流畅、帅气，动作更加漂亮、边式。一出《亭会》，蔡正仁兼学周、沈两位老师之长，真是蔡正仁的福分。这两位老师的胸怀气度和敬业精神，也令蔡正仁终生难忘。

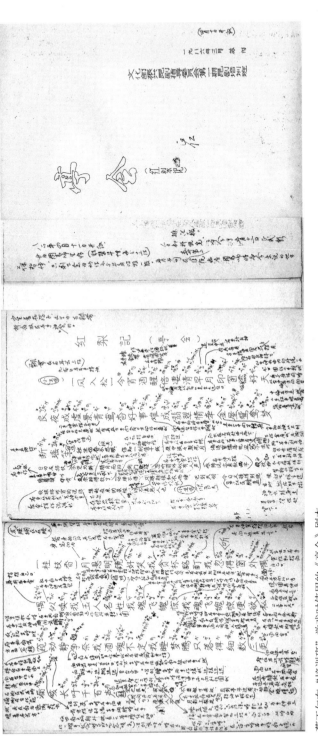

蔡正仁在"培训班"学戏时使用的《亭会》剧本

《亭会》，蔡正仁饰赵汝舟，张洵澎饰谢素秋

第三出是《金雀记·乔醋》，大家都担心周老师不能教了。但周老师在医院里治疗了一段时间，竟又回到了培训班。可是，刚教完［太师引］"顿心惊，蓦地如悬磬。止不住盈盈泪零……"一段，周老师晚上就大口吐血，被紧急送进了医院。

第二天下午，蔡正仁去医院探望周老师，周老师身体很虚弱，却一心记挂着《乔醋》还没教完。

"只怕等我养得病好，你们早就各回各团了。"

"那……您就躺在床上，您说我做，我做得对您就点头，不对您就纠正。"蔡正仁见老师真着急，便想出这么个主意。

周老师觉得可行，特别高兴。

其实蔡正仁在戏校时曾学过《乔醋》，所以敢出这个主意。这出戏讲的是大老婆为了丈夫娶妾而争风吃醋，带有封建色彩，当时属于禁戏，不能公演。二十几年没演，蔡正仁也有些模糊了。

周老师在病床上说戏，蔡正仁根据自己的印象和老师的意思做动作身段，周老师再指导纠正，反复几次直到周老师点头为止。他上午在医院学完一段，下午回到培训班再教给同学们，当起了"二传手"。晚上他再与搭档张静娴到沈传芷老师那儿复习巩固。第二天上午，他又到病房向周老师学新的部分。一出《乔醋》，竟是如此学了下来，而且彩排演出效果颇佳。周老师知道后，连病都减轻了三分。

《乔醋》，蔡正仁饰潘必正，张静娴饰井文鸾

此后，《亭会》《乔醋》均成为蔡正仁的代表剧目、常演剧目。《亭会》的固定搭档是张洵澎，《乔醋》的固定搭配是张静娴，很受观众欢迎。这两出戏都是周传瑛老师病中所授，又兼得沈、周二位老师之艺术特色，于蔡正仁而言，别有一层深意。

五、晋京演出　梅开五福

1985年5月举行的"上海昆剧精英展览演出"充分展示了上海昆剧演员的艺术造诣，尤其是在继承、抢救昆剧传统剧目方面的显著成绩，在海内外引起极大关注。1986年4月，文化部邀请上海昆剧团于9月晋京汇报演出。

上昆精选传统折子戏六十二出，组成七台优秀传统折子戏、两台古典名著（选折）专场，连同大戏《墙头马上》，共十台戏。剧目之丰富，是建国以来晋京演出所未过。演员汇集"昆大班""昆二班"之精英，包括已在戏校任教的张洵澎和王英姿；上昆"七梁八柱"，除刘异龙因病未能参加外，尽数赴京。这样的规模和阵容，上昆是打定主意要在北京打个漂亮仗。中国戏剧家协会破天荒地将上昆的每一场戏都列为向"首都观众推荐演出"，中国剧协主席曹禺先生盛赞上昆是"第一流剧团，第一流演出，第一流演员，第一流剧目"，文化部为此授予上海昆剧团为

　　蔡正仁自然拿出了自己的代表剧目：大官生戏《长生殿·絮阁、惊变、哭像》《铁冠图·撞钟分宫》，小官生戏《金雀记·乔醋》《荆钗记·见娘》《贩马记·写状》，巾生戏《红梨记·亭会》，穷生戏《彩楼记·拾柴》等。行当全面，唱功戏、做工戏兼有，悲剧、喜剧皆有把握。蔡正仁戏路之宽阔，基本功之扎实，舞台经验之丰富，由此可见一斑。

　　其中《撞钟分宫》是蔡正仁这年夏天向沈传芷老师新学的传统折子戏。因为涉及污蔑农民起义，此戏曾被列为禁戏。但蔡正仁一直听老师们说这出大官生戏怎么难，又怎么精彩。而且，周信芳大师的《明末遗恨》就是根据《撞钟分宫》改编移植的。所以蔡正仁暗暗有了学习的念头。进京演出是个好机会，他就和张静娴、沈晓明赶到苏州向沈老师学习《撞钟分宫》。沈老师因为中风，左边身子基本已不能动弹，就靠嘴巴说，用右手示范。师徒三十年，沈老师即便就是一个眼神一个手势，蔡正仁也能心领神会。5天，蔡正仁他们把戏学了下来。回到上海，又和导演秦锐生一起用了15天时间消化、排练。9月7日，就在赴京前几天，《撞钟分宫》在瑞金剧场公演，极为轰动。沈老师特地从苏州赶来观看学生演出，演出结束，对蔡正仁露出弥勒佛似的笑容，说了五个字："像个大官生。"沈老师很少当面夸赞学

《撞钟分宫》，蔡正仁饰崇祯，沈晓明饰王承恩（秦来来摄）

《撞钟分宫》，蔡正仁饰崇祯帝（秦来来摄）

生，这是蔡正仁三十年以来得到的"最高奖励"，在他心里重千斤。

蔡正仁不仅得到了沈老师的肯定，俞振飞老师也对他赞赏有加。俞老师在上昆晋京前，亲作《星月联辉奏水磨——写在上昆三度晋京之前》一文，文中如此评价自己的爱徒：

> 正仁嗓音浏亮充实，精力弥满，高处如鹤泪，如裂帛，如飞镝穿云，如健翮凌霄；低处如幽涧，如伏流，如弦满而未发，如书家之藏锋，这种痛快和沉着兼而有之的境界，是很不易到的。他的《书馆》《见娘》《惊变》《哭像》等剧，亦能旋折中乎规矩，举止出以大方。

时任中国戏曲学院副院长、《中国戏剧》"梅花奖"评委的钮骠，称赞蔡正仁"在舞台上，扮相俊雅，气质端庄，风度宏邈，举止大方，自不待说，仅就他那一副清亮厚实的嗓音，每歌一曲，便能给听者带来莫大的艺术享受"。对蔡正仁在《撞钟分宫》《见娘》《写状》《乔醋》等戏中的精彩表演，毫不吝啬赞美之词。

1987 年 3 月，喜讯传来，蔡正仁凭借在《荆钗记·见娘》和《金雀记·乔醋》中的精彩表现，荣获 1986 年第四届中国戏剧"梅花奖"。而且，上昆是"梅开五福"，华文漪、计镇华、岳美缇、王芝泉同获"梅花奖"，震惊剧坛。

《荆钗记》是元末四大南戏"荆、刘、拜、杀"之首，在昆剧舞台上流传甚为久远，至近代以《见娘》一折最为著名。

《荆钗记》演温州才子王十朋家道清贫，以荆钗为聘，与钱流行之女钱玉莲结成夫妇。婚后寄居钱家，夫妻情笃。翌年，十朋晋京应试，得中状元。权相万俟卨欲招之为婿，遭拒，遂将十朋改调烟瘴之地广东潮阳金判。富家子孙汝权将十朋家书改为休书，企图骗娶玉莲。玉莲不从，投江自尽，幸被新任福建安抚钱载和夫妇搭救，收为义女。钱流行命家人李成护送王母进京寻子，十朋不见妻子同来，追问原委，王母讲述实情。十朋痛悼妻子，发誓终身不娶。五年后，十朋升任江西吉安府太守，钱载和获悉，促其夫妻重逢，合家团聚。《见娘》一折即演王十朋母子相见的情节，为全剧之高潮。

《见娘》即是"书见惊"中的"见"，官生的基础戏，要求王十朋扮相端庄，嗓音洪亮，举止大方，身段干净；关键在于抓住人物情感和心理的变化，唱、念、做并重，尤其强调王十朋、王母、李成三人配合默契，旗鼓相当。与蔡正仁搭档演出此戏饰演王母的，多为老旦徐霭云或唐在娇，老生顾兆琳饰演李成，可谓"黄金三角"。在戏校时，蔡正仁就向沈传芷老师学过此戏，同时得俞振飞老师指点，在

《见娘》，蔡正仁饰王十朋，
符凤珑饰王母（陈鹏昌摄）

《见娘》，蔡正仁饰王十朋（海青歌摄）

长期演出中，也加入了自己的理解，自成一格。

《见娘》中，"王十朋"上场有一段引子［夜行船］："一幅鸾笺飞报喜，垂白母想已知之。日渐过期，人何不至？心下转添萦系。"没有乐器定音、伴奏，要求一张口就将调门定准。一般小生常用的调门是小工调（即 D 调），但打引子往往比唱曲子高一个调门，而且开口音很多，要求小生真假嗓结合。光这段引子，就能显出演员的功底如何。引子之后是一大段念白，王十朋自报家门，表明事情的前因后果。王母由李成护送来到，王十朋不见妻子玉莲同来，多次询问，终知真相。这段表演由喜而疑，由疑而惊，由惊再悲，到最高潮。要求小生、老旦、老生，情绪、嗓音、节奏保持高度一致，层层递进。最后，当王母将钱玉莲被逼改嫁、投江而死的经过和盘托出时，王十朋念："哦，我妻子为我，守节而亡了！"晕厥过去。这句说是念，其实是叫，演员必须提着气，稳住，"守节而亡了"五个字必须念在一个高调门上，对气息、声音的要求非常高。王十朋苏醒过来，唱《见娘》里最著名的［江儿水］一段："一纸书亲附，啊呀我那妻吓，指望同临任所。是何人写套书中句？改调潮阳应知去，迎头先做河伯妇。指望百年完聚，半载夫妻，也算做春风一度。"演员如果基本功不扎实，演到这儿就已经筋疲力尽、声嘶力竭了。

90 年代后期，与蔡正仁合作饰演王母的是"昆三班"的老旦符凤珑，再后来是

《见娘》排练，蔡正仁饰王十朋，王维艰饰王母，黄小午饰李成

"昆四班"的何燕萍，李成则是老生缪斌。2012年11月，应纽约"海外昆曲社"之邀，蔡正仁在纽约哥大密勒剧院与来自江苏省昆剧院的老旦名家王维艰、老生名家黄小午合作《见娘》，当今昆坛最强搭档，名副其实的"三脚撑"，可惜国内尚无机会得见。

《见娘》是沉重的悲剧，《乔醋》则是风趣的喜剧。《乔醋》是《金雀记》中的一折。潘岳与井王孙之女井文鸾以一对金雀定情，结为夫妻。潘岳偶遇妓女巫彩凤，一见钟情，以金雀相赠。后井文鸾巧遇为避战乱寄身尼庵的巫彩凤，得知其中内情，为巫姬真情所感动，有意促成潘岳与巫姬之美事。《乔醋》即演井文鸾见到潘岳后，故作嫉妒吃醋之态，捉弄调笑于他。"乔"即假装之意，戏就在这夫妻间的"暗战"。

《乔醋》分为两部分。首先是潘岳出场，表现其春风得意和潇洒风流。当他得知情人巫彩凤为避兵祸、寄居尼庵后，唱一段宕三眼的［太师引］，表现其又惊又痛的心情。第二部分演井文鸾来到，假意责怪潘岳背负盟约，潘岳慌忙应付，又想遮掩，漏洞百出。此段以表演为主，"两人的戏都在言谈眉宇之间，既有闺房调笑的轻松气氛，又时不时出现'激流'和'暗礁'；既有欢笑和恩爱，又有严肃与责备，喜怒哀乐样样俱全。而在这繁复的表演中又包含着许多真真假假、微妙复杂的情感，因此就要求演员具备相当深厚的表演基本功，以及丰富的舞台经验和生活经

《乔醋》，蔡正仁饰潘岳

验"。（蔡正仁《细说〈乔醋〉》，载（香港）《大成》第三〇二期）

昆剧界有"俞撷殷笑"之说，俞振飞唱曲，撷腔极佳；另一擅演《乔醋》的殷震贤，其笑声最具特色。蔡正仁兼收两人之长，又有所发展。井文鸾向潘岳索讨金雀，潘岳起初一味搪塞："下官一时寻不见书箱上锁匙，待寻见了锁匙，就有金雀在哟，啊哈哈哈哈……"此处一笑声音响亮，为遮掩自己的谎言，显得底气十足。井文鸾出示金雀，潘岳见只有一只，还想抵赖，及至一对金雀放在面前，不觉愣住。在双翻袖扶住井文鸾的造型中，原有"啊哈哈，哈哈，哈哈哈哈……"三笑，蔡正仁改为"啊哈哈哈，咦嘻嘻，啊哈、哈、哈、哈、哈"。第一声"啊哈哈"是觉得出乎意料，第二声"咦嘻嘻"表现出无可奈何的自嘲，第三声"啊哈、哈、哈、哈、哈"一笑一顿，因为真情毕露，越笑越尴尬。三声笑，在小锣和鼓板的配合下，表达了人物复杂的心态。潘岳赞扬巫彩凤是个守志的青楼女子，井文鸾回他一个"不识羞"，潘岳一个掩口的饮笑，不出声音，但充满了逗趣得乐的神情。潘岳捧井文鸾，井文鸾故意不领情，潘岳一边说"我偏要夫人见怜"，随即又紧接"啊哈哈哈哈"一笑，另有一种耍赖、撒娇的形象。最后潘岳被家人讥笑，道出他在夫人面前下跪的狼狈相，潘岳以袖掩口止不住"哈哈"大笑，尽管难堪，却也自得其乐，全剧也在这畅快淋漓的笑声中结束。

　　演好此戏，关键还在于细节刻画。潘岳和井文鸾才子佳人，夫妻恩爱，且是久别重逢。井文鸾假装醋意大发，潘岳闪烁其词，其间一波三折，但始终不脱闺房之乐。夫妻间的小动作，分寸必须拿捏恰当。如潘岳用肩轻碰井文鸾、井文鸾以手指刮潘岳脸面等夫妻之间的亲昵动作，做过了则嫌油滑，做淡了则少情趣。再如：井文鸾假装不肯容纳巫彩凤，潘岳先提袍偷看两边门外后，再一面说："夫人若不许，我就……我就……"一面捋袖、唾手、举拳，装模作样要打，接着却是"我就跪在夫人面前"，屈膝哀求。最后潘岳硬扯着井文鸾要为她接风，被井文鸾推倒在地，他故意赖在地上不起来，要夫人搀扶。井文鸾看穿了他的用心，轻轻一拂长袖，不予理睬；潘岳还是不起，井文鸾只得转身将其扶起，潘岳乘势与之贴近相拥，被家人撞散。此段表演不用锣鼓，全用哑剧处理，相当别致。

　　蔡正仁多与师妹张静娴配演此戏，舞台上极为默契，近年也常作示范演出。蔡正仁以大官生著称，但演起潘岳这类疼爱妻子的小官吏，妙趣横生，煞是可爱讨

《乔醋》，蔡正仁饰潘岳，
张静娴饰井文鸾（元味摄）

《乔醋》，蔡正仁饰潘岳，张静娴饰井文鸾（元味摄）

《乔醋》，蔡正仁饰潘岳（元味摄）

巧。关键在于分寸拿捏恰到好处，很受观众欢迎。另一出经典传统戏《写状》也是表现闺房之乐，与《乔醋》有异曲同工之妙，也是蔡正仁常演的拿手好戏。

六、新编：《长生殿》

八七版《长生殿》是一个"传说"，因为久不见于舞台，但又留下了很多剧照和故事。最重要的，这是蔡正仁和华文漪这对"黄金搭档"在上昆合作的最后一个大戏，他们是白先勇惊为天人的"唐明皇"和"杨贵妃"。

在文学史上，洪昇的《长生殿》与孔尚任的《桃花扇》为清代传奇的"双璧"；在昆剧演出史上，《长生殿》与汤显祖的《牡丹亭》则是两个鼎盛的标志。

蔡正仁在戏校时的开蒙戏便是《长生殿》中的《定情赐盒》，之后又陆续学习了传统折子戏。20 岁时凭借《惊变埋玉》崭露头角，40 岁时又因《迎像哭像》而备受肯定，但他从未完整地演过《长生殿》。蔡正仁相信，如果不是"文革"，如果再给俞老师几年时间，他肯定能排出一台大戏《长生殿》，就像"俞言版"《牡丹亭》一样，成为典范。老师未尽之事业，自然由学生来完成。

1986 年，上海昆剧团决定排演大戏《长生殿》。剧本改编为唐葆祥、李晓，作曲为上海越剧院的元老刘如曾和上昆的顾兆琳，时年 79 岁高龄的郑传鉴老师担任艺术指导。俞振飞大师又亲笔写信，相邀中国戏曲学院著名导演李紫贵前来执导，上昆沈斌任副导演。

李紫贵导演与上昆渊源已久，早在 1961 年，成立伊始，李紫贵导演便执导上海市戏曲学校实验京昆剧团京昆合璧的《白蛇传》，赴港演出，大获成功。他对上昆自有一种特殊的感情。上昆每次到北京演出，他每场必看，并作记录，第二天再与演员们研究讨论。蔡正仁对李紫贵导演的感情也很特殊，当年赴港原本有三个"许仙"，却因为种种意外，最后只剩下蔡正仁一个。他几乎是在李紫贵导演手把手的指导下，才完成了这次演出任务。事隔十六年，能再与李导合作，得其指点，蔡正仁格外珍惜这次机会。《长生殿》排练时，李紫贵导演正患气喘，不能劳累。但他一旦投入排练，便完全不顾病痛，连续工作好几个小时，亲自示范，为《长生殿》设计了许多精彩身段。

八七版《长生殿》共有《定情》《絮阁》《托情》《密誓》《起兵》《惊变》《埋玉》《雨梦》八折。全剧以唐明皇与杨贵妃的爱情为主线，《托情》《起兵》两折为副线，铺垫政治和历史背景。在这之前，上昆已排演了多部历史剧，如《蔡文姬》《钗头凤》《唐太宗》等，移植剧目居多。《长生殿》的意义在于从昆剧传统出发，

八七版《长生殿》排练中

八七版《长生殿》，蔡正仁饰唐明皇

在原有折子戏的基础上进行改编整理。编剧着意净化了李、杨的爱情故事，以情动人。编剧唐葆祥、李晓之匠心在于："《定情》是爱的起点，《絮阁》是爱的波折，《密誓》是爱的高潮，《惊变》是爱的沉湎，《埋玉》是爱的毁灭"，《雨梦》是爱的升华，唐明皇的性格在此过程中更加完整，"对历史、对人生的深长喟叹"也更为充分。（《让古典名剧复活在舞台上——关于昆剧〈长生殿〉的改编》，载《戏曲艺术》1990 年第 1 期）

蔡正仁虽然从小就演《长生殿》中的经典折子戏，但这版《长生殿》的排演可说是一次全新的创作。

一是要从单折戏丰富为整本戏，在年龄变化中塑造一个完整的、有性格变化的"唐明皇"形象；二是要突出唐明皇对杨贵妃感情的发展，从最初单纯被其美貌所吸引，到产生真挚的男女之情，最终在悔恨中升华为高贵的爱情。蔡正仁在大官生的基础上，融入了老生、武生的表演，形象更为丰富感人。

在《定情》一折中，唐明皇头戴平顶冠，身着黄龙披，口戴黑三，出场即运用了文武老生的身段，放大了捋髯口的动作，再配合［东风第一枝］"端冕中天"的洪亮唱腔，油然而生帝王的堂皇之气，并渲染了盛唐的恢弘气派。

八七版《长生殿·定情》，蔡正仁饰唐明皇，华文漪饰杨贵妃

　　《絮阁》是一场爱情的风波，节奏跌宕起伏。唐明皇在宠爱杨贵妃的同时，又临幸梅妃，作为帝王实乃平常之事。而杨贵妃追求的却是"专一"的爱情，故而醋海生波。唐明皇被当场撞破好事，恼羞成怒，责其"目无至尊"，将她"送"出宫门。这场戏是两人爱情观念的冲突，也为下一场《密誓》奠定了感情基础，欲扬先抑。

　　《密誓》一折，唐明皇要充分表达对杨贵妃的深深眷恋，除了演出皇帝的气派，更要闪烁出真诚的"爱情火花"，充满抒情意味。唐明皇见到杨贵妃一缕青丝，自责自悔，相思更甚。杨贵妃回宫，两人和好如初。郑传鉴老师在这里活用传统，如此设计：杨贵妃跪拜，唐明皇顺势扶起，拿青丝的右手轻轻搭在她的肩上，杨贵妃深情地接过青丝，将之对折再对折，藏进唐明皇的袖中。这个细节自然、优美，又极浪漫，将情人之间的甜蜜、亲昵表现得恰到好处；同时又暗示了李、杨二人情感的变化，从帝王之情升华为真挚热切的男女之爱。"这缕缕青丝，片片香云，勾

八七版《长生殿·惊变》，蔡正仁饰唐明皇，华文漪饰杨贵妃

起我思无限，愁万分。记前宵香气枕边闻，到今朝和泪寄断魂。悔煞我一时任性，枉负你一片真情。"最后，两人对天盟誓："双星在上，我李隆基（杨玉环），愿生生世世，共为夫妇，永不分离，双星鉴之。"动作虽小，却是画龙点睛，妙极！

《惊变》前半场是《密誓》甜蜜爱情的延续。御花园沉香亭小宴，赏景，饮酒，歌舞。唐明皇故意劝爱妃多饮，赏其慵懒娇媚的醉态，喜不自禁。然后，乐极生悲。杨国忠突然来报，安禄山造反，已杀破潼关，逼近长安。大厦将倾，唐明皇仓促避难西蜀，杨贵妃随行，一场悲剧拉开了序幕。

《埋玉》一折，马嵬坡兵谏，六军气势汹汹。蔡正仁借鉴文武老生的形体动作，表现唐明皇的惊恐无状。这是一场帝王社稷与帝妃真情之间的较量，唐明皇也有矛盾挣扎，但最终选择了江山，抛弃了爱情。"一代红颜为君尽，千秋遗恨马嵬驿。"许多动人心弦的戏都在"大停顿"之后，沉郁凝重，抑扬顿挫。这场戏的结尾，李紫贵导演的设计独具匠心。贵妃高举白绫，以示自尽，然后转身疾步下场。后台将白绫挑起，场上只余白绫高挂，全场似乎为之凝固，摄人心魄。

最后一场《雨梦》，唐明皇已是太上皇，在萧瑟秋雨中重回长生殿，见宫花凋零、落叶满地，听凄风苦雨、檐铃叮当。金钗钿盒，勾起唐明皇无限追思，自责、悔恨、凄苦、无奈。他最终在梦中，与杨贵妃月宫重圆。全剧在悲切低沉的意境中结束，留下无尽幽思，"此恨绵绵永难偿"！

八七版《长生殿·雨梦》，蔡正仁饰唐明皇，华文漪饰杨贵妃

4月7日，《长生殿》在市府礼堂首演。蔡正仁的唐明皇，华文漪的杨贵妃，刘异龙的高力士，计镇华的雷海青，顾兆琳的陈元礼，陈治平的安禄山，蔡青霖的黄幡绰，个个都是一时之选，满台生辉。

4月10日，《长生殿》首轮演出的最后一场，美国加州大学教授白先勇就坐在台下，被深深震撼。落幕了，白先勇纵身起立，鼓掌喝彩，他痴痴地立着，不舍离去。

> 华文漪饰杨贵妃，气度高华，技艺精湛，有"小梅兰芳"之誉。当家小生蔡正仁演唐明皇，扮相儒雅俊秀，表演洒脱大方，完全是"俞派"风范。两人搭配，丝丝入扣，举手投足，无一处不是戏，把李三郎与杨玉环那一段天长地久的爱情演得细腻到了十分。……
>
> 我想我不单是为那晚的戏鼓掌，我深为感动，经过"文革"这场文化大浩劫之后，中国最精致的艺术居然尚能幸存！而"上昆"成员的卓越表演又足证昆曲这种精致文化薪传的可能。昆曲一直为人批评曲高和寡，我看不是的，我觉得20世纪中国人的气质变得实在太粗糙了，需得昆曲这种精致文化陶冶教化一番。（白先勇《惊变——记上海昆剧团〈长生殿〉的演出》，载《华文文学》1988年第2期）

白先勇为之深深倾倒，心情久久不能平复。几天后，白先勇又赴上昆与主创座谈。蔡正仁和白先勇的第一次见面颇有戏剧性。众人谈得热烈投机，座谈结束都意犹未尽。白先勇提出由他做东共进晚餐，谈个尽兴。大家先去了襄阳路的乔家栅，已经没有位置了。蔡正仁想到了汾阳路上海越剧院办的"越友餐厅"，上昆与上越素有往来，他便联系餐厅经理定安排。突然，蔡正仁想起来，这"越友餐厅"就是当年的法租界毕勋路150号——白公馆，是白先勇小时候住过的地方。他一下担心起来，怕白先勇触景生情；而白先勇以为蔡正仁他们不知道这层渊源，怕尴尬，也未点破。

白先勇一直说，他1987年回到上海，最有意义的事就是观看了上昆的《长生殿》，之后他又在南京欣赏了张继青的"三梦"。由此，白先勇与昆剧结下不解之缘。因为《长生殿》，蔡正仁与白先勇结下了三十多年的深厚情谊。现在，白先勇在北京大学、台湾大学等都开办了昆曲欣赏课程，蔡正仁每年都去讲课，示范表演。

1988年6月，为纪念中日和平友好条约缔结十周年，《长生殿》受日本文化财团的邀请，于9月赴日演出。这两年，上海昆剧团的出访活动尤为频繁。1987年一年，上昆就先后赴美国、英国、瑞典、丹麦等国巡演，典雅的东方艺术令欧美观众惊叹。这是上昆首次出访日本，兼具文化交流和外交友好的双重意义。

唐明皇和杨贵妃的爱情故事在日本家喻户晓，日本歌舞伎不久前还公演了《玄宗与杨贵妃》。日本民间传说，当年杨贵妃在马嵬坡未死，逃至扶桑。日方曾前后两次来沪挑选剧目，最终选定了上昆的《长生殿》。日方在《朝日新闻》和电视台做了广泛宣传，万众期待。

上海昆剧团再邀李紫贵导演来沪，并由俞振飞大师担任艺术指导，对《长生殿》进行了精心的修改。原本2小时45分钟的戏压缩至2小时30分钟，突出李、杨爱情主线，增加了舞蹈性场面和"跳判""吹火"等传统程式表演。6月3日、4日，《长生殿》在市府礼堂举行预演，9月正式赴日。

9月6日，《长生殿》在东京国立剧场首演。全国人大常委会副委员长、中国国际信托投资公司董事长荣毅仁携夫人前来观看演出，此次访日演出就是由他亲自联系并促成的；出席首演的日方代表则是天皇的侄子高园宫殿下夫妇，以及众议院、参议院等政界要人；日本著名戏剧家尾崎宏次、石泽秀二也来到了剧场。NHK电视台架起了各种机器，准备进行实况转播。

蔡正仁也算见多识广，但是这么高规格的演出还是第一次，真是铆足了劲出演"唐明皇"。那一夜，他演得格外投入。演至《埋玉》一场，唐明皇与杨贵妃生离死别之时，眼眶已湿润，再与"杨贵妃"一对视，发现"妃子"已泪流满面，他的泪

蔡正仁和华文漪在日本

日本高园宫殿下接见蔡正仁和华文漪（左一为荣毅仁先生）

水便夺眶而出。最后一场《雨梦》，"唐明皇"的演唱荡气回肠、缠绵绯则，座中有不少人哽咽流泪。演出效果好极了，多次谢幕，观众仍欲罢不能。

休息时，高园宫殿下接见了蔡正仁和华文漪，后来传出了一个新闻：日本亲王殿下接见"中国皇帝"！蔡正仁礼貌地问殿下："亲王殿下，您对昆剧感兴趣吗？"殿下回答说："我第一次看昆剧，很优美，很高兴。我和我的夫人，自始至终都被你们的演出迷住了。"他还吟诵起《长恨歌》中的名句："七月七日长生殿，夜半无人私语时。"他还说："《长恨歌》的这段精彩诗句我在中学时就读过，至今我还非常喜爱。"蔡正仁又惊又喜！国际演剧协会副会长尾崎宏次先生也激动地说："今天的演出是我看昆剧以来最精彩最成功的一场戏。比我在上海观看时更好了，证明你们下了大功夫。"

《长生殿》在东京国立剧场六天连演十一场，场场爆满。东京国立剧场是日本专演歌舞伎的国家剧院，舞台非常大，"宽度相当两个（上海）人民大舞台，而深度更可与文化广场相比。这样一来可苦了演员，从上场门走到九龙口得走好长时间。因为《长生殿》的动作和台步都有严格的音乐节奏，我只好犹如冲锋那样奔向台口。碰到跑圆场，得比平时多跑一倍以上"。虽然辛苦，但蔡正仁不敢有丝毫懈息，演戏情真意切，每次演到《埋玉》都潸然泪下，不能自已。原本含蓄的日本观众变得异常热情，要求签名合影的观众挤满了后台。尾崎宏次先生慨叹不已："日本观众看戏比较冷静，这种现象在日本是不多见的。"结束了东京的演出后，《长生殿》又赴横滨、大阪、福冈、京都等地巡演。还有热情的观众，跟随上昆的足迹，从东京赶往横滨观看演出。

八七版《长生殿》影响深远，本身的成功自不待言，也为上昆之后几个版本的《长生殿》奠定了基础。

第六章

上下求索

我当了十八年上海昆剧团的团长，非常难。最困难的是钱，最欣慰的是出人出戏。

——蔡正仁

一、临危受命

1989年，是动荡不安的一年，变故来得太突然，令人措手不及。

初夏，俞振飞老师拍摄艺术录像，蔡正仁忙着给老师做助手。与此同时，上海昆剧团有部分演员于6月初赴美演出，原计划演出至7月底。临近回国，华文漪、陈同申、陈治平、丘奂等八位演员脱离团队，留美不归。

敏感时期发生这样的事情，国内外舆论一片哗然，流言四起。蔡正仁不相信这些老同事会不告而别，尤其是华文漪，临走前还与他说好回来后详细讨论赴香港讲课之事。8月3日，海外媒体宣称蔡正仁在美国三藩市"投奔自由"，第二天另一家媒体说他"可能会遭到严重处分，令人替他忧心"，言之凿凿。蔡正仁有口难辩，只能通过《新民晚报》刊登报道，澄清事实。

上昆人心惶惶，前途未卜，何人能化解这场危机？文化局的领导希望蔡正仁接任团长，话说得很重，此事关系上昆之生死存亡。蔡正仁顾虑重重。其实，领导早有意让蔡正仁担任领导职务，曾送他到党校学习。但他无意为官，只想当个演员。团里都是几十年的同学、朋友和搭档，一旦做了团长，吃力不讨好，华文漪就是前车之鉴。蔡正仁热爱舞台，如果当了团长，业务可能会受影响，甚至荒废。所以，他婉拒。

9月，第二届中国艺术节在北京举行，上昆原计划演出两台大戏：《长生殿》和《潘金莲》。"杨贵妃"华文漪走了，戏怎么演？北京还要不要去，能不能去？领导询问蔡正仁的意见，他认为北京一定要去，杨贵妃的人选他推荐师妹张静娴。张静娴是"昆二班"闺门旦中的佼佼者，上昆成立后，排演了《血手记》《占花魁》等大戏，艺术上很成熟。蔡正仁与她合作过《絮阁》《乔醋》《撞钟分宫》等折子戏，《长生殿》中《惊变》《埋玉》两折重场戏她也学过，由她来接演《长生殿》，把握比较大。领导同意了蔡正仁的意见，张静娴临危受命。

此时已是 8 月中旬，离艺术节不过 20 天。全团进入紧急排练，张静娴的压力尤其大。她没日没夜地背戏，争取尽快融入《长生殿》。"唐明皇"蔡正仁，"高力士"刘异龙，和"杨贵妃"的对手戏最多，他们在酷暑里一遍遍地排练，张静娴进步神速。"蔡老师一下换了个新手，肯定有很多地方会不舒服，但是他从来没有说过一句不满意的话。"张静娴对此一直心存感激。导演李紫贵专程从北京飞到上海，坐镇把关。"新版"《长生殿》在上海宛平剧场汇报演出，上海市委宣传部部长陈至立、副市长刘振元等领导都来了，一致认为艺术水准不减，可以开赴北京。

在北京，观众的心情有些复杂，有期盼，也有疑惑。9 月 21 日，《长生殿》在北京隆重上演，戏剧界的同行专家都来了，群贤毕至，观众如云。大幕拉开，音乐响起，台上依然是一派大唐盛世的堂皇气派。"唐明皇"一出场，便获得如雷的掌声，蔡正仁拿出了十二分力气，他是这场演出的主心骨。"杨贵妃"起初还有些紧张，至《絮阁》渐入佳境，她声情并茂的演唱博得了阵阵掌声，之后《密誓》《惊变》《埋玉》一气呵成。最后一场《雨梦》，"唐明皇"在雨中恸哭，追思芳魂，蔡正仁的演唱酣畅淋漓，陶醉了每一位观众。上海昆剧团没有让北京观众失望，上昆

《长生殿》编、导、演合影，左起依次为李晓、张静娴、李紫贵、蔡正仁、唐葆祥

《长生殿·絮阁》，蔡正仁饰唐明皇，张静娴饰杨贵妃，刘异龙饰高力士

还是那个上昆，一流的演员，一流的剧目！

蔡正仁在台上是"唐明皇"，在台下则是"灭火队长"，随时准备解决问题。9月27日至10月2日，上昆转战天津，演出《长生殿》《潘金莲》《占花魁》《烂柯山》四出大戏和两台折子戏。到了天津，内部矛盾爆发。剧团刚下火车，就有人吵架。天津文化局领导邀请主要演员吃饭，一个主要演员因不在邀请之列，以嗓子哑了为由拒绝演出，团长王济生又在此刻生了病。蔡正仁时任党支部书记，危急关头，他被推到前台。他找那个演员谈话："你是真的嗓子哑了吗？我看不像。如果是别的原因，你就是'拿乔'，大不了我们就停演！"非常时刻，蔡正仁力挽狂澜，一切以大局为重。

对上昆的内部危机，蔡正仁看得很清楚。就如市文化局领导所言，如果没有人来主持大局，上昆由此可能一蹶不振，甚至更加不堪。再多的顾虑也只能暂时放在一边，蔡正仁就是在这样的情况下接下团长之职。

二、稳定人心，重振上昆

1990年4月13日，蔡正仁正式上任上海昆剧团团长一职。副团长郑利寅、王衍生，支部副书记史耘。当天晚上，蔡正仁接受记者采访，说："我要求上昆的同志们服从昆剧事业的最高利益，对这条原则，我自己也是要遵循的。上昆人才很多，而且当年'昆大班'的同学们都进入了巅峰时期，大家都想有所贡献，这里就有个协调和顾全大局的问题。我的'施政纲领'：首先是稳定人心，然后抓剧目，出好戏，以整理优秀传统戏和改编名著为主，争取搞一出，成活一出。"（翁思再《手捧帅印　踌躇满志——访上海昆剧团新团长》，《新民晚报》1990年4月17日）

稳定人心是当务之急。文化局出台了一个针对武戏演员和乐队吹管类演奏员的福利政策，按级别发放补助。名额如何分配，级别如何定，还在领导内部讨论阶段，就在团内传得沸沸扬扬。个别领导既要讨好部分群众，又害怕群众闹事。于是，似乎谁吵得凶，谁就得利。由于分配不公，有人当场就骂领导欺软怕硬。蔡正仁听说后非常生气，一是为某些领导无原则无纪律，二是为某些演员无理取闹。他当即召开全团大会，首先向全体演职人员道歉，因为自己"领导无方"，引起大家的不满；之后的工作一定实事求是，严格按工作类型和业务水平分级，由领导讨论通过，上报文化局，力求公平公开。蔡正仁还"撂下狠话"："谁还要吵，还要闹，就找我蔡正仁。有人说领导欺软怕硬，我偏偏要来个反其道而行之，我不怕硬，却怕软。你跟我好好说，我愿意听；你越凶，我就越不买你的账。谁要觉得我蔡正仁不称职，就告到文化局，有本事把我的'团长'给拉下来。但是，我当一天团长，就做一天主！"

蔡正仁明白，要真正稳定人心，重振上昆，关键还在于"抓剧目，出好戏"，让剧团的日常工作回归正常轨道，高质量的剧目和演出最具说服力。

1990年2月，计镇华、梁谷音、刘异龙携手推出《新蝴蝶梦》。5月初，蔡正仁推出改编自昆剧传统戏《铁冠图》的《甲申祭》，并饰崇祯帝，张静娴饰费贞娥，

《甲申祭》，蔡正仁饰崇祯，张静娴饰费贞娥

方洋饰李过。同年，新编轻喜剧《无盐奇传》上演，王芝泉饰演容貌丑陋但智勇双全的钟离春，蔡正仁饰演齐王，刘异龙饰田婴，张铭荣饰乳娘。

11月，上昆赴南京演出，是一场硬战。团内情绪还不稳定，但关键时刻，上下皆能以大局为重。演出的道具布景一共有五大卡车，舞美队人手不够，另雇小工要花上千元，于是党员干部带头，全团一起搬运装卸。演出在南京文艺界引起震动，上昆艺术质量不减。最后一场大戏《长生殿》，俞振飞大师和夫人李蔷华亲赴南京把场坐镇，这是给上昆，也是给学生最大的支持。

12月，纪念徽班晋京二百周年，上昆复排《十五贯》，推出最强阵容。刘异龙饰演娄阿鼠，计镇华饰况钟；蔡正仁和梁谷音甘当配角，出演熊友兰和苏戍娟。《十五贯》获得北京观众、专家的一致好评，被誉为"满台梅花奖"。演出一结束，大家又马不停蹄地拆台、装车，一部分人冒着零下十几度的严寒，连夜赶往天津，天津演出又是一场漂亮的胜仗。

1991年4月6日，纪念俞振飞舞台生活七十周年暨九十诞辰的大型活动在上海举行。俞振飞是公认的京昆艺术表演大师，是上海市戏曲学校的老校长，是"昆大班"的老师；他也是上海昆剧团的缔造者和首任团长，是上海昆剧团的艺术象征和精神支柱。作为这次纪念活动的组织委员之一，蔡正仁奔波忙碌，尽心竭力。开幕

《春闺梦》，李蔷华饰张氏，蔡正仁饰王恢（2011年，刘定根摄）

首日的庆祝演出是群星灿烂的《白蛇传》，蔡正仁、岳美缇分饰许仙。9日，演出《贩马记》，蔡正仁与京剧名家李玉茹合作《写状》一折，俞振飞大轴演出《团圆》，传为佳话。10日，在人民大舞台，蔡正仁又与俞振飞的夫人李蔷华合演京剧《春闺梦》……盛大的纪念活动持续了近半个月，四方贤达和同行汇聚上海。人们在回顾俞振飞大师的艺术生涯时，也关注上海昆剧团的发展。蔡正仁是俞振飞的嫡传弟子，是上昆的现任团长，执掌上昆整一年，自然也是焦点。

1992年初，香港艺术节，上昆八位一级演员全部出动，演出大戏《孙悟空三打白骨精》《玉簪记》和两台传统折子戏。1月26日首场演出，戏码是王芝泉的《请神降妖》，岳美缇、张静娴、计镇华的《跪池》，梁谷音、刘异龙的《说亲回话》，大轴是蔡正仁的《撞钟分宫》。演出前票已卖出九成，但蔡正仁还是很紧张。《请神降妖》开场，演得干净利落，高潮迭起。王芝泉真是位"福将"，关键时刻气定神闲，鼓舞了士气。之后，一出比一出精彩，整整三个小时的演出，香港大会堂沸腾了。第二天，《孙悟空三打白骨精》也是爆满，加座一百多个。饰演孙悟空的张铭荣虽年近半百，但身手依然矫健，许多高难度的动作一点都不打折扣，看得观众激动不已。

蔡正仁百感交集，每一次演出他都是如履薄冰，小心翼翼！上海昆剧团的凝聚力和抗压力，就在这一次又一次的同心协力中，越战越强。

1992年，还有一场硬仗等着上昆和蔡正仁。

三、台湾破冰

1992年，上海昆剧团收到台湾新象文教基金会邀请准备赴台演出。这是新中国成立后第一个大型戏曲院团赴台湾演出，意义重大。全团上下都很激动，选戏、排戏，忙得热火朝天。台湾主办方也早早开始宣传，《中国时报》《联合报》《民生报》等报纸都刊登了介绍上昆的文章，门票开始预售。海峡两岸，都翘首以盼。

一切都在紧张而有序地进行着，意外却发生了，就像一盆冷水从头浇了下来！

上昆上报赴台演出共65人，但有3人未获台湾当局（境管局和陆委会）批准：出访团团长秦德超，中共上海市文化局党委副书记；秘书长林宏明，上海文化局对台办主任；岳美缇，上海市人大代表。市人大领导得知此事，很不愉快。市委宣传部紧急召开部长办公会议，认为是台湾当局有意刁难，决定取消上昆赴台演出任务。

全团几个月的心血将付之东流，就因为三个人，整个剧团都不去了？蔡正仁想不通，他试图挽回，一再与上级部门沟通解释。可是，部长会议的决定不容改变。

上海昆剧团赴台演出宣传册

他无力改变，整天闷闷不乐。

有一天，谢稚柳夫妇邀请蔡正仁、梁谷音到仙鹤宾馆吃饭，在座的还有曾任副市长的裴先白先生，还有一位先生蔡正仁不认识。饭桌上谈起台湾之行，大家都为上昆鸣不平！

裴先白突然问："蔡正仁，你有没有这个胆量？"

"什么胆量？"

"你写封信，给市委几位主要领导，说明情况，要求如期赴台湾演出。"

当时上海市的三位主要领导吴邦国、黄菊、陈至立都在北京开会，即便写了信，等他们回来讨论决定，时间也过了。蔡正仁正在犹豫，那位陌生的先生突然开了口，说："蔡正仁，你只要有胆量写这封信，我就保证及时送到市领导手里。"蔡正仁愣了一下。

"蔡正仁，侬肯定不知道讲话的人是谁。侬晓得吗？他是上海航空公司的董事长贺鹏年！"谢稚柳介绍说。蔡正仁突然有点明白这顿饭的真正意义了。

"你只要上午10点把信给我，保证下午3点信就能到三位领导的手里。"贺鹏年顿了一下，"上海市委每天都有重要文件要送给领导，都是通过我们航空公司送的。"

蔡正仁大喜："好，贺老总，我明天上午10点钟之前一定把信送到您的手里。"他也顾不得吃饭了，立刻回团写信。

越级上报，还要推翻部长办公会议的决定，有很大"风险"。但赴台演出对上昆来说太重要了，蔡正仁愿意冒这个险。在信里，蔡正仁诚恳表达了他的看法："为什么我们一定要去台湾演出？这三个人不去，损失不是很大；但是，我们整个团不去，文化交流上的损失就很大。我认为，台湾当局就是想惹恼我们，让我们放弃不去。如果不去，岂不正中这些人的下怀？因此我们不仅要去，而且要成功，把这一仗打胜。……我们能够踏上台湾这块土地，向那里的同胞展示新中国成长的一代昆剧人的成就，这个事情的本身就具有深刻意义，所以去是主动的、积极的，不去才是被动的、消极的。去了，胜利和成功是属于我们的。反之，如果不去，那么，失败的便是我们。……"

第二天上午10点，蔡正仁准时将信送到贺鹏年手中，便回团等消息，度时如年。下午5点，电话来了："蔡正仁，告诉你一个好消息。吴邦国、黄菊、陈至立三位领导看了你这封信，都认为你说得有道理，就照你的意见办。"蔡正仁如在梦中，全团振奋，奔走相告，整装待发。

原定出访团团长和秘书长无法成行，蔡正仁成了替补团长。他是主要演员，演出任务本就繁重，压力又陡增千斤。蔡正仁有多次出访经历，但只负责演出，具体事务有带队团长处理；到了外国，有中国领事馆等相关部门接待。台湾的情况很复杂，很多事情不可预料。蔡正仁咨询文化局对台办，了解注意事项，如不能称呼台湾政府官员的官职等。但多数事情没有先例，对台办的工作人员只能嘱咐蔡正仁"随机应变"。

果然，台湾之行让蔡正仁又惊又喜！

上海昆剧团一行62人分三批赴台。10月22日，蔡正仁、张静娴、梁谷音和笛师顾兆琪先行抵达，做前期宣传和准备工作。计镇华、王芝泉、刘异龙、张铭荣、方洋等主要演员于27日下午抵台，其余演员和工作人员由俞振飞的夫人李蔷华和党支部书记、副团长史耘带队于深夜到达。全团汇合，28日休整一天，29日开始演出。

蔡正仁在台湾碰到的第一个难题是要不要和华文漪会面，当时华文漪正应白先勇之邀在台湾演出《牡丹亭》，这引起了台湾媒体的极大兴趣。蔡正仁反复考虑：如果见，恐生枝节，影响这次演出；如果不见，未免显得自己和上昆不近人情。华文漪定居美国后，始终在为传播昆剧而努力着。蔡正仁觉得如果机会合适，一定要见。新闻发布会上，就有记者提出可以为蔡、华见面牵线联络，蔡正仁婉拒。之后，台湾《民生报》记者纪慧玲又私下向蔡正仁提出此事。在赴台演出之前，纪慧玲来上海采访报道，撰写了多篇正面介绍和评价上昆的文章。蔡正仁觉得与其遮遮

蔡正仁与华文漪在台湾会面

蔡正仁与张静娴在台湾艺术学院表演《贩马记·写状》片段

上昆与台湾曲友合影，前排左起为岳美缇、陈彬（台湾水墨曲集团长）、梁谷音、蔡正仁、张静娴、李小平、王大元；后排左起为台湾曲友林美惠、杨汗如（摄于台北第一大饭店）

掩掩让旁人胡猜乱写，还不如大大方方和华文漪见面，并邀请信任的记者报道此事，纪慧玲是最佳人选。10 月 24 日，由纪慧玲联络安排，蔡正仁和华文漪在台湾的一家餐厅见了面，作为"纯属私人性质"的会面，拒绝了媒体采访。阔别三年，老同学见面，感慨万千。蔡正仁询问了华文漪这几年的生活情况，并邀请她观赏上昆《长生殿》的演出。没有政治色彩，没有新闻炒作，就是一个简单而亲切的会面。

　　蔡正仁碰到的第二个问题更加棘手。10 月 29 日，首场在"国父纪念馆"。演出《长生殿》。演出前，照例要演奏所谓的"中华民国国歌"，观众起立演唱。上昆该如何应对？跟着唱，不可能；抵制拒绝，就会闹僵；全体撤出，演员一身行头，穿着厚底，不可行。形势微妙而紧张，大家都等着团长表态。蔡正仁倒觉得很简单：你唱你的，我干我的！全体演职人员按常规做着开演前的准备，不受影响。四两拨了千斤。原本想在这件事上大做文章的人不得不承认：上海人真精明！上昆得体的应对，得到了台湾媒体的赞赏。后来，国务院对台办将"你唱你的，我干我的"称作"上海模式"，推而广之，以后大陆艺术院团赴台演出即采用此模式。

　　当晚，上昆高水准的演出令台湾观众和专家"叫绝"，唐明皇和杨贵妃缠绵悱恻的爱情感动了所有观众。台湾大学教授曾永义称赞说："以《长生殿》而言，扮演唐明皇的蔡正仁、杨贵妃的张静娴、高力士的刘异龙，所属的行当分别是生、

台北国联大饭店记者招待会合影，前排左起为张静娴、蔡正仁、王芝泉、梁谷音，
后排左起为方洋、张铭荣、刘异龙、计镇华、顾兆琪

旦、丑，他们将角色人物的性情和技艺发挥得淋漓尽致，可以说均属集三家于一身的杰出演员。而上昆为调适现代剧场所精心制作的舞台装置灯光布景，壮大的乐队阵容，乃至于省略许多的'剧场惯例'以及分幕处理，不止免除了传统戏曲艺术中的累赘，而且都有强化戏剧效果的功能，以此而使昆剧再走入群众、再融入生活，都是令人可喜而可以肯定的。"（曾永义《钗不单分盒永完——上昆全本〈长生殿〉观后》，台湾《联合报》1992 年 10 月 31 日）

上昆在台北共演出五场，大戏《长生殿》《烂柯山》，另有两场折子戏，蔡正仁和张静娴合作《乔醋》。11 月 3 日起，上昆转赴台中、台南、高雄等地各演出一场。随着演出的推进，上昆的口碑越来越好，观众的热情也被点燃。台湾观众熟悉京剧，对昆剧则比较陌生，学校里有昆剧社团，但没有正规剧团。如此大规模、高水准、剧目丰富的昆剧演出是第一次，似乎为台湾观众打开了一扇神奇的艺术大门，美不胜收，惊喜不断。

"好事多磨，好戏连台，好评如潮"，上昆的演出不仅得到了观众的肯定，同行及专家学者也是赞不绝口。刚从美国回来的京昆名伶徐露，已在香港看过上昆演出，当晚还是激动不已；台湾京剧界名须生周正荣要求甚高，但他用"不只是好，是太好了"来评价；老剧评家魏子云说他忍不住写了三篇文章称赞上昆，为了看台湾看不到的《时迁盗甲》，连睡觉都可以免了。周正荣说上昆的艺术家是迄今来台最好的大陆表演家，功底厚，受过最好训练，"反看我们自己则太贫乏"。传统表演艺术已久不见这种盛况，艺术家之间惺惺相惜，激动、佩服、感慨之情流荡于心。（纪慧玲《上海昆剧团"赞"，赢得观众心》，台湾《民生报》1992 年 11 月 5 日）

台上演出精彩纷呈，台下的文化交流也进行得热火朝天。演出前，先期抵台的蔡正仁、张静娴、梁谷音和笛师顾兆琪到文建会举办的"昆曲传习班"讲课。学员以年轻人为主，这令蔡正仁颇为惊喜。台湾清唱之风颇盛，定期组织曲会，上昆艺术家的录音录像早已在台湾流传。"传习班"的教师中有"昆二班"的史洁华，她曾是上昆的主要演员，五年前移居美国，又到台湾教授昆曲。老同学、老同事在台湾见面，分外高兴。演出间隙，上昆出访团参加了台湾戏曲界主办的"两岸戏曲发展对话"，拜访了台湾昆曲水磨曲集和蓬瀛曲会，出席了"曲界说上昆"座谈会。蔡正仁等主要演员还应邀到台湾大学、台湾"中央大学"、台湾艺术学院等举办讲座，受到热烈欢迎。

11 月 6 日，上海昆剧团结束在台湾的行程，经香港坐船返沪。迎接他们的，有掌声和鲜花，但也有一些不同的声音。蔡正仁并不意外，这是首次赴台湾演出，不免有些敏感的问题引人议论。蔡正仁觉得要解释清楚，于是连夜撰写工作汇报，并附上台湾报纸的报道和评论，厚厚地装订成三份，直接送交吴邦国、黄菊、陈至立

台北首演 長生殿上

舊依戲人換妃貴 島寶到地陣移轉今 滿爆場場出演本日在曾

* 苦情戀戀一有「殿生長」在仁正蔡、(右)娟好張 ▲

(二)藝影灣台

台湾《世界日报》1992 年 10 月 29 日报道

上海崑劇團"讚"，赢得觀眾心

傳統藝術"門戶開放"　會不會反而失去原有的表演空間？

記者 紀慧玲／特稿

● 上海崑劇團結束來台8天演出，將於明天離去。此行雖然匆匆，卻已對國內傳統表演藝術造成「嚴重」衝擊，從過去的「閉關自守」到迎接面對面的「門戶開放」，很多人疑問：長此以往，台灣的表演空間在那裡？

上崑來台演出4套戲碼，均是叫好但不叫座，票房反應不佳，但主辦單位廣邀各界免費看戲，觀眾席仍是人氣旺盛，移師國軍文藝中心演出當晚，觀眾的歡呼

聲是用「轟」的，一陣陣爆炸掌聲幾乎把屋頂掀去；連演數天口碑越傳越開，到台北最後一場，觀眾已達8成，熱絡的人氣呼應著王芝泉的壓軸戲「扈家莊」把全心的感動發洩出來。觀眾席有剛從美國回來立刻來看戲的京崑名伶徐露，即使她已在香港看過上崑演出，這晚還是讚不絕口；舞蹈家林懷民說「太精采了」；京劇界名鬚生周正榮自我要求甚高，但他用「不只是好，是太好了」來描述內心的激動；老劇評家魏子雲說他忍不住寫了三篇文

章稱讚上崑，為了看台灣看不到的「時遷盜甲」這齣戲，連睡覺都可以免了。激動、佩服、感慨之情流盪人心，傳統表演藝術已經很久不曾見這種盛況。

身為國內培養京劇人才專業學府的復興劇校校長陳守讓說，上崑最讓他印象深刻的一點是「角色與觀眾之間的溝通很好」，即使是老戲，透過新的詮釋觀點及導演手法讓觀眾完全融入劇情。魏子雲說得更淺白，他說上崑不是在演戲，「而是在演生活」，「連一個螺絲釘都好」，把戲劇

藝術提昇到生活化境界，他認為上崑演員做到了。周正榮說上崑這批人是迄今來台最好的大陸表演家，功底厚，受過最好訓練，「反看我們自己則太貧乏了」。

感動之餘，叫人長思的是，往後該拿什麼眼光看國內的傳統表演團體？觀眾的胃口被養大了，國內團體禁得起考驗或「打擊」嗎？

魏子雲認為其實這應該是良性反應，「觀眾水平提高了，演員要加揚勵自己」，既毋須低聲下氣也不要故步自封，「藝術相互學習吸收」則能進步。

周正榮直陳，過去我們太保護我們的演員了，沒有正面的刺激；現在有上崑的衝擊，國內對傳統表演藝術應加強劇評，對演員的培訓則應重幼時「質」的提昇及養成後「量」的持續訓練。對國內流行文武場加重國樂但蓋過唱腔、以為人多場面就大而顯得混亂的現象，他也認為上崑提供了正確的方向。

無論如何，上崑雖未贏得票房，卻贏得人心；未因曲高和寡嚇走觀眾，反為崑曲帶來更多觀眾，這是整個中國傳統文化藝術的喜訊，是台灣觀眾的福氣。

台湾《民生报》1992 年 11 月 5 日报道

三位领导，又是一次越级上报。

这次赴台演出是上昆历次出访演出中最为艰苦的一次。大部队在 10 月 27 日凌晨 5 点集合，从上海出发，于次日凌晨到达台北，途中二十多个小时，过关五次，转运行李十二次。在深圳罗湖桥口出关时，全团在桥头站了三个半小时才得以过关。没有水喝，没有地方休息，连上厕所都不行。大家其实已经筋疲力尽，但却用最好的精神状态坚持演出，参加各种活动。在台湾九天，连演八场，所有人都处在赶路、装台、拆台、走台、演出的高度紧张中。结束在台南的最后一场演出，连夜拆台装箱赶回高雄。清晨 6 点又再次集合返沪。在如此艰苦的条件下，全团齐心协力，用精湛的演出征服了台湾观众。蔡正仁不想"诉苦"，更不是"要表扬"，他只希望全团的努力能被人理解，并得到应有的肯定！

市领导很快就有了回复。首先是吴邦国的亲笔批示："向上海昆剧团赴台演出成功，表示热烈慰问，祝贺！"还有陈至立副书记长长的批语："我为我们上海昆剧团的艺术家们取得的荣誉，感到非常骄傲！"上海昆剧团受到了市委宣传部和市文化局的通令嘉奖，后又得到国务院台办和文化部领导的表扬和肯定。

上海昆剧团此次出访台湾，可谓"破冰之旅"，促进了两岸文化艺术的交流，影响深远。之后，上昆连续应邀赴台，在台湾掀起了一股"昆曲热"。陆续有艺术家被邀请至台湾授课教戏，大学教授开始进行昆曲理论研究。1997 年底，上昆与北昆、浙昆、苏昆、湘昆联合组成"中国昆剧艺术团"赴台演出，11 天连续演出 14 场，台湾观众"几近疯狂"。二十多年来，两岸昆曲艺术交流日益频繁并深入，官方的、民间的，文化的、商业的，各种形式全面展开。近年来，台湾文化团体或公司频频与内地昆曲院团合作，陆续推出了《牡丹亭》《南柯梦》等成功作品，对昆曲的推广和传播起了重要作用。

四、重塑"昆三"

1993 年，上海市戏曲学校第三届昆曲演员训练班，即"昆三班"，经过了九年学习进入上海昆剧团实习。

蔡正仁是看着"昆三班"长大的，他们入团实习、工作，也是大家翘首企盼的事。八十个年轻人涌进了绍兴路 9 号的小洋楼，给上昆带来了生机和活力，也带来了难题和压力。

这批年轻人必须好好培养，要给他们磨砺的舞台和机会。可是，编制就这么多，舞台就这么大。新人进来，就意味着有人要走；给新人机会，就意味着有人会失去机会。"让出编制"和"让出舞台"成为最现实，也是最棘手的问题。正逢文艺院团体制改革，上昆开始了一场艰难，甚至残酷的"新老交替"。被劝退的大部分是"昆二班"，他们才四十多岁，正是艺术的成熟期。没有人愿意走，又不得不走。蔡正仁等团领导苦口婆心地劝说大家顾全大局，为了昆剧的传承发展……痛苦，无奈，埋怨，甚至是怨恨，所有情绪都能理解。最后，有近五十人离开上昆，这是当代昆剧史上堪称"悲壮"的一笔。

可是，"昆三班"最初的表现并不尽如人意，内外过高期待，落差就显得更大。基本功不扎实，舞台经验不足，评论说他们在台上"站没站相，坐没坐相"；不按时上班，不认真练功，纪律松散，有人说"昆团来仔一批小爷叔"；而年轻人本身对这个剧种和行业的不确定性，使得他们彷徨、犹豫，甚至游离。但对于蔡正仁他们来说，没有退路，更不能放弃，与其埋怨指责，不如好好琢磨培养。蔡正仁是"昆三班"小生行当的主教老师，其他行当他也教过、拍过曲或者接触过，他了解这些年轻人，且有深厚的师生之情。蔡正仁相信，只要严加训练，他们都是可造之材。于是，"回炉再造昆三班"成为上海昆剧团一切工作的重心。

首先抓基本功，指定老师传、帮、带。岳美缇、计镇华、梁谷音、王芝泉、刘异龙、方洋、张静娴……艺术家们纷纷将自己行当的小年轻领回去，一招一式从头开始，学过的戏再细细打磨，没学过的戏有计划地传承。组建三十五岁以下的青年演员队和乐队，由"武旦皇后"王芝泉出任队长。每周五天上班练功。蔡正仁尽可

蔡正仁给"昆三班"的陈莉说戏

蔡正仁给"昆三班"的张军和邱晓洁说戏

能抽出时间辅导学生，昆团9点上班，他就提早到团，带着年轻人喊嗓。

团里想方设法给年轻人创造演出机会，哪怕是在台上跟着老师、前辈跑个龙套。1993年6月，为"昆三班"量身打造的神话剧《上灵山》开始排练，三个月后首演。这批年轻人被送上了舞台，连续演出为他们积累了经验，并产生了一定的社会影响。1994年6月，"昆三班"赴北京参加全国昆曲青年演员大奖赛，他们平均年龄18岁，是最年轻的一支队伍。一个月前，蔡正仁在参加沈传芷老师遗体告别会返沪途中遭遇车祸，左眼严重受伤，左脚两只脚趾粉碎性骨折。蔡正仁装着"脚箍"拄着拐杖为学生把场，走路还需有人搀扶。他顾不得行动不便，前台后台忙活着，向北京的专家学者、同行朋友介绍这批后起之秀。21日，上昆青年演员专场，第一出《出猎》，武旦谷好好以娃娃生应工，她继承了王芝泉脚搯翎子的绝活，赢得满堂彩；演《偷诗》的钱熠，扮相秀丽，唱做俱佳，竟有几分华文漪的影子；演扈三娘的丁芸能边涮腰边耍大刀花，正耍、反耍一气呵成。《雁荡山》里有一个"翻不死的江志雄"，不用助跑就可前后空翻，空中转七百二十度；所有男孩子演完了都来跑龙套，二十多个年轻人在台上整齐翻舞，剧场里简直炸了锅。据说其他院团看了上昆的演出，连夜开会调整戏码迎战。这些孩子果然不负老师们的心血，满载荣誉而归。就一年，他们就有了很大进步。

紧接着是赴台演出，领导决定推"昆三班"。有人反对，年轻人艺术上还不成熟，到台湾弄不好要丢上昆的脸；有人不服气，上昆那么多优秀演员，为什么要把机会让给初出茅庐的小年轻。蔡正仁顶住压力，坚持"推新人"。从 11 月 10 日起，上昆在台北"国家戏剧院"演出《玉簪记》《十五贯》《墙头马上》《潘金莲》《烂柯山》五台大戏和三场传统折子戏。"昆三班"的出色表现令台湾观众惊喜不已。台湾《民生报》刊登了题为《昆剧新生代 艺海博疼爱》的文章，对"昆三班"赞赏有加："此次来台的 22 个青年演员备受瞩目。他们个个青春如蕊、娇红欲滴，既是上昆的朝气，又是昆剧未来希望之所系。"

与此同时，外面的世界发生了翻天覆地的变化。上世纪 90 年代初，受港台文化影响，到歌舞厅唱歌跳舞成为一股流行风潮，年轻人趋之若鹜。"昆三班"个个都是俊男美女，又经过八年严格训练，唱歌、跳舞信手拈来。热烈的掌声和丰厚的报酬，与昆团的清苦形成了极大的反差。年轻人喜欢唱歌跳舞是天性，娱乐休闲助兴亦无可指责，但过了"度"就会给日常工作带来严重影响。他们每天晚上都要演出到一两点，睡不到几个小时就要起来上班，所以迟到成了常事。领导批评、处分，可是人来了，神却丢了，躲在角落打瞌睡，练功、排戏也是心不在焉。蔡正仁的学生张军就是其中最突出的一个，他与几位同学成立了一个组合，很受欢迎。是严惩，还是姑息？所有人的眼睛都在看着蔡正仁怎么处理。

蔡正仁没有急于采取措施，如果使用严厉措施批评或处分，这群孩子可能就会被推出昆团大门，这完全违背了当初培养昆剧接班人的初衷。但是，如果不把这些年轻人的心拉回昆剧舞台，疏于练功，荒废专业，何谈传承大业？两代昆剧人相差三十岁，在价值观、人生观上存在巨大差异，要努力去理解他们。他们没有"唱坏歌""跳坏舞"，面对这个急剧变化的时代，迷茫和彷徨也属正常。作为老师和领导，应该在十字路口帮助这些年轻人把握自己的人生方向。如果是热爱昆剧事业的，就尽力挽留；如果一心想走的，强留下也无意义。

团领导分头做思想工作，蔡正仁也找学生们谈心，晓之以理，动之以情。进而约法三章，业余生活团里不多干涉，但不能影响正常工作，有排练演出任务的，一定要休息好，保证演出质量。风波渐渐平息下来，一切又回到了正常的轨道。

"昆三班"近八十个人（包括乐队）的大队伍开始分流，有去电影或戏剧学院进修的，有出国深造的，也有改行的；有转去做服装化妆，也有转做行政的。蔡正仁明白，这些年轻人不可能个个都是主角。有些人，是他劝说离开的，因为注定没有他的舞台；也有人想走，他千方百计留下的。他要为这些孩子负责，不管他们理不理解。

大浪淘沙，留下来的都是"昆三班"中最优秀的人才，要尽快让他们成熟起来。尽管经费拮据，多演多赔，昆团仍然想方设法为年轻人增加实践演出机会，创排新剧目，尽可能把他们推向第一线。从1994年开始，上昆就为"昆三班"复排了《玉簪记》《墙头马上》《白蛇传》《白蛇后传》《假婿乘龙》等大戏；排演交响版《牡丹亭》《司马相如》《班昭》等新戏时，都设置了老艺术家和青年演员两组。团里又送他们进入高校进一步深造，大部分获得了本科，甚至是硕士文凭。他们将是新世纪的昆剧人，文化素养决定艺术发展。

"再来一遍！"是蔡正仁的口头禅，对上昆年轻演员来说，就是唐僧的"紧箍咒"。"蔡老师抠戏没完没了！"半个小时的戏排两个小时，那是最正常不过的事。排练中随时随地叫停，一字一句地磨唱腔，身段、眼神、情绪、节奏，一点儿都不能含糊。他不仅抠小生的戏，也说其他角色，鼓笛、道具都逃不过。一遍一遍又一遍，总算听到蔡老师说了个"好"字。"很好，这遍不错，就按这次的来。那么，我们再来一遍，巩固巩固！"年轻人爱耍小聪明，听说蔡老师要开会，赶紧排戏。等蔡老师开完会问起来，就说已经排完了。"你们已经排完了，很好。那么，再来一遍，我看看！"孙猴子再厉害，也逃不出如来佛的五指山。那时候觉得蔡老师真烦，现在深深知道他的好。

1995年8月25日至30日，"昆三班"在上海天蟾逸夫舞台进行首次展演，这是他们第一次正式亮相于社会大舞台，接受所有观众的"审查"。观众已等了他们十年！三台大戏、四台折子戏，全面反映了"昆三班"的艺术实力，反响热烈。

> 小生行当中的张军身材挺拔、扮相清雅，举手投足、说唱念表之间，都显露出大方之气。……张子谦的舞蹈身段处理得节奏分明，张峰的唱腔较为讲究。黎安的扮相与唱念显得"糯"一些，但他在表现人物与心理情感的巨大落差之时，驾驭得十分自然贴切，引人入胜。……
>
> 正旦林未的扮相端庄，嗓音尤为难得。她的唱腔，兼有张静娴和蔡瑶铣的宛转流丽，还带有民族唱法的华丽音色。在《斩娥》一折中，林未双手被缚但却浑身是戏，演唱传情。闺门旦沈昳丽饰演杨贵妃，醉态雍容大方，但在气质的华贵矜持方面尚可努力。余彬亦有较为周正的做派。
>
> 另外，闺门旦钱熠和花旦倪泓得到观众的一致赞誉。钱熠的扮相眼神，属于条件极好、技巧全面的演员。她若在戏情戏理的对象化投入方面更深一层，还会更见兴致。倪泓的扮相秀丽妩媚，演出机灵聪慧，饰《思凡》中的小尼姑色空，满场是佛光，步步生莲花，活现出色空的娇憨委屈、努力追求之貌。……
>
> 武旦行当中，丁芸与谷好好堪称绝妙双璧。丁芸把技巧与戏理结合起来，舞打翻踢时柔弱无骨。谷好好在饰演咬脐郎和王昭君时，扮相清丽，

蔡正仁和"昆三班"的笛师钱寅（右）、鼓师高均合影

嗓音清脆，动作敏捷，给人以美的享受。

丑行中的武丑江志雄是一位功夫扎实、令人叹服的好演员。他演《盗甲》的时迁，动作高难惊险，饰《昭君出塞》中的马夫，与谷好好组合成一组组优美绝伦的雕塑化造型。（谢柏梁《跨世纪的昆剧传人——评上昆的青年演员首次展演》，载《上海戏剧》1995年第6期）

1996年5月，上昆组成了以青年演奏员为主的乐队赴日访问演出。这些年轻人不负众望，出色地完成了任务，博得了日方主办单位的热烈赞扬，破例要求全体乐队成员都上台谢幕。"昆三班"不仅指演员，还包括了乐队，这也是一支优秀的队伍。他们一进团，就被安排与艺术家和成熟演员合作。平时排练、演出，耳提面命，讲气口、小腔，讲每一出戏里音乐的感情，讲与演员舞台节奏的配合。

9月，全团赴北京参加"全国昆曲新剧目观摩演出"，全国六个昆剧院团齐聚首都。上昆带去了两个大戏：岳美缇、张静娴领衔主演的新编历史剧《司马相如》和由"昆三班"演出的全本《白蛇传》。《白蛇传》共有四个"白娘子"（沈昳丽、丁

芸、谷好好、余彬），两个"许仙"（张军、黎安），两个"小青"（倪泓、陈钰），阵容整齐靓丽，加上全体青年演奏员为主的乐队，满台的青春气息轰动了京城，观众们欣喜不已。北京的专家说："从这批青年的身上看到了上昆的希望"，"只要坚持几年不懈的努力，相信 21 世纪昆剧优势仍然在上海"。

2000 年 6 月，"上海昆剧新人才世纪工程"启动，上海昆剧团通过一系列集训、演出和专家研讨会，全面展示"昆三班"的整体实力，并接受观众和专家的检阅。6 月 22 日至 27 日，上海昆剧新人才展演第一轮汇报演出在逸夫舞台举行。全部共七场演出，其中大戏有张军、黎安、沈昳丽、余彬主演的三本《牡丹亭》和倪泓、胡刚等主演的《假婿乘龙》，传统折子戏有谷好好的《守门杀监》、侯永强的《别母乱箭》、丁芸的《盗库银》、吴双的《钟馗嫁妹》等等。行当齐全，文武并重。

由此宣告，上海昆剧团进入了一个新时代："昆三班"开始独当一面，成为舞台中心的主角。

五、新戏迭出

上海昆剧团一直就是群星荟萃、龙争虎斗之地，众位艺术家虽早已蜚声剧坛，功成名就，但却从未停止艺术探索的脚步。年轻人跟随老师的脚步，也拿出了属于他们的成绩单。

1995 年，上海昆剧团连续出三部新剧：《司马相如》《夕鹤》和《一捧雪》。《司马相如》是著名编剧郭启宏为岳美缇量身定做的文人剧，岳美缇饰演司马相如，张静娴饰演卓文君。《夕鹤》改编自日本木下顺二的同名话剧，山民阿平在风雪中救下了一只受伤的白鹤，白鹤化身成一位美丽的姑娘碧玉嫁给了他。阿平听信邻居挑唆，心生贪念，令碧玉织锦出售。碧玉拔下自己身上的羽毛，最终因难忍疼痛而离去。计镇华饰阿平，梁谷音饰碧玉。《一捧雪》，由唐葆祥整理改编，以汤勤为主角，刻画其恩将仇报、卖主求荣的心理。刘异龙饰汤勤，梁谷音饰雪艳，陆永昌饰莫成，计镇华饰陆炳。

2000 年 4 月，改编自白居易同名古诗的《琵琶行》在三山会馆正式公演。梁谷音自己拟写提纲，编剧王仁杰运笔成篇，导演黄蜀芹。2001 年 3 月，新编历史剧《班昭》首演于逸夫舞台，张静娴饰演东汉女史家班昭，蔡正仁饰马续。编剧罗怀臻。2005 年 5 月，计镇华推出《邯郸梦》，演卢生的"黄粱一梦"，编剧王仁杰，导演谢平安。

这些创作，无论是形式、内容，还是人物形象、表演方式，艺术家们都进行了深入的探索与开拓。昆剧之苑，兰花争艳，历久而弥香，这就是上昆可爱又可敬的

《班昭》，张静娴饰班昭，蔡正仁饰马续

艺术家。他们不辞辛劳,不惮压力,自己找剧本、请导演、筹资金、组织排练⋯⋯这种谁也不服输的创作精神和更上一层楼的艺术追求,深深感染并激励着上昆的年轻人。在老师创排新戏的过程中,年轻演员或是跑龙套,或是演B角,或只是端茶递水,亲眼见证或参与了一个新剧目从无到有,不断打磨,最终立在舞台上的全过程。这一点一滴慢慢积累在心里,最终酝酿出创作的实力和勇气。

2003年1月1日,由余彬和张军主演的《妙玉与宝玉》首演;2003年2月14日情人节,由黎安、沈昳丽主演的实验昆剧《伤逝》首演;2004年,吴双和黎安推出整理剧目《龙凤衫》;2005年谷好好拿出了青春昆剧《一片桃花红》。"昆三班"以一种"怒放"的姿态,推出一系列新作品,表达自己对昆剧的思考和探索。不是简单的重复和模仿,不是亦步亦趋跟着老师的脚步走,而是属于这一代年轻人的创作。年轻人的创作热情既来源于对昆剧的钟爱,更多是耳濡目染,受到老师们的影响。

2006年,"昆三班"平均年龄三十岁,从艺已有二十年。他们中有两位已经是国家一级演员,七位"白玉兰奖"获得者,传承了十多台传统大戏、一百余出经典折子戏,多人举办过个人专场⋯⋯他们行当齐全,获得了世界范围的肯定与赞誉。6月,上海昆剧团以全青春阵容赴台演出,三台大戏和两台传统折子戏全由"昆三班"青年演员担纲主演。这在每天的调查问卷上,95%的观众都对演出表示"非常满意",媒体评价"上昆的艺术家是一流的,上昆的青年演员也是一流的"。

11月,上昆的青年演员首次集体亮相北京,演出于北大百年讲堂,这是他们从艺二十年的汇报演出。12日,蔡正仁率团在北京大学举行新闻发布会,他坦言:"我们进北大是来挨骂的。"因为上昆把《一片桃花红》和《伤逝》这样具有实验性质的新编剧目带来了,既然是全面展示"昆三班"的实力,那么就要把他们"继承"和"创新"的作品都展示出来,接受观众的"评头论足"。蔡正仁的直率和真诚,赢得台下一片掌声。

11月29日至12月2日,"昆三班"在北京共演出五场:《一片桃花红》和《伤逝》是新编剧目,以青春取胜,故选择在北大、清华等高校演出;经典传统大戏《牡丹亭》和整理剧目《龙凤衫》,以及一台折子戏专场(《西厢记·佳期》《窦娥冤·斩娥》《长生殿·闻铃》《双熊记·男监》《扈家庄》《红梨记·醉皂》)则在市中心的中国儿童剧场演出。

通过五台大戏的演出,北京的专家和观众惊喜地发现,上昆青年演员在每个行当都有优秀人才:小生有张军和黎安,闺门旦有沈昳丽和余彬,花脸有吴双,刀马旦有谷好好和丁芸,老生有缪斌和袁国良,花旦有倪泓和汤泼泼,小花脸有胡刚和侯哲,各有绝活和特色。戏剧评论家刘厚生说:"上昆的接班人让我们放心了。昆曲出一代传人，可以在全国引领 40 年。"看了《龙凤衫》后，专家们都说，以前只知张军，想不到黎安也这么棒；吴双太会抓戏了，戏剧界少有这样出色的花脸演员。老生袁国良也是一个惊喜，以为计镇华之后昆剧界再无好老生了，想不到又出了个袁国良。上昆真是宝贝孩子一大堆。北京展演的成功，标志着上海昆剧团第三代传人在全国昆剧界确立了自己的领先地位。

2007 年，新年伊始，上昆的青年演员又在逸夫舞台举办了"昆曲经典荟萃月月演"系列活动。1 月 4 日，首演昆剧经典大戏《牡丹亭》，剧场座无虚席，现场一片"黑压压"，看戏的多半是青春朝气的年轻人。之后，"昆三班"又陆续上演了《烂柯山》《玉簪记》《十五贯》《狮吼记》《墙头马上》，都是昆剧传统经典大戏。

这是属于年轻人的舞台，这是属于年轻人的新世纪，蔡正仁终于可以松一口气了。

六、为了昆剧

蔡正仁当了十八年上海昆剧团的团长。他这个团长当得既不气派，也不潇洒，儿子说他是"坐轿车的瘪三"，海派幽默，但极形象。其实，他很少坐车，平时上下班都是骑自行车。

蔡正仁在上昆危难之时上任，昆剧也正处于低谷。没有市场，没有观众，连送票都没人看！蔡正仁带领上昆同仁在生死边缘上下求索，艰苦突围。

蔡团长很难，首先难在一个"钱"字。虽有部分行政拨款，但演出市场低靡，经济上捉襟见肘，东挪西借是常有的事。上昆演职人员的工资和基本行政开支等，由上海市政府部门拨款 80％，其余 20％由昆团自己解决。但现实是演一场赔一场，而上昆每年要完成 80 场的演出指标。如果要排演新戏，费用则要向上级部门另行申请。90 年代初，绍兴路 9 号的小洋楼已十分破旧，团里千辛万苦筹到了修缮经费。可是，就在开工的当天，上海市规划局说上昆破坏历史建筑，勒令停工！这下急坏了蔡团长，停一天就是上万元的损失，上昆负担不起。想尽办法，就是不行！蔡正仁走投无路，提出要到市规划局门口"绝食请愿"。消息一出，规划局的领导也觉得事情闹大了不妥，最终同意恢复施工。

这样走投无路的时候很多，"大不了撤了我的团长，又撤不了我的演员身份"，蔡正仁常常这么安慰自己。

蔡正仁的生活里似乎只有昆剧，他始终在为之奔走，大声疾呼，不遗余力。

从 1993 年到 2007，蔡正仁连任第八、九、十届全国政协委员，递交提案二十余份，都集中在"对昆曲重点扶持和保护"和"文艺立法"两个重点。蔡正仁认

首届中国昆剧院团长联席会议合影（2003年）
左起：北方昆曲剧院院长刘宇辰，江苏省昆剧院副院长葛德祥，浙江昆剧团团长林为林，
苏州昆剧院院长蔡少华，上海昆剧团团长蔡正仁，右一为江苏省昆剧院副院长柯军

为：法律保护、制度规范、措施有力是昆剧发展的必要条件。他多次参与全国政协教科文卫体委员会对昆曲现状的调研，作为一线的主要演员和管理者，提供了大量真实可靠的数据。他积极奔走，呼吁建立抢救、保护昆剧的有效机制。

2002年11月，蔡正仁参加了全国政协组织的专题考察团，赴长沙、郴州、杭州、温州、苏州、昆山、南京等地，对全国昆剧艺术的现状作了实地调查。作为一个昆剧老演员，作为上海昆剧团的团长，坦言他对昆剧发展的担忧和思考。2003年，在这次调研的基础上，全国政协副主席王选和全国政协京昆室副主任叶朗联合撰写了《关于加大昆曲抢救和保护力度的几点建议》，上报中共中央和国务院。胡锦涛主席、温家宝总理，以及政治局常委李长春、国务委员陈至立均对此《建议》作了重要批示。3月，文化部再次组织调研小组，走访湖南、浙江、江苏、上海和北京等地，起草了关于昆曲现状及兴衰历史的调研报告和"抢救、保护和扶持"昆曲的实施草案。2005年，文化部、财政部正式出台《国家昆曲艺术抢救、保护和扶持工程实施方案》，决定从2005年至2009年，国家每年投入1000万元专项资金。由此，国家对昆剧的政策性保护和扶植，进入了一个历史新阶段。

蔡正仁始终认为，要改变昆剧的现状，必须要有全局观。全国各大院团必须密切合作，统筹安排昆剧的传承和发展事宜。2003年1月，首届中国昆剧院团长联席会议在南京举行。联席会议由上海昆剧团、江苏省昆剧院、苏州昆剧院倡导，蔡正仁担任常任主席。会议每年举行一次，将全国昆剧作为一个整体考量，讨论目前昆剧的现状、困难及解决方案，包括每年举行的各项活动，均能作全盘计划和统筹。"中国昆剧院团长联席会议"原是一个民间性质的会议，因为成效卓著，后成为文化部每年昆曲工作会议的重要组成部分。

现在，蔡正仁退休了，卸去了所有领导职务，仍然以一个老演员的身份，为昆剧之发展尽心尽力，不辞辛劳。

第七章

《牡丹亭》：最撩人春色是今年

> "偶然间心似缱，在梅树边。似这般花花草草由人恋，生生死死随人愿，便酸酸楚楚无人怨。待打并香魂一片，阴雨梅天，守的个梅根相见。"杜丽娘在花园中寻找爱情，我在艰难困境中寻找昆剧的出路。遇到困难和挫折时，我就爱听这段《寻梦》，生生死死随人愿。
>
> ——蔡正仁

在 20 世纪末，蔡正仁带领上海昆剧团做了一件令他骄傲，又终生遗憾的事——排演全本五十五折《牡丹亭》，连续演出六天。

可惜，这场世纪末的《牡丹亭》，最终止步于机场。

和《长生殿》一样，《牡丹亭》也是蔡正仁从小就学演的剧目，有传统折子戏《惊梦》和《拾画叫画》等，也有俞振飞、言慧珠两位老师整理演出的大戏《牡丹亭》，后人称之为"俞言版"。

在六本之前，上昆已经排演过两个版本的《牡丹亭》，岳美缇和华文漪的改编版，还有梁谷音和蔡正仁的交响版。

一、"俞言版"《牡丹亭》

俞振飞大师与梅兰芳大师合作演出过《游园惊梦》，并于 1960 年拍摄成了彩色电影，被奉为经典。如今舞台上最为常演的全本《牡丹亭》，是俞振飞和言慧珠于 1957 年底为纪念汤显祖排演的。剧本由苏雪安改编整理，朱传茗作曲填谱。将原剧五十五折浓缩为《闺门训女》《游园惊梦》《写真离魂》《跌雪投观》《魂游冥判》《叫画冥誓》《回生婚走》《硬拷迫认》等八场戏，共长四个小时，一个晚上演完。演出阵容可谓"超豪华"，汇集了上海市戏曲学校师生之精英，俞振飞饰柳梦梅，言慧珠饰杜丽娘，郑传鉴饰陈最良，倪传钺饰杜宝，华传浩饰石道姑，马传菁饰杜母，周传沧饰癞头鼋，"昆大班"的岳美缇饰春香。主笛朱传茗。1958 年晋京演出，

《牡丹亭·婚走》，蔡正仁饰柳梦梅，张洵澎饰杜丽娘

轰动一时，后称"俞言版"。

那时，蔡正仁还是戏校的学生，看老师们排练，演出时就跑龙套，常演《冥判》里的"牛头"和《硬拷》里的"校尉"。没有台词，甚至连脸都不露，但同学们还是争着抢着演，因为能近距离观赏俞老师的表演，百看不厌。蔡正仁尤其喜欢《硬拷》里柳梦梅的那段〔折桂令〕。1959 年，俞振飞和言慧珠两位老师把《牡丹亭》传给了蔡正仁和张洵澎，一直传演到现在。

因为演出时长的问题，蔡正仁、张洵澎多演至《回生婚走》为止，并在"俞言版"的基础有所调整和丰富。如《寻梦》一折，在"俞言版"中处理为简短的过场戏，后张洵澎向姚传芗老师学习了传统的《寻梦》，又加入自己的理解和处理，成为一折旦角的重头戏。张洵澎又与蔡正仁将《幽媾》和《冥誓》捏合为《幽会》，极具舞台观赏性。蔡、张二人在不断的舞台实践中打磨着这个经典版本，使之更加符合当今观众的观赏习惯，又不失其经典性。

1996 年底，由张洵澎筹划，将"俞言版"《牡丹亭》拍摄为四集电视剧，导演张佩俐。昆剧拍电视剧，《牡丹亭》算是赶了时髦。那时两人均已 56 岁，又是第一次拍摄电视剧，过程极其辛苦。拍摄经历三个月，于 1997 年制作完成并播出，并获得全国电视戏曲片"飞天奖"和"金鹰奖"。如今看来，除去一些电视特效镜头的处理时代感明显外，电视剧版基本保留了"俞言版"的精华，成为《牡丹亭》表演艺术的重要资料。

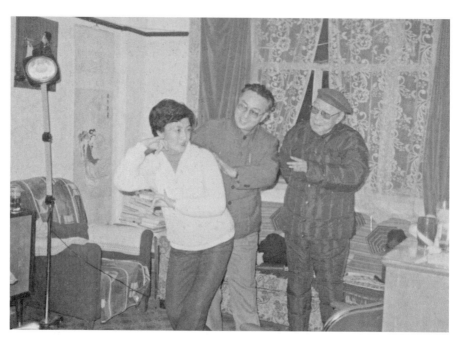

俞振飞老师给蔡正仁、张洵澎说《幽会》（秦来来摄）

《幽会》，蔡正仁饰柳梦梅，张洵澎饰杜丽娘（1986年，秦来来摄）

电视剧版《牡丹亭·惊梦》，蔡正仁饰柳梦梅，张洵澎饰杜丽娘

蔡正仁和"老搭档"张洵澎（史蕙质摄）

此外，岳美缇和华文漪有一个改编版本的《牡丹亭》。剧本由陆兼之、刘明今在"俞言版"基础上缩改，分为《闺塾训女》《游园惊梦》《寻梦情殇》《倩魂遇判》《访园拾画》《叫画幽遇》《回生梦圆》七场。这是上海昆剧团建团后第一个公演的《牡丹亭》版本，艺术指导方传芸，导演洪谟。华文漪饰杜丽娘，岳美缇饰柳梦梅，计镇华饰陈最良，金采琴饰春香，沈晓明饰杜宝，方洋饰判官。此剧参加 1982 年 5 月在苏州举行的江、浙、沪两省一市昆剧会演，获"革新奖"。后出访各地，均载誉而归，是上昆较为常演的版本。

二、交响版《牡丹亭》

1993 年，上海昆剧团又推出了一版《牡丹亭》——交响版《牡丹亭》。顾名思义，即用西洋交响乐为《牡丹亭》伴奏。

这版的杜丽娘是梁谷音。梁谷音原工花旦，以《思凡》《刺梁》闻名，后兼习正旦、刺杀旦、泼辣旦。她是公认的性格演员，演《烂柯山》的崔氏、《借茶》的阎惜姣、《潘金莲》的潘金莲、《新蝴蝶梦》的田氏，均令人拍案叫绝。或许，每个旦角演员心里都有一个"杜丽娘"，但梁谷音的更为强烈。"杜丽娘"属闺门旦，梁谷音是跨行当演出，但她不怕，勇于追求自己的梦想。

为此，梁谷音整整策划了一年，终于筹足了资金。谁来演"柳梦梅"？辗转物色，最后还是落到了蔡正仁身上。他有为难之处，梁谷音也理解："当时他的情况很为难，一是因为他人已发胖，二是他还要管理团里的师兄弟们的合作及分歧。"最终，蔡正仁被梁谷音对艺术的执着打动，出演"柳梦梅"。作为小生演员，他倾力出演，为"杜丽娘"配戏；作为团长，他竭力为梁谷音提供最好的艺术平台。

交响版《牡丹亭》由唐葆祥改编，分为《花神巡游》《游园惊梦》《写真寻梦》《魂游冥判》《叫画幽媾》《掘坟回生》六场。导演为上海戏剧学院的陈明正教授。作曲为上海电影制片厂著名作曲家金复载，唱腔设计顾兆琳。演员演唱时由上昆的乐队伴奏，表演时则用西洋交响乐伴奏。音乐形式上的创新，是此版《牡丹亭》最大的亮点。此外，舞美设计上也别出心裁。蔡正仁赴日演出时，对日本歌舞伎表演印象深刻，并受启发与舞美讨论设计了八面用涤纶透明纸制作的大镜子。灯光从舞台里面射出，镜子是透明的，观众可见"杜丽娘"的袅娜身姿；灯光从外面射进去，镜子便不透明，映照出舞台上的无限风情。通过光、影渲染，营造出梦幻和诗意的舞台气氛，与《牡丹亭》中"生生死死"的爱情故事相吻合。

1993 年 12 月 31 日至 1994 年 1 月，交响版《牡丹亭》在上海戏剧学院实验剧场连演 10 场。著名音乐家陈钢在观看该剧之后，激动地撰文道："记得在'文革'

交响版《牡丹亭》，蔡正仁饰柳梦梅，梁谷音饰杜丽娘

时，俞老独居在'华园'的一间'黑屋'中，那时我常去看他，还偷偷地跟他学唱过几句《游园惊梦》呢！我们这对'遗老遗少'，都从美不胜言的昆曲中找到了慰藉、享受和希望。我们还默默地许了个愿：将来用交响乐与昆曲'交配'，写一个中国歌剧或清唱剧……'最重要的是，在一度舞台上满溢着匪气、流气、俗气之际，重温一下俞老的'书卷气'是不无裨益的！才离开人间不久的俞老，得此佳音后正回眸一笑呢！"（陈钢《对得起祖宗》，载《文汇报》1994年3月24日）1995年，蔡正仁和梁谷音凭借在交响版《牡丹亭》中的精湛演出，双双获得上海第五届白玉兰戏剧表演艺术主角奖。

此版《牡丹亭》虽未被称作"海派昆剧"，但却充分体现了海派文化开放、大胆和兼容并蓄的精神特质。当然，声光电等现代技术的运用，交响音乐的呈现方式，以及华丽绚烂的舞台，还是引起了一些传统观众的质疑。

20世纪90年代，随着"改革开放"的深入，各种艺术形式涌进中国，艺术家们也有越来越多的机会走出国门，领略外面世界的精彩，交响版《牡丹亭》无疑是中西方艺术的一种碰撞。同时，中国传统戏曲也面临更多挑战，日益陷入困境。艺术家们，尤其是作为一团之长的蔡正仁，需要更多地思考昆剧的生存和发展。除了交响乐版《牡丹亭》，蔡正仁还策划了民乐版《长生殿》、电声版《白蛇传》，都是"突围"之举。这些尝试为昆剧的发展和创新，积累了丰富的经验。

1998 年，上海昆剧团在昆剧界，乃至是中国文艺界，扔出了一个重磅炸弹——与美国纽约林肯中心合作排演六本《牡丹亭》，一时成为关注的焦点。

1998 年，《牡丹亭》诞生四百周年，林肯中心计划将之定为当年艺术节的开幕演出，并聘请陈士争为导演。陈士争，湖南长沙人，14 岁考入湖南省艺术学校，受过花鼓戏等传统戏曲训练。1987 年赴美，获美国纽约大学表演艺术硕士学位，并在美国艺术界崭露头角。陈士争找到了同为湖南人的唐斯复，请她协助在国内物色一个昆剧团，合作排演《牡丹亭》。唐斯复，时任《文汇报》驻京办记者。她毕业于中央戏剧学院表演系，当过演员和编剧，拍过电影。唐斯复的眼光和魄力，在戏剧圈内一直为人所称道。她敏锐地意识到，全本《牡丹亭》在海外演出，将会给中国传统戏曲的传播和复兴带来巨大影响，故而积极为之奔走筹划。她带着陈士争看了几个昆剧团，最终选中上海昆剧团，选中了"昆三班"的年轻演员。

由唐斯复引见，蔡正仁与陈士争已在北京见过一面，并取得初步共识。1997 年初，陈士争来到上海，正式提出与上海昆剧团合作演出全本《牡丹亭》。

与美国艺术机构合作排演全本《牡丹亭》，这是一个"异想天开"的想法，"胆大包天"的蔡正仁跃跃欲试，但又顾虑重重。

《牡丹亭》一共五十五出戏，连演六个晚上。国内演出尚且观众寥寥，何况是演给老外看？六本《牡丹亭》怎么排？排出来会是怎样的舞台效果？"昆三班"这批年轻人入团才三四年，舞台经验尚浅，能承担六本《牡丹亭》这么重大的排演任务吗？和美国合作，国内的戏曲院团没有先例，可不可以合作？怎么合作？

林肯中心承诺投资 50 万美元用于排练演出，并负责市场推广；上昆提供演员、乐队、服化等演职人员。六本《牡丹亭》参加 1998 年 7 月纽约林肯中心的艺术节，然后进行世界巡演。巡演结束后，服装、道具等都归上昆所有。资金和市场都不用上昆负责，蔡正仁的顾虑打消了一半。他觉得排演六本《牡丹亭》有风险，但是值得一做。全团经过反复讨论，最终形成一致决议。

万里长征第一步，是取得上海市文化局的同意，然后向文化部申报正式批文。蔡正仁立即向文化局打报告，经过反复解释，据理力争，文化局最终同意上报文化部。报告递上去了，却是石沉大海，一个多月没回音。几次交涉后，上海文化局给蔡正仁透了底：文化部外联局回复说没有收到上海文化局的报告；文化部即使收到了报告，同意的可能性也不大。无奈，蔡正仁只得"另辟蹊径"。

这年春天，蔡正仁作为全国政协委员前往北京开"两会"，他和唐斯复决定直接到文化部外联局争取机会。到北京的当晚，蔡正仁就给文化部主管外事的领导打电话，说明事情的原委，请求支持。第二天一早，两人赶到文化部外联局，直奔局长办公室。蔡正仁首先亮出了全国政协委员的身份，局长热情招呼两人坐下。唐斯复正式介绍各自身份："我是上海《文汇报》的驻京记者，他是上海昆剧团团长蔡正仁。"

"哎呀，是赫赫有名的上海昆剧团啊！"蔡正仁一愣。

局长紧接着就说："你们上昆的名气太大了，谁不知道上海昆剧团1989年到美国演出，一下子就跑掉了八个人！"

蔡正仁一惊，又迅速镇定，局长如此"直率"，他也不妨实话实说："1989年我们上昆是发生过这个事情，可是之后，我们全团员工都坚守在自己的岗位上，发奋要把这个影响弥补过来。江泽民同志还接见我们，让我们要加油，好好演戏。再说了，上海昆剧团现在的主要演员大都是从美国如期归来的。您现在这个口气算是讽刺呢，还是赞扬？我回到上海，要对全团同志讲，文化部有个局长是用这个态度来对待我们的！难不成我们回来的人反而错了？"

局长自知失言，连忙圆场。这位局长倒是个爽快人，一来二往，大家反而都放开了。蔡正仁接着上面的话说："我们上海昆剧团有个决心，哪里趴下，哪里站起来！"

"好，你这个团长有志气！"

"我们现在和美国林肯中心有个合作计划……"蔡正仁把这件事的来龙去脉和盘托出，"合作报告已经递到您这儿来了，可是一个多月没有消息！"局长显然没有看到报告，蔡正仁又递上一份，他有备而来。

"按照程序，你们应该先找'美大处'的处长签字。然后报到我这儿，我再批。"蔡正仁和唐斯复立刻转战"美大处"，处长的意见并不乐观："昆剧到美国没有市场，没有人看，不要寄予太大希望！"又是一番唇枪舌战，说明演出市场由美方负责，等等。处长终于答应认真考虑。已是午饭时间了，两人只好先离开。下了电梯，又碰到了那位局长。蔡正仁如实汇报，局长倒是很热心，答应积极促成此事。

等待，协商，奔走……一路劈荆斩刺，上昆终于等到了文化部同意中美合作排演六本《牡丹亭》的正式批文！

1998年3月21日，上海昆剧团和美国林肯艺术中心正式签约。合约是全英文的，经过上海文化局外事处翻译审查，确认后由蔡正仁代表上昆签名。没想到这一纸合约却成为蔡正仁的"罪证"，此为后话。

合约签订，排练团队正式组建，加班加点排练。六本《牡丹亭》，时长约二十一个小时，六天演完。演员以"昆三班"青年演员为主体，由张军和钱熠担纲主演柳梦梅和杜丽娘。老艺术家甘当绿叶，计镇华饰演杜宝，刘异龙饰演石道姑，张铭荣担任技术指导；蔡正仁担任全剧的艺术指导，并演出串场的"说书人"，穿长衫，在每一场结束时上台，念四句定场诗，承上启下。导演陈士争，舞美黄海威（现名黄楷夫）。

消息一出，引起国内外戏剧界的极大兴趣。法国巴黎金秋艺术节、澳大利亚艺术节、德国柏林艺术节、英国爱丁堡艺术节、香港艺术节……纷纷向上昆提出邀请。世界巡演的格局已现雏形，蔡正仁激动得彻夜难眠，他深信："这次演出必将给中国戏剧舞台乃至世界剧坛带来强烈的冲击，同时也有助于促进东西方戏剧文化的交流，加强东西方文化深层次的相互了解。"

成功似可预见，从 1997 年 9 月起，大家兴奋又志忑地投入排练。六本《牡丹亭》共五十五折，传统折子戏不过十多折，《劝农》《闹学》《游园》《惊梦》《寻梦》《冥判》《拾画》《叫画》《花判》《问路》《硬拷》和《圆驾》。现在演出的各种版本，都是在此基础上整理改编而成。这就意味着，要在八个月内，新创排出四十多折戏。剧组一日三班，以每月排出一台大戏的进度工作。排练就在陕西南路一个加油站的楼上进行，又脏又乱，辛苦可想而知。上昆大部分演职人员都投入了排练，没有演出就没有实际收益。每人每天就只有两个盒饭，但大家都咬牙坚持着。整个上

六本《牡丹亭》，蔡正仁饰说书人

昆团队，苦着累着，也快乐、兴奋，并期待着。

排练场上有辛苦的汗水，还有中国传统戏曲表演方式和当代西方导演理念的碰撞和冲突。陈士争确有独到之处，他在几场重点戏中的处理让蔡正仁颇为欣赏。比如《幽媾》一折，陈导演添了两个小鬼，在柳梦梅和杜丽娘之间穿插来去。柳梦梅不知道他们的存在，杜丽娘却能看到他们，她一边和柳梦梅谈情说爱，一边驱赶小鬼。舞台上妙趣横生，戏剧效果好极了。

但是，也有一些处理蔡正仁不赞成，甚至不能接受。《叫画》是柳梦梅的重场戏，导演却让上昆的两个乐师上场唱评弹。柳梦梅的经典唱段被删去，人物形象也被大大削弱，而且还破坏了昆剧的整体风格。导演还在好几个地方设计了这样的民俗表演，蔡正仁不赞成，但能理解，虽然不情愿。连演六个晚上昆剧，观众肯定觉得单调，尤其是外国观众。换一种表演方式，调节一下气氛，也无伤大雅。蔡正仁没有坚持，尊重了导演的艺术创作。他心里盘算着，等世界巡演结束了，《牡丹亭》回到国内，改回原貌，全本都采用传统的表演方式。

在排练过程中，蔡正仁也在不断调整自己的艺术观念。他不保守，只要有利于昆剧的发展和推广，很多新东西他都愿意尝试。但是，陈士争的某些处理确实让蔡正仁无法接受，甚至当场与之发生激烈冲突。

陈士争要求柳梦梅不走台步，不跑圆场，就按生活中的自然状态来走。蔡正仁表示坚决反对，因为这动摇了昆剧的根本，双方僵持不下。蔡正仁让张军就按自然走路的样子演给陈士争看，不仅舞台美感没了，连节奏都乱了。昆剧的唱念做表，与剧情人物、音乐节奏密切配合，并有严格规范。台步改了，身段动作不对了，唱念也跟着乱了，人物也就错了。陈士争发现确实不可行，也不再坚持。

慢慢地，大家也适应了这样的合作方式。对于导演"非常规"的设计，蔡正仁总是提醒自己：再等等，再看看！如果你改得好，我就接受！蔡正仁的专业意见，导演也能听得进去。

最严重的冲突发生在《惊梦》和《道觋》两场戏。陈士争把《惊梦》中柳梦梅一整套漂亮的身段动作，改成了类似小花脸的样子。《惊梦》是昆剧中的经典，一辈辈传下来，每一句唱词、每一个动作、每一个眼神，都被雕琢得尽善尽美。蔡正仁真急了，说："陈导演，你知不知道，你现在所改的全是小丑的动作。你把小丑的动作放到小生身上，这究竟是美化柳梦梅，还是丑化他呢？"陈士争脸色很难看。事后他找上昆的支部书记史耘"投诉"，说蔡团长当场给他难堪，导演的权威何在？要是这样，这戏他没法排了。史耘连夜就给蔡正仁打电话调解。蔡正仁也觉得自己说话太急了，不该让陈士争下不了台。但是这次"改动"触及了他的底线，再退，就要成昆剧的"罪人"了。

《道觋》是梅花庵石道姑自述其新婚之夜的尴尬场面。石道姑是石女，因身体有疾不能行房事。在原著中，汤显祖用了大量典故和修辞，文意晦涩深奥。陈士争竟然要求演员用语言动作把这些内容都表现出来，还设计了一张长板凳，演员当场模拟床上动作。蔡正仁吓出了一身冷汗：怎么可以在舞台上直接表现赤裸裸的性描写？在中国，不要说戏曲舞台上，就算在电视、电影中也极少有这样"开放"的场面。关键是，这种表演方式完全违背了中国传统戏曲含蓄、写意的美学风格。陈士争的态度也很强硬："外国研究汉学的专家、教授，认为汤显祖这场戏是描写石女境况最深入、最精彩的。如果改了汤显祖的原词，一定会遭到批评。"最后，双方各让一步，蔡正仁同意保留这段戏，但尽量避免涉及性事的形象化动作，陈士争表示可以适当调整。还有一个实际问题，一百多句文言文演员背诵困难。最后，陈士争请人翻译成白话文。没想到的是，石道姑改念白话文，反而更加露骨。内部演出时，引起了很大争议。

就这样争执，妥协，再争执，再妥协。经过了八个月的艰苦排练，六本《牡丹亭》终于拉开神秘的面纱，要见观众了。1998年6月，六本《牡丹亭》在云峰剧场进行了赴美前的内部演出。共演出两轮，2日至7日每晚一场，9日起每天下午、晚上各一场。

在云峰剧场里，令人耳目一新的舞台已搭建完毕。舞美黄海威的设计令人赞叹，他改变了传统的镜框式舞台形式，正中间一个仿古戏台，交互式的舞台回廊、亭台流水拉近了观众与演员的距离，乐池下面还有一个"人工湖"，鸭子和鸳鸯成双成对地在水面上游弋。观众可以随意而坐，演员也可以面对观众化装、穿衣、候场、喝茶。这个设计，重现了昆剧与园林的和谐关系，观众似乎回到了明清时人们观赏昆剧的场景里。蔡正仁甚至想到，就在绍兴路的小舞台上搭起这座庭院，定期演出《牡丹亭》，成为上昆的一个文化品牌，甚至是上海的一个旅游项目。

首轮预演，上昆邀请了相关的专家学者和各昆剧院团的同行来观看，征求意见，同时也接受领导的审查。很多"内行"闻风而动，以求先睹为快。演出的精彩程度，大大超出了人们的预想。电视台前来录像的摄影师，原来听说是连拍六天昆剧，都觉得是苦差事。没想到越拍越起劲，不禁大呼："原来昆剧也能这么好看！"当然，一些"大胆"的片段也引起了不小争议。《道觋》里石道姑直白的自述令人瞠目。最大的问题出现在第二本，杜丽娘死后，逼真的大出丧场面多数人不能接受。在西方人眼里，这是中国传统民俗的表现，是"行为艺术"。但从另一个角度来说，是封建迷信。文化主管部门领导当场表示反对，提出必须要改。陈士争十分强硬，按照合约，上海方面，包括主管部门，没有权利干涉具体的艺术形式。上昆在主管部门和陈士争中间尽力协调，但没有实质的进展。

按照原计划，上海昆剧团做着赴美前的各种准备。6 月 18 日，服装、道具等先期运达机场办理手续，结果被阻止出关。主管部门认为：导演用所谓的现代戏剧手段扭曲了《牡丹亭》的历史原貌，过于宣扬封建、迷信和色情，背离了昆剧的艺术本质。

　　蔡正仁想着是艺术观念的冲突，只要能说服上级领导，说服陈士争，改到双方都满意的话，《牡丹亭》还是能去美国的。可是，事情的发展远远超乎想象。他被叫到文化局接受"审查"，"交代问题"。中美双方签的那份合约，竟成了"卖国合约"，蔡正仁则成了"卖国团长"。艺术上的各执己见和艺术之外的敏感问题交错在一起，继而发酵，终于酿成一场"《牡丹亭》事件"，闹得沸沸扬扬。美国、法国，以及香港、台湾的报纸连篇累牍地报道有关消息和评论。

　　蔡正仁"失声"了。无论是在办公室，还是在家里，电话铃声不断。他不能接电话，不能解释，没有解决办法，更不知道结局。蔡正仁的痛苦无处倾诉，他第一次把自己关在办公室，抽烟，痛哭，唯有《寻梦》能稍稍缓解。

　　林肯艺术中心的总裁瑞顿专程飞到上海，力图挽回此事，未果。当时，中美关系刚刚走出低谷，人权仍是敏感问题。于是，导演陈士争将"《牡丹亭》事件"诉诸美国人权和艺术自由，他认为上海方面禁止六本《牡丹亭》赴美演出即是破坏艺术自由和人权。"美国政界和舆论界本来就有克林顿总统访华是向中国'磕头'的说法，碰到突如其来的《牡丹亭》风波，他们抓住机会发表评论说：在会见江泽民主席的时候，克林顿总统必须把《牡丹亭》问题提出来，必须要求江泽民主席责令上海昆剧团履行演出合同，要求中国方面尊重艺术自由和人权，否则，他们就将把《牡丹亭》问题送上国会听证，质问白宫违背美国基本信念和人权原则的行为。"《牡丹亭》风波俨然发展成为可能影响中美关系的外交事件。所幸，事情并未往大家担心的方向发展。据说，美国方面为此召开了紧急会议，讨论结论是：克林顿总统不介入《牡丹亭》风波。理由是：跟西方的莎士比亚属于全人类一样，"东方的莎士比亚"汤显祖也属于全人类，也必须得到全人类的保护；艺术自由必须服从保护文化遗产历史原貌，这符合人权原则。如果美国总统使用政治权力过问而导致失去历史原貌的《牡丹亭》在美国上演，那就不但是总统本人，而且是美国对人类犯下了不可饶恕的历史罪行。合同上，上海昆剧团和林肯艺术中心约定演出的是"传统戏剧"，不是"现代戏剧"，因此，如果林肯艺术中心坚持上演"现代化"的《牡丹亭》，那就不能说是"传统戏剧"，而要说是"现代戏"《牡丹亭》，而导演在现代戏剧方面可以充分享受自己的艺术自由。上海昆剧团关于保护《牡丹亭》历史原貌的决定，符合全人类的文化利益，符合美国基本信念和基本原则，从而应该获得美国方面的理解和支持。林肯艺术中心是个著名的文化中心，但也是个私营机构在从

事私营项目。因此，按照美国宪法精神，作为政府首脑，克林顿总统不宜介入。（米阿仑《五年前中美有关〈牡丹亭〉的风波》）

一场危机终于化解。林肯艺术中心也不得不接受这个事实，认为保护文化遗产的历史原貌比金钱、名声更重要，也没有向中国方面和上海昆剧团提出违约索赔。

风波平息，中美两家艺术单位两败俱伤。那年纽约林肯艺术中心因为主打剧目缺席而黯然失色；上昆一年多全力筹划，八个月创作排练，一切都付诸流水。长远来看，则是上昆一家独败。那一年的《牡丹亭》没有演成，但也因此被西方媒体炒得人尽皆知。第二年，陈士争策划、导演的另一个《牡丹亭》在林肯中心艺术节上演，票价翻倍，加演两轮，轰动美国。之后巡演，令西方文化界"大开了眼界"，被法国《世界报》评为20世纪最受瞩目的文化盛事之一。而上海昆剧团则因为"《牡丹亭》事件"而元气大伤。虽然不必支付巨额违约金，但是失去了这次演出机会，失去了进入世界艺术舞台的机会。"昆三班"年轻人的艺术热情遭受到打击，他们所付出的何止是八个月的辛勤汗水。之后，又有年轻演员出走，可谓重蹈了1989年的覆辙。因此，上昆在很长时间内处于一种被怀疑的状态。

这件事是蔡正仁的终生遗憾，他一直难以释怀。因为伤上昆太深，伤昆剧太深！他总结这件事，都是无奈：

首先，陈士争对上昆《牡丹亭》事件是要负一定责任的。他作为一个导演，应该好好地排戏，不应做艺术以外的事。当时正是中美关系刚刚开始走出低谷的时候，中美双方经常就人权问题各自表述理念。陈士争在《牡丹亭》无法赴美演出之时，马上诉诸美国的人权观念和艺术自由，扩大了原本的矛盾，且无益于事情的解决。

其次，如果我们当时不顾一切地出去了，后果可能会非常严重。但是，如果我们双方可以找出更好的处理方法，更理性一些，更客观一些，事情的结果也许就不是这样了！

此外，"《牡丹亭》事件"已经成为上昆人永远的遗憾。如果如期在纽约上演了，还有陈士争自行组织的那个版本的市场吗？如果上昆的《牡丹亭》走遍了全世界的艺术节，上海昆剧团和中国昆剧那又会是怎样一番情景呢？

历史无法假设，"《牡丹亭》事件"已经过去了十七年。有人刻骨铭心，也有人渐渐淡忘。纵观这些年昆剧的发展，我们不难发现，六本《牡丹亭》对昆剧艺术的影响。"全本"和"连台本"的概念被众多艺术院团接受和效仿；外来资金投入，与昆剧院团合作排演大戏；传统的镜框式舞台被打破，引入交互式、一体式舞台构想，等等。

四、三本《牡丹亭》

一场风波之后，一切都恢复正常，伤痛留在各自心中慢慢"自愈"。

转眼就是中华人民共和国成立五十周年的大日子，在上海市文化局的支持下，上海昆剧团决定排演三本《牡丹亭》，以此作为上海市戏曲界向国庆的献礼。又是《牡丹亭》，是扬眉吐气，还是一雪前耻？答案只能藏在心里。

这一版《牡丹亭》由"闽南才子"王仁杰执笔，将原著浓缩为三十五折，分《惊梦》《回生》《圆驾》三本，总时长约八小时。导演郭小男，他因执导淮剧《金龙与蜉蝣》而享誉剧坛，风头正健。三组"柳梦梅"和"杜丽娘"，集中了"昆大班""昆二班""昆三班"三代之精英：上本《惊梦》，由"昆三班"的张军、沈昳丽主演；中本《回生》，由岳美缇和江苏省徐州京剧团梅派青衣李雪梅主演；下本《圆驾》，由蔡正仁和张静娴主演。"昆大班"的计镇华饰杜宝，刘异龙饰石道姑，张铭荣饰陈最良，方洋饰判官；"昆三班"的倪泓饰春香，吴双饰安禄山。

经过精心筹备，三本《牡丹亭》剧组于1999年2月25日正式成立。全团上下一心投入排练。蔡正仁身先士卒，带领年轻演员练早功。大家每天早上7点出门，深夜10点以后才能回家。其间还曾六下南汇，进行封闭式训练。

除担任全剧的艺术指导外，蔡正仁和张静娴担纲主演下本《圆驾》。下本演杜丽娘回生之后，与柳梦梅同赴临安，并遣夫婿前往打探父亲消息。柳梦梅寻到岳父杜宝，却被认为是掘墓盗贼。杜宝不信其言，将之吊打。恰逢柳梦梅得中状元，因而获释。杜宝赴京升任宰相。金殿之上，杜宝却坚持认为女儿是鬼，不愿相认。经皇帝勘明，一家终得团圆。下本共分《淮警》《如杭》《移镇》《急难》《寇间》《折寇》《围释》《遇母》《闹宴》《索元》《硬拷》《圆驾》十二场，都是昆剧舞台上极少演，甚至是不见流传的戏，都要新排。蔡正仁和张静娴是老搭档了，在舞台上常演夫妻，大戏如《长生殿》《贩马记》，折子戏则有《乔醋》《评雪辨踪》等，但从未合作演出过《牡丹亭》。杜丽娘和柳梦梅这对夫妻该怎么演，对他们而言是个新课题。长期合作，自然配合默契，但也容易落入窠臼。既要演出不同于以往的"夫妻"形象，又要有别于前两本的柳梦梅和杜丽娘，蔡正仁和张静娴费尽了心思。

下本中柳梦梅的戏并不太多，唱段也不算繁重，但是"分量"却颇重。在上本和中本中，柳是个风度翩翩的年少书生，也是个多情善感的风流才子，是个"正宗"的"巾生"。而到了下本，柳就需要带有些"穷生"和"小官生"的味道，如《闹宴》一场戏，柳的戏并不多，但是这个

《牡丹亭·如杭》，蔡正仁饰柳梦梅，张静娴饰杜丽娘

《牡丹亭·硬拷》，蔡正仁饰柳梦梅，计镇华饰杜宝

"闹"字完全体现在柳的身上，柳梦梅受妻子杜丽娘委托，要他去淮扬一带寻找岳父杜宝，那时柳有些穷困潦倒，身无分文，只好强作精神去杜府拜见岳父大人。谁知又被看门人拦住，在饥困交加之时，柳只好"穷凶极恶"冲进府去。这时的柳梦梅不能再有那种潇洒风流的读书人风度，而只有一副挨饿的穷酸相了。同样，到了《硬拷》一场，柳要认杜宝为岳父大人，可杜宝不但不认，反倒认为柳就是盗取女儿坟墓的"盗坟贼"，要判柳死刑。柳据理力争，杜恼羞成怒，命手下人杖打柳梦梅。可怜一介书生被无情地吊打，打得遍体鳞伤，最后来了柳的主考大人，报知柳中了状元，才逃脱了这场灾难。柳梦梅在这场戏中有两段主要的著名唱段，即〔折桂令〕和〔雁儿落〕。〔折桂令〕要唱得慷慨流畅，历来是"巾生"十分脍炙人口的唱段；而〔雁儿落〕则要唱得真诚多情，情感丰富而感人，把柳梦梅对杜丽娘的一片赤诚爱慕之情淋漓尽致地演唱出来，这样就使演出达到新的高潮而紧紧抓住观众，留下较为深刻的印象。(蔡正仁《〈牡丹亭〉情缘》，载《上海戏剧》1999 年第 10 期)

1999 年 8 月 21 日至 23 日，三本《牡丹亭》在上海戏剧学院实验剧场首演，一朵直径为 18 米的大红牡丹出现在全新改造的新舞台上。

三本《牡丹亭》在传统的昆剧程式中，融入了现代化的处理，经典唱段全部保留，节奏明显加快。风格不同的三组杜丽娘和柳梦梅，也让观众看足戏瘾。三个"杜丽娘"，沈昳丽纯情、自然、活泼；李雪梅娴静、工稳，带些京剧韵味；张静娴端丽、典雅，又不失高贵。三个"柳梦梅"，张军充满青春朝气，俊朗潇洒；岳美缇细腻、委婉，充满诗意；蔡正仁则洋溢着文人的书卷气，还有痴情和癫狂。

用玻璃钢筑成的"花道"以及转台、升降台等现代技术的运用，使舞台呈现更加炫目。特别是大型幕布画出的牡丹花和梅园，以一种虚幻、诗意、朦胧的气氛，烘托出杜丽娘与柳梦梅如梦如幻的情感故事。豪华炫目的布景，成为三本《牡丹亭》的一大亮点，吸引了许多或年轻或陌生的观众。

在喧嚣的都市中，在快节奏的生活里，静下心来，花三个晚上看一个浪漫的爱情大戏，亲近古典戏剧作品和艺术形式，确实带给很多现代都市人无限惊喜，并引人深省。

1999 年 12 月，三本《牡丹亭》北上首都，向国庆五十周年献礼，成为京城热议的话题。长安大戏院打破了不设站票的惯例，售票人员居然在大冬天热得脱衣卖票，戏院门口出现了倒票的"黄牛"。蔡正仁只要一出现在长安大戏院的大厅，便被团团围住，久久不能脱身。以至于他不敢在大厅露面了，结果，大厅里"柳梦

《牡丹亭·圆驾》，蔡正仁饰柳梦梅，张静娴饰杜丽娘

梅"的大幅剧照"不翼而飞"。有些老朋友，原本婉转表明只有时间看一场，却在看完上本时打来电话求其余两场的票。三本《牡丹亭》在长安大戏院共演出两轮，成为长安大戏院演出时间最长、平均上座率最高、剧场首次设站票以及文化部的部长们连续看戏次数最多的一个剧目。

三本《牡丹亭》也得到领导和专家的好评和重视，文化部部长孙家正认为《牡丹亭》是"《十五贯》之后昆剧舞台最好的一出戏"。也引发了大家对传统戏曲样式在新时代发展方向的思考，戏剧史学家郭汉城称三本《牡丹亭》"让我们看到了中国戏曲表现方式的无限潜力，也提供了许多值得研究的东西，比如怎样在传统和经典之间找到新的程式"；中国艺术研究院副院长薛若琳也说三本《牡丹亭》"是在挖掘传统戏曲的本体魅力和体现现代审美理念上，作了一次有益尝试"。（金涛《〈牡丹亭〉曲终意未尽——上昆昨谢别首都观众》，《文汇报》1999年12月9日）

2000年1月，结束北京的演出，上昆随即赶赴香港，三本《牡丹亭》被列入香港旅游协会"环球盛事汇香港"系列演出。演出还未开始，戏票已销售一空，"上、中本演出的热烈反响使下本《圆驾》出现爆场，直到开场前还有观众在剧场外排

下本《牡丹亭》，蔡正仁饰柳梦梅，张静娴饰杜丽娘

队，期盼一张退票。场内观众始终沉浸在剧情和表演中，凝神屏气地观赏着舞台上的蔡正仁、张静娴的一唱一念一做"。（陈竹《连演三场 观众两千——新版〈牡丹亭〉在港演出成功》，《新民晚报》2000年1月11日）

4月，三本《牡丹亭》又赴苏州，参加首届中国昆剧艺术节，获优秀古典名剧展演奖，蔡正仁等获"荣誉表演奖"。

2002年底，三本《牡丹亭》从全国160台剧目中脱颖而出，入围文化部"国家舞台艺术精品工程"候选剧目，成为30台剧目中唯一的昆剧。为此，上昆又对剧本和舞台呈现作了大幅修改，将原先的三本三十五折压缩为两本二十二折，以求更加凝练流畅，并在一天之内能看完。遗憾的是，在最后十个精品剧目的角逐中，《牡丹亭》黯然出局，只获得"提名奖"。2004年，再度评选"国家舞台艺术精品工程"时，也有人提议再推《牡丹亭》，而蔡正仁却主张推新编历史剧《班昭》，这让很多人都不理解。蔡正仁是经过慎重考虑的，《牡丹亭》已经获得"提名奖"，而且从三本改为两本，艺术完整性已有所损失，入选机会不大。最终，《班昭》入选"国家舞台艺术精品工程"。

五、牡丹盛事

在三本《牡丹亭》绚丽地绽放后，蔡正仁就很少演"柳梦梅"了。

2012年6月，上海京剧团的梅派青衣史依弘和张军合作，推出了一个新版本的《牡丹亭》。无论是从演员、剧本，还是幕后制作团队来看，这都是个"新"戏。《牡丹亭》这个经典剧目，虽也有京剧、越剧等其他剧种的版本，但从未形成"百花齐放"的局面，它所达到的文学和艺术的高度，它的规范和严谨，都让演绎者、改编者敬畏。

这版《牡丹亭》，除了主要演员外，幕后制作团队均来自台湾，都是顶尖的人才，剧本改编王安祈，导演李小平。在剧情发展、人物设置和舞美设计上都有很多创新的地方，确实与传统版本有很大差别。观看后，蔡正仁提出了自己的意见。可是他没想到，他的几句话会被冠以"严厉批评"的标题登上报纸，进而引发一场媒体风波。其时，正逢微博兴起，各路专家、戏迷，包括知名人士，通过网络纷纷加入这场论战，进而是混战，最后沦为"口水战"。完全不懂网络不会上网的蔡正仁，莫名其妙地被卷入了这场"批评门"，颇令他忐忑不安了一阵。

但是，这个意外事件反倒促成了蔡正仁和史依弘的合作，他对这位梅派青衣颇为欣赏。一是她的京剧艺术造诣，加之她的个头、扮相、嗓子都是一时之选；二是她的勇气。作为梅派青衣，她挑战过程派名剧《锁麟囊》，如今又来演昆剧《牡丹亭》，勇气可嘉。一个已经成角儿的演员，不是躺在成绩单上沾沾自喜，反而尝试各种突破和挑战，值得同辈演员学习。所以，当史依弘邀请蔡正仁加入她"文武昆乱"演出计划时，他欣然答应。

"文武昆乱史依弘"共五台大戏，蔡正仁与史依弘合作其中的三台：昆剧《牡丹亭》、吹腔《贩马记》和京剧《玉堂春》。一来提携帮衬晚辈，二来一圆演出俞派京剧小生戏的梦。这三出戏，蔡正仁当年都得俞振飞大师亲传，《牡丹亭》和《贩马记》常演，但《玉堂春·三堂会审》的演出机会则很少。俞派京剧小生，原来与叶（盛兰）派、姜（妙香）派齐名，以"书卷气"著称。如今演的人少了，渐渐为人所淡忘。蔡正仁也希望借这次机会，展示俞派京剧小生的风采，也是对老师的纪念。而《牡丹亭》也回归"俞言"经典，用事实平息争论。

"文武昆乱史依弘"在2013年共演出两轮，1月，在北京国家大剧院；10月，参加上海国际艺术节。其中《贩马记》《玉堂春》又在上海和深圳等地演出。尤其是在深圳演出的《贩马记》，特邀京剧麒派名家陈少云饰演李奇，名丑金锡华饰演胡老爷。三个老戏骨，在舞台上火花四射，也是剧坛佳话。

《牡丹亭·惊梦》，蔡正仁饰柳梦梅，史依弘饰杜丽娘（史蕙质摄）

《贩马记·写状》，蔡正仁饰赵宠，史依弘饰李桂枝（史蕙质摄）

《玉堂春·三堂会审》，蔡正仁饰王金龙，史依弘饰苏三（史蕙质摄）

蔡正仁没有想到，自己都七十好几了，演"柳梦梅"的机会倒多了起来。

2014年，真是"《牡丹亭》"年"。戏迷圈子里，早早就开始传在北京要进行《牡丹亭》汇演，先是老艺术家示范演出，再是各昆剧院团演出各版《牡丹亭》。对于熊猫汇集的大师版，戏迷们将信将疑，因为有些艺术家已经十多年没上台了，又是彩唱，他们会同意吗？但是，事情居然成了！

11月18日12时，大师版《牡丹亭》在北京天桥剧场开票，最高票价1280元。两小时后，上下两本的演出票全部售罄。网上也是秒杀，很多人就是犹豫了一下，票就被抢了。接下来这一个月，几乎就是昆剧戏迷的狂欢节，呼朋引伴，各显神通探听着幕后消息，翘首盼望着演出的到来。

最后确认的演出阵容，是超豪华梦幻组合。13日，上本：沈世华《闹学》《游园》，华文漪、岳美缇《惊梦》，梁谷音《寻梦》，王奉梅《写真》，张继青《离魂》；14日，下本：梁谷音《魂游》，侯少奎、梁谷音《冥判》，石小梅《拾画》，汪世瑜《叫画》，蔡正仁、张洵澎《幽会》，蔡正仁、杨春霞《婚走》。汇集上海、江苏、浙江、北京18位大师级的昆剧表演艺术家，戏迷们几乎要对组织者顶礼膜拜了。

整个12月，蔡正仁几乎都在北京排戏，他是"大师版"《牡丹亭》的艺术总监，并在《幽会》《婚走》中饰演柳梦梅。此后，全国7个昆剧院团轮番演出各自特色的《牡丹亭》。19日，湖南省昆剧团"天香版"，为蔡正仁、张洵澎亲授之"俞

《牡丹亭·幽会》排练（元味摄）

《牡丹亭·幽会》，蔡正仁饰柳梦梅，张洵澎饰杜丽娘（元味摄）

《牡丹亭·婚走》
蔡正仁饰柳梦梅，杨春霞饰杜丽娘
（元味摄）

言"精华；20 日，上海昆剧团"典藏版"，蔡正仁演出其中《叫画》一折。

14 日晚，北京天桥剧院。"他年得傍蟾宫客，不在梅边在柳边。"蔡正仁的柳梦梅在幕后一亮嗓子，就是一个满堂彩。《幽会》《婚走》两折，戏不重，却是压轴和大轴。蔡正仁与两位杜丽娘——张洵澎、杨春霞，都是"昆大班"的老同学，默契自不用说。长期保持舞台演出，也让他们更加自如和自信。"大师版"《牡丹亭》完美落幕。

这场《牡丹亭》大汇演，让人想起六十年前那次汇集众名家的《长生殿》。1955 年 10 月，上海市戏曲学校为了欢迎俞振飞大师从香港归来，于长江剧场举行为期一周的昆剧观摩演出。最后一场《长生殿》，汇集了周传瑛、沈传芷、俞振飞三位唐明皇，张娴、张传芳、黄蔓耘、朱传茗四位杨贵妃，王传淞、周传沧、华传浩三位高力士，郑传鉴的陈元礼、周传铮的杨国忠。此演出阵容，令观者如堵，令后世扼腕。今朝之《牡丹亭》，何尝不是如此！

第八章

《长生殿》：唱不尽的沧桑梦幻

我从俞振飞老师手里接过了"唐明皇"这个角色，演了一辈子。我认为，上海昆剧团是最有资格排演全本《长生殿》的，我也想把它排出来，这是我的一个梦想，相信也是俞老的梦想。我没想到那么难。我当了十八年团长，没想到在最后两三年碰到了最大的困难，戏差点就排不下去了。但是，我们坚持了下来，结果是出乎意料地好，而且是越来越好。

——蔡正仁

一、追 梦

蔡正仁在戏校开蒙的第一出戏，就是《长生殿》中的《定情赐盒》，那时候还没有分行当，男生都学唐明皇和高力士。他的唐明皇勉强及格，危险过关，因此立志要一辈子演好唐明皇。之后，蔡正仁陆续向沈传芷和俞振飞老师学习了《絮阁》《惊变埋玉》《闻铃》《迎像哭像》等经典折子戏。1960 年，蔡正仁 19 岁，在上海青年汇演中以《惊变埋玉》一折崭露头角。《惊变埋玉》有歌有舞，有跌宕的情节，学生时代多作为公演的大轴。而《闻铃》《迎哭》这样以抒情为主的唱工戏，则很少演，也不敢演。

1982 年，蔡正仁在江浙沪昆剧会演中，以《迎哭》载誉而归，尤其得到俞振飞老师的赞赏和肯定。1987 年，上海昆剧团排演大戏《长生殿》，时长两个半小时，完整演绎李杨的爱情故事，这是一个飞跃。蔡正仁、华文漪分饰唐明皇和杨贵妃，1989 年后由张静娴饰演杨贵妃。八七版《长生殿》很成功，是一个以情节取胜的改编本。上昆还有一个串折本《长生殿》，20 世纪末应台湾观众要求，将传统折子戏串成上下两本。上本由《定情赐盒》《絮阁》《发兵》《惊变》《埋玉》组成，下本从《闻铃》开始，《看袜》《尸解》《哭像》《弹词》，到《重圆》结束。蔡正仁和张静娴主演，开场两折《定情赐盒》和《闻铃》由青年演员张军、黎安演出。这个版本只

《长生殿·小宴》，蔡正仁饰唐明皇，华文漪饰杨贵妃

在台湾演过两次，大陆观众无缘得见。但也只演十一折，与全本五十折的鸿篇巨制相比，还远远不够。

演出全本《长生殿》，对于蔡正仁而言，具有无法抵抗的诱惑，那是他一生的梦想，相信也是俞振飞老师的梦想！

洪昇的《长生殿》和汤显祖的《牡丹亭》，是明清传奇的两大高峰，于清康熙二十七年（1688）问世，"一时梨园子弟，传相搬演"（尤侗《长生殿序》）。康熙四十三年（1704），洪昇应江南提督张云翼之请，前往松江观看《长生殿》。不久，江宁织造曹寅请洪昇到金陵观赏连演三个昼夜的《长生殿》。六月初一，洪昇在返乡途中不幸溺水身亡。自此之后，全本《长生殿》的演出未见记载。乾隆之后，《长生殿》基本是以折子戏的样式演出。到"传"字辈和俞振飞这一代，能演其中十几折。

三百年了，没有剧团演过全本《长生殿》。你要问蔡正仁什么时候开始想这件事的，他答不上来。八七版《长生殿》的成功是一个基础，也是发端。

最早明确提出排演全本的，是唐斯复。六本《牡丹亭》计划赴美国纽约林肯艺术中心演出，却因种种原因中途夭折，这令蔡正仁和唐斯复耿耿于怀。唐斯复觉得

《长生殿·闻铃》，蔡正仁饰唐明皇（陈鹏昌摄）

《长生殿·迎哭》，蔡正仁饰唐明皇

上海昆剧团"需要一台能调动和发挥全团人员热情、自信，展示技能的大戏，又是戏里戏外都有精彩故事的大戏，再塑剧团的辉煌"，"能够使全团振奋起来，能够展示上昆的实力，能够显示蔡正仁的全部实力"。她最终将目光锁定在《长生殿》上。2001 年的秋天，当唐斯复和上海昆剧团谈起全本《长生殿》的策划时，每个人都目中放光，尤其是蔡正仁！而正式启动排练，已经是 2005 年底了。中间四年，是艰苦至极的筹备过程。

二、没想到那么难

蔡正仁知道排演全本《长生殿》会很难，但没想到那么难。

最初，真是上上下下一片反对声。很多人怀疑，投入这么大的财力、物力和精力去排演《长生殿》这个"陈旧"的老戏是否值得，是否有这个必要。也有人认为，这是蔡正仁的私心，想着法儿地要排他自己的大戏。

蔡正仁无暇他顾，最重要的是申报项目，筹措资金。他和唐斯复就像祥林嫂一般，向上级部门，向有关单位解释：上昆以往常演的《长生殿》只是其中的八折，我们要排的是全本五十折，是对传统戏的一个全新的创造。没有人理解他们，舆论影响了资金的到位，原本承诺出资的单位中途退出。

进退维谷，继续还是放弃？

蔡正仁和唐斯复都没想过要放弃，传统方式行不通，就另辟蹊径。以往排演新戏，都是向政府报项目，申请资金，向剧作家约稿，付稿酬，最后版权属于剧团。可是，现在资金没有着落，一切都是未知数。最终，唐斯复决定自己做剧本。2001年的寒冬，唐斯复在孤灯下整理《长生殿》的剧本。德高望重的戏剧理论家刘厚生和郭汉城得知此事，提出愿意担任顾问，不计报酬。真是雪中送炭，唐斯复心里稍稍有了点儿底气！

初稿是五本，专家提了意见。唐斯复与蔡正仁商量后，修改成为四本，也就是我们现在看到的《钗盒情定》《霓裳羽衣》《马嵬惊变》《蓬莱重圆》。当时文化部正在举行"国家舞台艺术精品工程"剧本征集，唐斯复立刻将《长生殿》剧本送去参赛，001号，最终在六百多部作品中脱颖而出，成为十六个"提名奖"之一。

在上昆团长办公室，蔡正仁兴奋得直拍唐斯复的肩膀，说："大姐啊大姐，幸亏有了你这个剧本，我们才有资格去申请上海文化基金。"2005年，上海文化发展基金批给《长生殿》120万元，这是单项资助的最高金额。但是，离四本400万元的预算相去甚远。不管怎样，戏可以开排了，而且必须开排。因为按规定。如果过了2005年戏还不开排的话，资金就要收回。蔡正仁计划着"节衣缩食"，先用120万元排出前两本。文化部艺术司已答应资助《长生殿》，上昆自己再筹措一部分资金，就可以接着排第三第四本。

2005年12月15日，"四本《长生殿》"剧组召开新闻发布会，宣布12月20日正式开排。总导演曹其敬，导演沈斌、张铭荣；艺术指导蔡正仁、张静娴；曲谱整理顾兆琳；配乐配器李樑，打击乐设计李小平，舞美设计刘元声。由上海昆剧团、文汇新民联合报业集团唐斯复工作室、兰心大戏院联合制作。

四本《长生殿》，四组演员分饰唐明皇与杨贵妃，第一本是张军和北方昆曲剧院的当家旦角魏春荣，第二本是黎安和沈昳丽，第三本是蔡正仁和张静娴，第四本是蔡正仁和余彬。"昆三班"占了半壁江山。

第一本《钗盒情定》排得特别艰难，耗时大半年。除了《定情赐盒》《絮阁》，都是新创派的戏，怎样向经典靠拢，怎样在现代舞台表现中保持昆剧的传统风貌，怎样向当代观众展示历史兴亡和皇家爱情……一个个问题都在艰苦的排练中渐渐清晰明确。两位主演一南一北，需要磨合；导演和演员要磨合；话剧导演要和昆剧磨合。一点一点地磨戏，排出来被推翻，再排再推翻……到排第二本《霓裳羽衣》时，积累了一些经验，进展就顺利了许多。

四本《长生殿》四组演员，左起魏春荣、张军、沈昳丽、黎安、张静娴、蔡正仁、余彬

2006 年底，《长生殿》第一、二本按计划要进兰心大戏院合成。可是，文化部的资金迟迟没有到位。始终有人认为《长生殿》是一个没有多大排演价值的老戏。依当时的观念，排演新戏或作出重大改编的戏才能算"创新"，才能称得上是"原创剧目"。所以，"支持"二字仅停留在嘴上，没有实际行动。最后，唐斯复个人拿出了 40 万元，上昆拿出《班昭》的 50 万元奖金，终于完成了一二本的合成彩排。彩排时，请了许多专家、领导来看，就是为了引起注意，拉到赞助。

唐斯复想到上海昆剧团、兰心大戏院、唐斯复工作室都属于卢湾区，可以想办法取得区里的支持。于是，蔡正仁和唐斯复一家一家地跑，解释，甚至是恳求。看着蔡正仁这么一个大艺术家居然低声下气地去求人，唐斯复心里说不出的滋味。而对于蔡正仁来说，此时已顾不了什么艺术家的面子、团长的面子，筹到钱才是第一要考虑的事。皇天不负有心人，卢湾区答应拨给《长生殿》文化基金 120 万，分三次到账：50 万，35 万，35 万。最后一个 35 万元到账时，戏已基本排完。

第三本《马嵬惊变》开排，已是 2006 年底了，剧团也到了最艰难的时候。年终时，一人只发了一千元奖金，还是向市委宣传部借的。有谣传说，蔡正仁挪用了剧团职工的工资，绝对没有。可是，上昆真的到了弹尽粮绝、借钱度日的地步。绝大部分演员投入排练，而上昆每年必须完成八十场演出指标，如果完不成，这一年的政府拨款就将打折。同时，导演、舞美等外请人员很多，后勤管理困难重重。大家都是身心俱疲，情绪也很糟糕，陆续有人生病。没有排练补助，每人每天中午一盒盒饭。总导演曹其敬也是一杯水、一盒饭，她坚持排戏，毫不懈怠。蔡正仁面临的压力更大，四面楚歌，内外交困，他累极了，累极了。他曾和唐斯复说："唐大姐，如果要是《长生殿》失败了，我们俩就去跳黄浦江！"一句玩笑话，听着让人想落泪。

再难再难，蔡正仁也从没想过停止或放弃。别看他平时总是笑呵呵的，怎么都可以的样子，一旦打定了主意，绝不回头。他是团长，是主演，别人能示弱，他不能。"坚持"两个字，说起来容易做起来难，九十九步都坚持了，也许就因为最后一步而功亏一篑。四年筹谋，三年排练，其间艰辛苦痛，非外人可道。

蔡正仁义无反顾地走到了最后，经过了极黑的夜，曙光渐现。

三、没想到那么好

2007年初，从徐家汇到浦东街头的电子屏幕上，出现了《长生殿》华美的场景；在地铁车厢的电视屏幕和出租车的触摸屏上，"唐明皇"和"杨贵妃"身姿绰约，引人驻足流连。这么时髦的宣传方式，传统戏曲很少用，而已经四百岁的昆剧，突然这么出现在上海这个摩登城市的各个角落。从不看戏的人，都忍不住问问身边的人：昆剧是什么？《长生殿》是什么？

5月29日至6月15日，上海昆剧团四本《长生殿》在上海兰心大戏院隆重上演，连演五轮，共二十场。这是上昆的气魄，震惊剧坛！有那么多观众吗？有！第

《长生殿》第三本《马嵬惊变·密誓》，
蔡正仁饰唐明皇，张静娴饰杨贵妃

《长生殿》第三本《马嵬惊变·小宴》，蔡正仁饰唐明皇，张静娴饰杨贵妃

《长生殿》第三本《马嵬惊变·埋玉》，蔡正仁饰唐明皇，张静娴饰杨贵妃

《长生殿》第三本《马嵬惊变·冥追》，
蔡正仁饰唐明皇，张静娴饰杨贵妃

一轮演出，三千多张票被上海各高校师生提前买走，开演之后，场场满座。江苏、浙江、北京，甚至台湾、香港，还有国外的文化人士都慕名而来。"忽如一夜春风来，千树万树梨花开。"十多年"昆曲进校园"播下的种子，似乎一下子开花结果了；半世纪坚守昆曲，四方知音贤达不离不弃。五轮演出，观众达一万多人次，票房 70 余万元。这是一个奇迹，一个上昆创造的奇迹。

2007 年 3 月 27 日，就在四本《长生殿》正式公演前的一个月。蔡正仁卸去"团长"一职。这是他和昆剧的半生情缘。他带着即将收获的胜利，带着一身的疲惫和病痛，离开领导位置，回归最为纯粹的演员身份，享受舞台，迎接胜利。

6 月 1 日，小孙女呱呱坠地，哭声嘹亮清澈，取名蔡乐艺。

6 月 2 日，第一轮演出结束的第二天，由上海戏剧学院主办的"让古典走进现代——《长生殿》与昆曲学术研讨会"在上海宾馆举行，为期三天。来自国内外的五十多位专家学者参加了研讨会，充分肯定了四本《长生殿》的成功。不是客套话场面话，蔡正仁能感受到大家的兴奋。昆剧人困惑了很久，在传统和创新之间彷徨苦闷，这个古老的剧种在当今社会该怎么发展，四本《长生殿》似乎回答了这个问题。上海戏剧学院教授叶长海说："对古典名剧的'全本'演出，是对我们继承与创新能力的双重考验。让古典走进现代，就是让中国文化精神融入现代人的心灵之中。让古典走进现代，也就是让古典走进青年，走进世界，走向未来。这个任务还相当艰巨。"黄宗江盛赞"这次的《长生殿》演出是'百年老汤，现代料理；活用程式，化入生活'，更可成为继承并发展的典范"。"传统而不拘泥，现代而不时髦；表演占据主题，内容重于形式。"上海昆剧团新任团长郭宇（现为上海戏曲学院院长）给了四本《长生殿》一个漂亮又自信的定位。（刘庆《让古典走进现代——〈长生殿〉与昆曲学术研讨会综述》，《戏剧艺术》2008年第1期）

2007年10月27日至11月4日，第九届中国上海国际艺术节，四本《长生殿》连演三轮，又是30多万元的票房。在一年里，四本《长生殿》共演出八轮，三十二场，创造了昆剧乃至戏剧演出的票房奇迹。

2007年11月底，四本《长生殿》又得到台湾华敏集团120万元资助，付清了所有演员的排练费、演出费和舞美、服装设计费，唐斯复拿回了自己垫付的40万元，《班昭》的奖金也回归原位！从此，四本《长生殿》既无外债，又无内债，轻

《长生殿》第四本《蓬莱重圆》，
蔡正仁饰唐明皇，余彬饰杨贵妃

松上阵！

四本《长生殿》的成功，蔡正仁有四个"想不到"：

一是想不到四本《长生殿》第一轮演出连演二十场，票房收入70多万元，开创了上海昆剧团的纪录。当初定下二十场演出指标时，蔡正仁忐忑不安，他担心后面几场维持不下去，担心观众稀稀拉拉，担心到头来会出现大量赠票！"事实证明，我是保守啦！"

二是想不到有那么多年轻观众喜欢《长生殿》。上昆和上海音乐学院艺术管理系合作，对《长生殿》的观众进行问卷调查。共收回问卷1608份，其中中文1536份，英文72份。分析表明19-25岁和26-35岁的青年观众分别占观众总数的33.7％和32.5％；64.6％的观众具有大专和本科学历，25.9％的观众具有研究生及以上学历。年轻化、高学历，成为当代昆剧观众的主要特点。有观众，演出才有意义；有年轻观众，昆剧的传承才有希望。

三是想不到青年演职人员经受住了这次严峻的考验，表现格外出色。

张军、黎安、沈昳丽、余彬，都是"昆三班"培养出来的优秀青年演员，尽管已经在舞台上历练了许多年，但是这么大一个新戏，他们能否拿得下来？结果，他们都出色地完成了属于自己那一本的"唐明皇"和"杨贵妃"。青春靓丽的舞台形象，成为四本《长生殿》的一大亮点。"安禄山"吴双、"郭子仪"季云峰、"高力士"胡刚、"杨国忠"刘力争，以及林岩、侯哲、谢璐、汤泼泼、袁佳……很多都是一人饰多角，即便是龙套，也是上昆的水准和气势，一丝不苟。

不仅是青年演员表现出色，乐队、舞美、灯光……上昆的年轻一代也显示出非凡的实力。笛师梁弘钧、钱寅、杨子银，鼓师高均、李琪、林峰……都是"昆三"音乐班的佼佼者。《长生殿》的灯光设计请的是北京人艺的易立明，服装设计请的是中戏的成曙一。但是因为日程拖后，易立明去了国外，实际上他只做了前两本，后两本是上昆的灯光设计李锡生按照曹其敬与易立明确定的"看不见灯光"的原则设计完成的。服装设计成曙一也只做了前两本，之后由上昆年轻的徐洪青、尉涛顶替上来。有压力，但是最终也做出来了，而且非常出色。还有助理导演沈矿，技导赵磊，化装符凤珑，编舞甘春蔚、丁芸……各工种各司其职，上昆这"一棵菜"在台上光芒四射。

四本《长生殿》二十场演出连轴转，全团都经历了一场前所未有的考验和挑战。从5月15日进剧场准备，到5月29日开始第一场演出，每天都是连轴地排练，真是精疲力竭，每天都有人在生病。正式演出了，是更为严峻的半个月。周二到周五每晚都演出，周六到周日是日夜场连演。强度之大，前所未有。演员累，乐队、舞美、检场更累。演员没戏的时候可以休息，但是他们必须每天都上场。手肿了，起泡了，生病了。如果下午晚上连演，结束了都是瘫坐一地……大家都默默坚持着，靠的是责任心和意志力。实践证明，上昆这支年轻的队伍经受住了全方位的考验，用努力和实力证明了自己的价值，关键时刻拿得出、顶得住。

四是想不到自己 66 岁还能排演两本大戏。

《马嵬惊变》《蓬莱重圆》是"唐明皇"的重头戏，不仅有繁重的唱、念、做，而且需要演员动心动情，全身心投入。蔡正仁 66 岁了，平时光演一折《迎哭》都要半天才能缓过劲来，何况是两本近六个小时的高强度演出！他一直在和自己的年龄和体能极限搏斗。演出前，蔡正仁要吃许多补充能量的食物，才能保证体力，唱满全场。有时候日夜两场连演，演出结束，蔡正仁都要瘫在椅子上，久久不能从极度的伤心和虚脱中缓过劲来。但是，累并快乐着，以前哪敢这么演《迎哭》和《闻铃》，唱功戏难得演一演，观众坐不住，现在，观众是争着抢着来看，蔡正仁说："就算唱死在台上，也值！"是的，"唐明皇"这个角色本就是要豁出命去演的。

四、捷报频传

在上海取得胜利之后，四本《长生殿》北上首都，南下台湾，无往不利，捷报频传！

2008 年，四本《长生殿》在北京南新仓皇家粮仓举行祭拜梨园祖师老郎神即唐明皇的仪式，再现梨园老习俗。现实中的三位"唐明皇"拈香，向那一位"唐明皇"诚心祭拜，表达对历史和艺术的敬意。在故宫，《长生殿》又举行了盛大的"三百年后返回故里"发布会。三位"唐明皇"，四个"杨贵妃"，在建福宫花园演出《赐盒》《小宴》《絮阁》《重圆》等片段。上昆用这样的方式宣告，全本《长生殿》三百年后重回京城舞台，媒体追逐，争相报道。

2008 年 4 月 30 日至 5 月 3 日，作为上海昆剧团团庆 30 周年暨昆曲《长生殿》诞辰 320 周年的纪念演出，四本《长生殿》在北京保利剧院上演，票房 125 万。上昆把昆剧的旋风刮到了京城。蔡正仁的出场表演，永远是众人期盼的高潮所在。蔡正仁的唐明皇，已是炉火纯青之境。德高望重的刘厚生老师称第三本《马嵬惊变》是"最完美厚重"的演出，是"昆坛绝唱"：

> 我真是惊异和钦佩这两位六七十岁的昆坛老将把自己的嗓音保养运用得那么铿锵有力，清朗圆润，纯正美听，没有丝毫老态……而唐明皇在夜雨闻铃时一人静坐，几乎没有大动作的长达十几分钟的独唱，更是既含蓄深沉，又激越悲痛。他们都把观众融进了此时此地的情境之中，令他们真

四本《长生殿》皇家粮仓发布会，三位唐明皇共祭老郎神，左起：黎安、蔡正仁、张军

四本《长生殿》故宫发布会（龙树摄）

四本《长生殿》在北京保利剧院演出

正感受到人物的厚实真情，也领略了昆剧的声音之美，真是进入了"余音绕梁，三日不绝"的迷醉状态，而演员们都把熟练的技巧天衣无缝地融合于人物性格感情的表达，做到了艺术上从心所欲不逾矩的自由境界。这样的唱做表演，称之为绝唱，决然是当之无愧的。（《昆坛绝唱——评蔡正仁、张静娴主演的〈长生殿〉第三本》，载《上海戏剧》2010年第5期）

2010年2月28日，中国戏曲学会在上海大剧院向四本《长生殿》颁发"中国戏曲学会奖"。2002年，《班昭》获此殊荣，那是对新编历史剧的肯定；这次颁给《长生殿》，是对古典戏剧作品走近现代的成功尝试作出的表彰。3月1日，"钗盒情缘与历史兴亡的深度呈现——昆剧全本《长生殿》学术研讨会"在衡山宾馆举行，三十多位专家从各个角度和层面肯定了《长生殿》的意义和价值。中国戏曲学院的教授傅谨认为："上海昆剧团重新演出的全本《长生殿》之重要，不仅仅是由于它意味着全本《长生殿》在阔别北京三百年后重新回到这座古老城市，更由于它代表了一种我们阔别已久的文化态度重新回到这个社会，回到我们的生活。持这种曾经稀缺的文化姿态对待经典，我们才有可能看到上昆的《长生殿》所呈现出的'严守昆曲格范的古典美'。这就是这部需要连演四晚的大戏最闪亮的特点，就是它的魅力之所在。"（《全本〈长生殿〉与上昆的意义》，载《艺术评论》2008年第6期）

2010年3月29日，四本《长生殿》的主创人员走进了台北"故宫博物院"。从北京到台北，《长生殿》跨越海峡，连接两岸的时空。3月31日至4月5日，上昆在台北"国家戏剧院"演出《长生殿》，共两轮八场，高潮迭起。第四本《蓬莱重圆》的戏剧性并不强，唐明皇和杨贵妃天人相隔，各自倾吐思念之情。落幕，掌声经久不息，记不清谢了几次幕。剧场的灯都熄了，观众还在鼓掌。一位观众挤到后

"唐明皇"蔡正仁和"杨贵妃"张静娴

台，泪流满面地对蔡正仁说："蔡老师，你把我的心都唱碎了！"那是对"蔡明皇"的最高褒奖。

2009年，为了参加在苏州举行的第四届中国昆剧艺术节，四本《长生殿》不得不压缩至一本，名曰"精华版"，因为规定参赛作品的演出时间不能超过两个半小时。唐斯复着手修改剧本，每抽掉一句唱词，就像要割掉艺术家身上的一块肉，无从下手，也要狠心下手。最终压缩为八场：《定情》《权哄》《絮阁》《进果》《密誓》《合围》《惊变》《埋玉》。精华版《长生殿》由四位"国宝级"艺术家联袂合作，除蔡正仁和张静娴外，刘异龙的高力士，方洋的杨国忠，全"熊猫"阵容，上昆势在必得。6月22日晚，精华版《长生殿》在苏州园区科技文化艺术中心上演，座无虚席，一票难求，观众和评委都看"疯"了。《长生殿》成为本届昆剧节上座率最高、现场效果最好的一场演出，并夺得"优秀剧目奖"榜首，蔡正仁、张静娴获"特别荣誉奖"，唐斯复荣获文化部"对昆剧作出特殊贡献奖"。

2010年5月，蔡正仁又率精华版《长生殿》出征，赴广州参加第九届"中国艺术节"。在"九艺节"期间，代表中国舞台艺术最高水平的"文华大奖"也将同时进行评选。蔡正仁不敢有丝毫懈怠！

在为期15天的艺术节里，来自全国各地114台文艺作品在广州轮番上演，其中65台剧目参评文华大奖，都是各地近年来创作的艺术精品，最终获奖的只有10

总持风雅有春工 艺术传评

四本《长生殿》主创在台北"故宫博物院",左起:黎安、沈昳丽、唐斯复、张静娴、郭宇、蔡正仁、杨惠珊、张毅、叶恒峰

精华版《长生殿》排练中

台。文华奖作为文化部创立的国家级舞台艺术政府奖，至今已经举办了十二届，第十三届的评选大大缩减了奖项和评奖数量，因此竞争更激烈，奖项的含金量也更高。更重要的是，此次"文华表演奖"升格为"中国文化艺术政府奖——文华表演奖"，进行单独评选，获奖者不限于参加本次艺术节参评剧目的演员，在2005—2010年内创排了新戏、成绩卓著的演员都可作为候选人。先在全国范围内由各省市各院团推荐，再由评委会评选，最终选出25名德艺双馨的演员。

精华版《长生殿》共演出两场，5月15日是观众场，16日是评委场，地点是广州市蓓蕾剧院。蔡正仁已经70岁了，连演两天，体力、精力上是否顶得住？有人提议，演第一场时收着点，保留点体力用在第二天的评委场上。蔡正仁没答应："台下那么多观众，都是买票来的，怎么能收？"5月15日晚上，蓓蕾剧场沸腾了，台上演得淋漓尽致，台下看得如痴如醉！第二天评委场，蔡正仁觉得自己身体和嗓子的状态都非常好，演出时"铆足了劲"，"豁出了命"！唐明皇第一句"端冕中天"亮嗓，便是满宫满调。坐在台下的唐斯复心都提到了嗓子眼，心想："蔡先生开场就这么使劲，下面能坚持下来吗？"结果，蔡正仁越唱越好，越唱情绪越饱满。他把上场亮相时的声音和状态，一直保持到最后，征服了所有评委。

> 羞煞咱掩面悲伤，
> 救不得月貌花庞！
> 是寡人全无主张，
> 不合呵，将他轻放！

结尾一套［脱布衫］，化自《迎像哭像》，蔡正仁唱得哀婉悲切，痛彻肺腑。观众如饮醍醐，意犹未尽，几乎不舍得用掌声来结束这场演出。

后来，徐培成评委后来这样评价蔡正仁的表演：

> 蔡先生的"四功五法"，可谓是精妙至极。他的演唱，高声如洪钟大吕，低声如潺潺流水，那么细腻，又那么动情，真是放中有收，收中有放，刚柔相济，声情并茂。他的一举手、一转袖、双翻袖、一投足、一蹉步、双垫步都是那么准确，那么人物化……真叫人十分佩服，真不愧广大观众赞誉他是"活的唐明皇"。（《2010年文化表演奖：重在突出表彰表演领军人物的政府导向》，《艺术通讯》2010年第5期）

2010年5月25日，"文华大奖"在当晚揭晓。精华版《长生殿》获得"文华大

精华版《长生殿·埋玉》，蔡正仁饰唐明皇

奖"，上海昆剧团团长郭宇上台领奖，蔡正仁获"文华表演奖"，他和上海京剧院的麒派老生名家陈少云一同出场领奖。更没想到的是，《长生殿》和蔡正仁都"榜首"。喜悦排山倒海地向蔡正仁涌来，不敢想，却拿到了。

属于《长生殿》的征程还在继续，没有停下来的意思，蔡正仁也停不下来。

五、唱响德国科隆

2010 年，作为世博会的文化交流项目，德国科隆市政府把瓦格纳的经典歌剧《尼伯龙根的指环》带到了上海。《尼伯龙根的指环》由《莱茵的黄金》《女武神》《齐格弗里德》《众神的黄昏》四部分组成。

蔡正仁受邀观赏，他坐在观众席里，只有一个想法：他们演四天，我们的《长生殿》也是演四天；他们能来上海，我们为什么不能去德国呢？

演出结束后，德国方面举办招待会，对中方的努力促成表示感谢，使得这部歌剧能在中国上演，取得这么大的成功。他们知道上海也有一个要连演四天的戏，而且代表中国古典戏剧的最高峰。德方表示回去后立刻筹划，邀请四本《长生殿》赴德演出。

原以为是客套话，没想到，不久上昆就收到了德国科隆大剧院的邀请信。高兴之后，很多实际问题需要考虑。整个四本《长生殿》剧组，一百多人，来回飞机票就得一百多万，预算至少得两百万。数额庞大，市委、文化局都没有批。大家以为这事就这么黄了。

2011年底，朱镕基同志起意，筹划一台京剧晚会，京津沪三地京剧名角齐聚上海。朱镕基同志邀请熟识的老演员吃饭，蔡正仁、岳美缇、计镇华参加了，上海市的几个主要领导都在。蔡正仁正好坐在时任市长的韩正身边，他细想片刻，觉得机不可失，赶紧向韩市长汇报这件事。韩市长一听，也觉得是一件好事。蔡正仁坦率地讲："我们现在面临的最大问题，是经费问题。"韩正问要多少，"至少要两百万。"韩正答应得非常爽快。蔡正仁还多了一个心眼，问："我要找您，询问这件事的进展，怎么联系呢？"韩正便把随行秘书的联系方式给了他。蔡正仁回家后，马上就以个人名义写信给市长，说明事情原委，正式申请经费。

赴德演出，进入了实质性筹备阶段，过程复杂而艰难，好事多磨。

2011年11月，上昆以空前的规模赴德演出，在科隆歌剧院演出了四本《长生殿》。德国观众的认真也给上昆留下了深刻印象，他们都是查了资料，带着笔记来看戏，会提出非常细致和专业的问题。而且，越是文戏，越是抒情的戏，越是唱功的戏，他们越爱看。该鼓掌的时候鼓掌，该安静聆听的时候，鸦雀无声。德国科隆掀起了昆剧热潮，其影响不亚于《尼布龙根的指环》到上海演出。以前，昆剧也到过德国，但都是片段式或集锦式的演出。如此完整地演绎一个古典名剧，是第一次。昆剧是与西方歌剧最为接近的一种东方戏剧形式，在故事情节、音乐唱腔和舞

四本《长生殿》在德国科隆获盛赞

电影《长生殿》在琉璃博物馆举行开拍仪式

电影《长生殿》拍摄现场，蔡正仁上场前整理检查妆容，右为化妆师兼盔帽师窦云峰（闵捷摄）

台表现上，没有很大隔阂，他们懂得欣赏。

　　四本《长生殿》获德国媒体盛赞，列 2011 年在科隆上演的人气歌剧的榜首。这次演出，上昆以主流身份进入西方艺术表演圈，进入他们的演出季，双方共同运作，以西方主流观众为客户群体，展示东方戏剧。其意义完全不同于以往以文化交流为主的出访演出。

　　2012 年 1 月，精华版《长生殿》入选 2009—2010 年度"国家舞台艺术精品工程"重点资助剧目。2012 年底，昆剧电影《长生殿》在无锡完成拍摄工作。……

　　《长生殿》还在继续，蔡正仁从开蒙戏的那一天开始，就注定了要演一辈子"唐明皇"。

第九章

生生不息

　　人才是昆剧发展的关键，接班人问题关系到昆剧的生死
存亡。昆剧演员太难了，学校里学八年，台上滚八年，才能
像个样，和其他行业不能比。我现在教的这些学生，都是昆
剧的未来，更是昆剧的宝贝。只要他们想学，再忙再累我都
愿意教。看到他们有进步，就替他们高兴。我要把俞老师、
沈老师教给我的东西尽可能地传下去，这是我的责任，也是
我退休后最重要的事情。

——蔡正仁

一、"生生不息"传承展演

　　2013 年 7 月 18 日、19 日，"生生不息——纪念昆曲泰斗俞振飞逝世二十周年蔡
正仁师生传承展演"在上海喜马拉雅中心举行，蔡正仁与来自全国各昆剧院团的学
生——俞门再传弟子，齐聚一堂，向大师致敬，也向老师汇报。

　　这次展演的策划和组织者，是蔡正仁的大弟子张军。2009 年 9 月，张军离开上
海昆剧团，成立"上海张军昆曲艺术中心"。有一次，他带领自己的团队到湖南演
出。一个陌生的电话连续打了好几次，又给他发了短信，自我介绍是蔡正仁老师在
湖南的学生张小明，张军恍然记起这个正式拜过师的同门女小生。张小明非常热
情，请张军吃饭，招待十分周到。张军感受到一种同门的温暖，尤其是在自己单干
以后，越发感到蔡门是一个大家庭。苏州的周雪峰、南京的张争耀、北京的张贝
勒，还有上海的师弟师妹，偶尔在老师家里能碰到，同门的情谊不亚于血缘亲情。
他心里冒出个念头，找个机会，比如给老师祝寿，把全国各地的蔡门弟子聚集起来
搞次活动，热闹热闹。

　　机会出现在 2013 年，张军偶然在自己的资料里翻出一份俞振飞大师的《习曲
要解》。那是 90 年代初他刚入团时，蔡老师复印后送给他的。蔡老师当时说，我们

纪念俞振飞大师逝世二十周年追思曲会，蔡正仁与学生们合影
左起：倪徐浩、钱振荣、张争耀、周雪峰、黎安、蔡正仁、沈小明、张贝勒、张军、王福文、卫立、谭许亚

都是俞门的传人，要继续努力学习昆曲小生艺术，并签上了自己的名字。很多往事涌上心头，张军感慨良多。艺术中心运作到了第四年，终于上了轨道。张军心里不知足，这三年里做传统戏的机会很少。他想到，可以把纪念俞老、师门聚会、做传统戏合在一起，搞一次大型演出。于是，便有了这次规模空前的师生展演专场。

一呼百应，张军的提议得到各地蔡门学生的热烈响应，包括他们所在院团的领导。过程非常复杂和辛苦，惊喜也不少，各地学生争着抢着要来上课，请蔡老师拍曲磨唱腔。兄弟姐妹们聚在一起，聊戏聊唱腔，交流被老师抠戏的有趣经验，研究蔡老师的发声方法，讨论小生上场之前要不要吃肉……这场不同一般的同门聚会，引发了意想不到的化学效应。

这是一场由蔡正仁亲自"命题"的考试，最终定下十个剧目，两场演出。18日，卫立（"昆五班"，上海市戏曲学校学生）演出《千忠戮·惨睹》片段，王福文（湖南省昆剧团）演出《长生殿·小宴》，张争耀（江苏省演艺集团昆剧院）演出《贩马记·写状》，周雪峰（苏州昆剧院）演出《长生殿·迎像哭像》，黎安（"昆三班"，上海昆剧团）演出《铁冠图·撞钟》。19日，倪徐浩（"昆五班"，上海市戏曲学校学生）演出《雷峰塔·断桥》片段，张小明（湖南省昆剧院）清唱《渔家乐·藏舟》[降黄龙]，张贝勒（北方昆曲剧院）演出《长生殿·闻铃》，杨楠（上海京剧院）清唱《长生殿·定情》[古轮台]，钱振荣（江苏省演艺集团昆剧院）演出《太白醉写》，张军（"昆三班"）演出《荆钗记·见娘》；最后蔡正仁清唱《邯郸记·三醉》［红绣鞋］、《长生殿·小宴》［石榴花］两支曲子。

专场演出前郑重举行了祭奠俞老的追思曲会，专场后有"俞派唱法"的艺术研讨会，形成一个完整系列的"纪俞"活动。最高兴的自然是蔡正仁，如此大规模的师生展演他从未想过，学生居然替他办成了。而学生的成就，也是老师最大的欣慰，也可告慰俞老在天之灵。

二、蔡门群英

"行云回雪，几度沧桑歌未歇。大好河山，碧管红牙海宇宽。　　盛时新响，应喜后来居我上。老健还加，愿作春泥更护花。"这首《减字木兰花》，是俞振飞老师 1982 年题赠给上海昆剧团的，那时他是"老健"，"昆大班""昆二班"是"新响"。如今蔡正仁也是"老健"了，当化作春泥来培育守护兰苑新蕊。

"昆三班""昆四班""昆五班"，是上海市戏曲学校系统培养的三届昆剧演员。从招生到教学，再到毕业分配，蔡正仁都参与其中，花费了大量心血。

1986 年，上海市戏曲学校招收了第三届昆剧演员班，八个小生，分为两组。张军、张子谦、徐乾、庄斐由蔡正仁主教，汪骏、毛竹、张峰、黎安由岳美缇主教。

蔡正仁很快注意到了张军，有灵气，领悟能力强，爱提问。而蔡老师给张军的印象就是忙，抠戏抠得特别仔细，《亭会》教了两年，《写状》教了三年，《断桥》断断续续也是三年……一句唱腔、一个动作要反反复复学。张军记得，《断桥》中学许仙一句"啊呀，你看……""嗒嗒哈"做动作，而光这个"嗒嗒哈"就练了一两个月。

1994 年，"昆三班"毕业进团。张军等几个小生自然归到蔡正仁门下，重新锻造打磨。作为团长和主要演员，蔡正仁整天忙得像陀螺。他对学生们说："我是团长，上班没有时间，但是戏我一定要教，你们早上来！"9 点上班，蔡正仁 8 点到，带着几个小生练嗓子。张军说："我的嗓子不好，小时候学《酒变》《端阳》《断桥》，前面'谈情说爱'的戏都挺好，一到被吓到，'啊呀'要叫的时候，嗓子就开花了。老师觉得，你演戏都演到这份儿上了，再往上走一下，人物就出来了。可是，我的嗓子往往就在高潮的时候掉下去了。"

蔡正仁坚持，昆曲演员唱功必须过硬，尤其是唱官生戏，不能有一点含糊。可是练嗓是一件极其枯燥的事，在咿咿啊啊中摸索，找准基础音。没有捷径，就是重复，就是模仿。蔡正仁说："当年我模仿俞振飞老师，现在你们就是模仿我。"

忙碌，抠戏，对嗓子的严苛要求，是蔡门学生对老师的共同印象。

与昆曲演员的清贫相比，外面的世界曾经让张军迷茫和彷徨。上世纪 90 年代初，港台流行文化席卷内地，张军是最早的一批弄潮儿。1994年，他和同班的小花脸孙敬华和老生丁声洋组成了"东方部落"演唱组，也就是后来的"风"组合。专业的声音和形体训练，使他们轻而易举地获得了掌声和鲜花，横扫上海滩的PUB。他们觉得找到了自己的舞台，得到了价值认同。可是，渐渐地开始顾此失彼，分心太多，精力不济，迟到早退常有，排练演出心不在焉。

蔡正仁的压力很大："张军作为我的学生，大家的眼睛都是盯着他。你又是老师，又是团长，你拿你的学生怎么办，你要是拿不出办法来，整个'昆三班'怎么办？"蔡正仁没有当面斥责，而是平心静气地找他谈话，劝他想清楚心里是否还爱着昆曲。"事情过去之后，蔡老师找我长谈了一次。他说，欲求是每个人都回避不了的，坚强的人掌控它，软弱的人被它耍；他说，摸着石头过河是年轻人的特权，也是年轻人势必要经历的考验；他说，如果一个人自己没有想清楚昆曲对他意味着什么，旁人干涉又有什么用？每一句都发自肺腑。"张军在他的《我是小生》一书中记录了这段谈话。

1997年初，张军同时得到两份邀请：一份是日本AVEX爱迵唱片亚洲公司与"风"组合的十年长约，全方面打造他们；一份来自美国纽约林肯中心，排练六本五十五折《牡丹亭》，世界巡演，他的"柳梦梅"。张军没有犹豫，选择昆曲，选择《牡丹亭》，并从此与唱歌跳舞"斩断情丝"。蔡正仁对学生的判断是正确的，他深深地爱着昆曲。

六本《牡丹亭》从筹划到排练，历时一年多，蔡正仁任艺术指导，张军饰演柳

蔡正仁给学生张军说身段

梦梅，朝夕相处，耳提面命。而后，师生共同经历了那场"《牡丹亭》事件"。张军的印象深刻极了，"我从来没有见过蔡老师这么沮丧和无助"！蔡老师在他眼里，就是艺术的标准；无论出现什么问题，都会给你一个答案，一个解决方法。这次不同，《牡丹亭》什么时候再演，还能演吗，这些问题蔡老师都无法回答。后来，钱熠离开，蔡老师的一番话让张军终于明白"我干这一行是为什么"。"那么好的一个人才，如果她不明白这个艺术、这个事业对她来说意味着什么，那么，我们再留她也没用。"昆剧出一个好的生、旦演员是多么不易，钱熠出走，最伤心的恐怕就是蔡老师。

　　张军的成长很快，上昆对他的培养也是不遗余力，他先后主演了《牡丹亭》《玉簪记》《妙玉与宝玉》《桃花扇》、四本《长生殿》等多部大戏，继承了三十多出传统折子戏，多次举办个人专场。张军或与蔡老师分饰一个角色，或是老师的"青年版"和B角。有人说，张军越来越像蔡正仁，一个甩袖、一个小腔，都是老师的影子，这是天长日久的熏陶。"蔡老师的艺术、人品对我的影响，很像一个父亲的角色。说起父亲，你永远不需要想起，但是永远也不会忘记。或者说，我从来不想他对我会有什么影响，但如果你细想，就会发现每一样东西都有他的印记。"同时，张军为推广昆剧竭尽全力，他策划并主持的"昆剧走近青年"走遍了上海高校，吸引了大批年轻粉丝；他跨界演出，和日本歌舞伎艺术大师市川笑也合作《游园惊

蔡正仁与学生张军合影

梦》，在台湾歌手王力宏的演唱会上与之合作演唱《在梅边》……昆剧因为张军变得越来越时尚。

张军的大胆尝试，赢得了年轻人的一片叫好声，同时也被指责离昆剧越来越远。批评之声自然传进了蔡正仁的耳朵，蔡正仁倒觉得，如果张军既能演传统经典，又能推广昆剧，何不乐观其成？

2007年3月，张军出任上海昆剧团的副团长。两年半后，前途无量的张军却辞职了，他对老师说："我想从头开始，走一条自己的路。"对蔡正仁而言很突然，他几乎已经认定这个接班人，传其衣钵。但他也了解自己的学生，体制束缚了他，他的世界很大。但是，一个人闯世界，谈何容易。蔡正仁认为，张军正处于艺术上升期，应该多学戏多演戏，主要任务是传承，而不是开拓市场。更多的则是担心，他无法预测这条路将会遇到什么困难，会是怎样的结果。

2009年9月22日，"上海张军昆曲艺术中心"挂牌成立。因为《班昭》走台，蔡正仁没有到场，但请主持人带来了三句话：一是祝贺，祝贺张军的昆曲艺术中心开张；二是请大家支持，事情总是要从头开始做，请方方面面支持；第三，这是个新生事物，老师愿意和他一起干干看。

张军的昆曲艺术中心运行已有六年，有声有色，蔡正仁时时关注。实景版《牡丹亭》演出已近200场，而新编历史剧《春江花月夜》即将推出。其中甘苦，只有张军自己知道，他也更能理解当年蔡老师对他说的那句话："昆曲这个行业太难太难了，非你一己之力所能改变。"而作为一个团队的领导，他也越来越明白蔡老师那些年担任团长时的辛苦、劳累和无奈。

黎安，是"昆三班"另一个出挑的小生。在戏校时，黎安最初被分到了老生组，岳美缇一眼相中了这块璞玉，把他调到了小生组。黎安由岳美缇老师主教，以巾生戏为主，也曾向蔡正仁学过《断桥》。毕业后分到上海昆剧团，黎安开始并不冒尖，又高又瘦。有人觉得他不适合演小生，劝他改行，岳美缇却坚持："黎安30岁的时候，会是最好的。"黎安一直默默坚持着，努力着。蔡正仁也注意到了他的专心和用功，只要黎安提出想学什么，他总是尽心地教。

1998年，上海昆剧团开排六本《牡丹亭》，蔡正仁要求，凡是不参加《牡丹亭》剧组的年轻演员，一定要坚持学戏、排练和演出。这段时间，黎安承担了大量演出任务，每周末在"兰馨舞台"两场折子戏，就他一个小生。戏是学一个演一个，成长很快。蔡正仁不允许演员戴小话筒，只在台口各安一个，要求练出嗓子的真功夫。这期间，黎安主演了自己的第一台原创大戏《白蛇后传》，饰演许仙之子许梦蛟。他在舞台上变得自信，演戏也松弛了，脱胎换骨。此后，演大戏的机会接踵而至，《墙头马上》《占花魁》《玉簪记》……他都能挑起大梁。2003年2月，黎安、沈昳丽主演的实验昆剧《伤逝》首演，黎安凭借此剧获得上海白玉兰戏剧表演艺术主角奖。慢慢地，上海昆剧团形成了张军和黎安两个小生比肩的形势。

2005年，四本《长生殿》开排，黎安在第二本《霓裳羽衣》里饰演唐明皇，并担任第四本《蓬莱重圆》的唐明皇B角。这是黎安在艺术上的转折点。第二本，主要表现李、杨二人的恩爱和甜蜜。前有张军，后有蔡正仁老师，稍一懈怠，他的唐明皇就可能暗淡无光。黎安下足功夫，整整一个夏天，排完正戏以后，都留下来练击鼓。功夫不负有心人，在正式演出中，唐明皇现场击鼓，为贵妃舞盘伴奏，大放异彩。第四本里的《迎像哭像》大致按传统折子戏的演法，黎安新学了这出大官生的重头戏，像模像样，演唱表演都很有分量。这让蔡正仁看到了他大官生的潜力，岳美缇老师和众多老艺术家都认为他应该往官生方向发展，拓展戏路。

"外表温和，内心坚定"，这是岳美缇对学生黎安的评价，巾生和官生，虽同属于小生行当，但唱念和表演都有很大不同。从巾生到官生，黎安私下里花了多少工夫，没人知道，观众看到的是一个又一个精彩的官生戏。

2010年，"五子登科"个人专场，黎安演出了官生戏《见娘》《太白醉写》，都

蔡正仁和学生黎安合影

是蔡正仁的看家戏。《太白醉写》尤其让人惊喜，之前没有学生演过，因为难度太大。直至 2010 年，江苏省昆剧院的青年演员钱振荣提出想在个人专场中演出《太白醉写》，求教于蔡正仁，蔡正仁欣然同意。黎安听说蔡老师要教，机会不容错过，也决定要将这个戏列入自己的个人专场之中。念白、动作学得差不多了，"李白"和"高力士"要合排，但黎安接到了到江西演出《牡丹亭》《紫钗记》的任务。时间紧迫，蔡正仁和刘异龙便随团出发，趁着演出间隙教戏排练。11 月 13 日，黎安第一次演出这折高难度的《太白醉写》，中规中矩，形神俱佳。蔡正仁对学生的表现也很满意，"黎安比我第一次演的时候要好得多"，希望他能多演多体会，进一步提高，"应该要超过我们这些老师，一代胜似一代"。

2012 年底，由《铁冠图·撞钟分宫》改编整理的历史剧《景阳钟变》（后更名为《景阳钟》）开排，黎安主演崇祯帝，蔡正仁担任艺术指导。蔡正仁没有面面俱到手把手地指导，黎安已经是个成熟的演员了，定一个大的框架，由他自己发挥、琢磨，慢慢填满，完成这个角色的塑造。《景阳钟》几经修改，大获成功，入选"国家舞台精品工程"，黎安因此获得第 26 届中国戏剧梅花奖。

黎安一步一步，走得坚定又踏实，而且越来越好。

"昆四班"具有实验性质。考虑到昆剧接班人断层问题，1999 年，上海市戏曲学校招收了一批具有初中学历的学生。20 个学生来自上海，还有 10 个是永嘉昆剧团委培，共 30 人。"昆四班"出了两位出挑的女小生：翁佳慧和胡维露，岳美缇一手调教，视作掌上明珠。蔡正仁教她们《亭会》，拍过《迎像哭像》，拓宽戏路。中专毕业时，来自永嘉的胡维露应该回去，可是她想多学两年戏，想留在上海考大专。她有可能因此失去原本的工作机会，前途未卜。正在左右为难时，蔡正仁鼓励说："只要你把戏学好了，到哪都有机会。"最终，胡维露和同来自永嘉的汤泼泼考进了上海市戏曲学校的昆剧大专班。

毕业后，翁佳慧和胡维露都顺利地考入了上海昆剧团。2010 年，翁佳慧受邀参加北方昆曲剧院《红楼梦》剧组，出演上本的贾宝玉。蔡正仁担任此剧的艺术指导，有更多的交流。2014 年，翁佳慧正式调入北方昆曲剧院。2012 年 6 月 30 日，在第五届中国昆剧节上，蔡正仁正式收胡维露为徒。一个女小生拜了蔡正仁，颇令人意外。他们的师生缘分最早就是从一出官生戏《写状》开始的。

2009 年夏天，第五届全国昆剧演员培训班在上海举行，蔡正仁与华文漪主教《贩马记·写状》，张静娴、岳美缇主教《西楼记·楼会》。胡维露两个戏都学，加之团里又有排练演出任务，所以《写状》只学了个大概。没想到被蔡老师点了名回课，胡维露自觉演得七零八落。虽然丢脸，倒也没太往心里去，她从未想过自己会去演官生戏。培训班结束，团里要求彩排汇报。在中山南路的排练厅里，团里的老

蔡正仁给学生胡维露说《亭会》

艺术家坐了一排，胡维露再次硬着头皮演了一回《写状》。没想到，演出效果很好，老师们都说她的赵宠有点意思。蔡正仁鼓励她应该学些小官生戏，但胡维露不自信。女小生演官生戏，无论是嗓子，还是形象，都有点吃亏。蔡老师就说她可以，一再打消她的顾虑："你不要还没开始学，就打退堂鼓。学戏胆子要大，把嗓子练出来，多学些戏，只有好处。"胡维露就这样被蔡老师鼓励着加工了《写状》，新学了《见娘》。嗓子大有起色，戏路也宽了。

"昆五班"招收于2004、2005年，分为大小两班。为了争取最好的生源，上海市戏曲学校第一次面向全国招收10年制本科学历的昆剧演员，从4000多名考生中精挑细选出60名。"昆大班"的艺术家们，不顾年事已高，全身心投入培养这批新生力量。"昆五班"，是极为幸运的。小生班，前三年打基础，由"昆四班"的翁佳慧开蒙教授《拾画叫画》，之后由岳美缇老师教授《惊梦》等巾生戏。2006年，全国昆剧小生演员培训班的时候，"昆五"的小学员就和师兄师姐一同进入"高级进修班"，旁听了《写状》和《楼会》。蔡正仁正式教他们的第一个戏是《亭会》，小生的基础戏。

如今，"昆五班"小生倪徐浩、谭许亚、卫立已崭露头角，并相继毕业，进入上海昆剧团工作。三个学生的方向也已明确，倪徐浩工巾生，随蔡正仁学过《断桥》；谭许亚适合小官生，戏路较宽；卫立则较为沉稳，在大官生上颇有潜力，已学演了《写状》《八阳》《见娘》《迎像哭像》等官生戏。入团工作，成为一名正式

蔡正仁给学生倪徐浩说《断桥》的身段

的演员，对他们而言，艺术的道路才刚刚开始，必须要在舞台上锻炼个十年八年才能成熟。蔡正仁希望他们能多学多演，不懈怠，不自满，未来的舞台是属于他们的。

由此，上海昆剧团形成了"昆三""昆四""昆五"三个梯队的演员阵容，四十、三十、二十岁，各个年龄层都有主力演员，这也是蔡正仁所期待的。

蔡正仁很早就开始教外团的学生，江苏省昆剧院和北方昆曲剧院都有他的学生。

20 世纪 80 年代初，蔡正仁受邀到江苏省戏剧学校教学。这批昆剧专业的学生招收于 1978 年，已经学了几年基础，便邀"昆大班"的老师们来教戏。蔡正仁很忙，不能长时间留在南京，学校就将学小生的程敏送到上海学戏。1985 年，程敏毕业进入江苏省昆剧院工作，便提出正式拜在蔡正仁门下。5 月 16 日，蔡正仁与俞振飞老师同时收徒，俞老收邓宛霞，他收程敏，一时传为佳话。程敏很像蔡正仁，形象、嗓音都像，遗憾的是他于 2008 年移居美国，离开了昆剧舞台。

蔡正仁在南京正式收的第二个学生是张争耀。2005 年，在上海建立了"昆曲表

《乔醋》拍曲，蔡正仁右手起：胡维露、黎安、倪徐浩、谭许亚、卫立

俞振飞与学生邓宛霞（右一），蔡正仁与学生程敏（左一）合影

蔡正仁和学生张争耀合影

演人才培训中心"，文化部国家昆曲艺术抢救、保护和扶持办公室每年主办一期
"昆曲演员培训班"，由上海戏剧学院戏曲学校和上海昆剧团承办。2006 年 7 月和
2009 年 8 月举行了两期"昆曲小生演员培训班"。第一期，蔡正仁主教《琵琶记·
书馆》；第二期，蔡正仁和华文漪主教《贩马记·写状》。培训班吸引了全国七大昆
剧院团的小生演员，甚至有其他剧种的演员慕名而来，要求旁听。许多人都是第一
次听蔡正仁教课，为其艺术魅力所深深折服，张争耀便是其中之一。张争耀是程敏
的学生，按辈分，是蔡正仁的徒孙。这个八五后的年轻小生，扮相好，嗓子也好，
天生一副官生的嗓子，蔡正仁觉得好好雕琢，必成大器。两人恰又都是苏州吴江
人，又添了一份同乡的亲切。经吴江市文联穿针引线，时任江苏省昆剧院院长的柯
军亲自登门拜访，蔡正仁欣然收下了这个小徒弟。蔡正仁给张争耀细说了《雷峰
塔·断桥》和《玉簪记·偷诗》，2010 年 9 月 4 日，张争耀在南京兰苑举办了第一
次个人专场。专场结束，即举行隆重的拜师仪式。第二次个人专场，演了《迎像哭
像》。2015 年 1 月，第三次个人专场，演了《定情赐盒》《絮阁》《惊变》三折。张

争耀已完成《长生殿》大部分传统折子戏的学习，有待于进一步巩固、加工和打磨。

　　蔡正仁到北昆教戏是"昆大班"的同学蔡瑶铣牵的线。1979年，蔡瑶铣从上海昆剧团调往北方昆曲剧院工作，虽然分隔南北，但与蔡正仁等老同学老同事时常联系。80年代初，北昆招收了学员班，培养接班人。80年代中后期，受蔡瑶铣和北昆的邀请，上昆的艺术家纷纷来给小学员上课。当时有三个小生——王振义、邵峥、温宇航，十四五岁。蔡正仁最早教的是《写状》，教完了，看还有时间，就把《三拉》《团圆》续上，这样就算是教了一个完整的《贩马记》。1993年，蔡正仁作为全国政协委会到北京开会。在妇联大厦二楼的一个空场上，他乘着开会间隙，又给邵峥细说了一遍《三拉》《团圆》。之后，《贩马记》成为邵峥的常演剧目。蔡正仁又陆续教了他们《见娘》《书馆》等小生的基础戏。如今，三个小生各自发展，邵峥为北昆的当家小生，王振义进入中国戏曲学院任教，温宇航则成为台湾国光剧团的主要演员。

　　张贝勒，北昆年轻一辈的小生演员。2001年入北方昆曲剧院做学员，不久即开始"倒仓"，长时间不见恢复，几乎被判了"死刑"。2007年，蔡正仁出差到北京，这个年轻人诚惶诚恐地敲开了他的房门，蔡正仁问明来意，就让张贝勒喊了两句，

蔡正仁给学生张贝勒说身段

指出他在发声上的误区，并带着做简单的发声练习。蔡正仁嘱咐他要有信心和耐心，照此练习一个月后，到上海汇报。不得不说，张贝勒当时的嗓子状况很糟糕，蔡正仁没抱太大的希望，但也不想打击这个年轻人。没想到张贝勒就认准了蔡老师，一个月后如期赴沪。整整半个月，蔡正仁给他细说了《闻铃》的唱腔，强调了用嗓的方法，开始了日复一日地练嗓和学戏。张贝勒虔诚地严格地按蔡老师的方法模仿、练习，一个一个音地练，一个一个台阶地爬。四年，几乎没有演出，经过了无数次崩溃、绝望，他坚守着对老师的承诺，咬牙坚持着，终于在2012年的春天"破茧成蝶"，迎来属于他的那一片天空。

2012年5月，文化部在上海举行"全国昆剧优秀中青年演员汇演"，蔡正仁为学生争取到了一个参演名额，就演《闻铃》，帮他缩减整理，加工打磨。20日晚上，当张贝勒唱出"万里巡行"第一句时，四座皆惊。太像蔡正仁了，声音像，吐字行腔也像。虽然气质、火候与老师相去甚远，但学得很认真很努力。观众报以热烈的掌声和喝彩，蔡正仁的老搭档张洵澎更笑称"张贝勒"为"蔡贝勒"。之后，张贝勒亦步亦趋跟着蔡老师一句唱一句唱地磨，一个戏一个戏地学。如今已能将折子戏串起来，演一个完整的《长生殿》了。他往来于北京和上海，不放过任何一个向老师学习的机会。上课之前，他总是反复听录音，看录像，做到烂熟于胸，再请老师细说。张贝勒的仔细和勤奋，蔡正仁常用来激励其他学生。

说起勤奋刻苦，苏州昆剧院的周雪峰也算一个。

2000年，首届中国昆剧艺术节在苏州举行，那时候苏州昆剧院还叫苏昆剧团，推出了一个由四组年轻演员合演的《长生殿》。周雪峰便是其中一个唐明皇，演《絮阁》和《密誓》两折。"那时候我们才刚毕业一年，不知道天高地厚，也从来没演过大官生，团里请了老师来排，我们就这么上去演了。"周雪峰回忆起那次演出《长生殿》的经历，感慨万分。蔡正仁看了那场演出，觉得一些青年演员的基本功不到位，个别折子戏还不够准确。他便提出利用休息日到苏州为青年演员拍唱、说戏，大家真是求之不得。蔡正仁那时候还是团长，忙极了，他对学生们说："我不能常常来，但是只要你们想学，可以到上海来，我一定会像我的老师教我那样，教你们。"周雪峰在四五个小生里，并不出挑，但他牢牢记住了蔡老师的这句话，开始往返上海、苏州学戏。

从2000年底开始，每逢双休日，周雪峰就坐最早的一班火车——绿皮车，赶到上海，蔡老师就在上海昆剧团的办公室里等他。有时候白天没空，晚上就在蔡老师家里学戏。他再坐当天的夜车回苏州，为了节省一晚的住宿费。近一年，蔡老师从头教《断桥》，一点一点抠，从唱念到身段，周雪峰记得光一个落腮腔就练了大半年。2001年，苏州青年演员汇演，周雪峰凭借《断桥》获得了金奖。之后，《拾

蔡正仁给学生周雪峰说身段（庞林春摄）

周雪峰（左一）"申梅"专场预演后，蔡正仁连夜说戏

画叫画》《见娘》《迎像哭像》《惨睹》……如此年复一年，不间断地，老师尽心尽力地教，学生全心全意地学。

跟着蔡老师，最重要一点就是练嗓，要准确要到位，不能有一点含糊。蔡老师说要在空旷的地方练嗓子，周雪峰就到车棚里练。他一喊，所有助动车的警报器就跟着叫。"我就这么喊，喊到人家的车都没电了。你嗓子不够，人家车还不叫呢！"练了十五年，能唱大官生了，但周雪峰还是觉得嗓子不够用，还要练。

2015年4月，蔡正仁有大半个月的时间都在苏州昆剧院给周雪峰打磨"雪峰之吟"申报梅花奖专场的三个折子戏：《跪池》《见娘》《迎像哭像》。高强度的排练让周雪峰有点吃不消，很久没这么被老师骂了，他累并快乐着。"能让老师这么紧一紧，归一归，机会难得啊！"一个月后，好消息传来，周雪峰获得第27届中国戏剧梅花奖。

湖南省昆剧团的王福文，是蔡正仁最近收的一个学生。王福文毕业于湖南省艺术学校湘昆科，曾赴上海市戏曲学校进修。蔡正仁教过他，但印象并不深刻。王福文毕业回了湘昆，演出机会不多，学的戏也渐渐生疏了。2009年在上海举办的昆剧小生演员培训班，王福文也来了，汇报演出《写状》，蔡正仁评价他就是"乱来"。

蔡正仁给学生王福文说《拾画叫画》的身段

其他学生或多或少都学过，可王福文从来没学过，基本功也有问题。王福文承认自己的差距，故而奋起直追。

2012 年 7 月 28 日，王福文正式拜在蔡正仁门下。第一个加工的戏是《亭会》，王福文说被蔡老师骂到想哭，全身被敲打了一遍，但结果很好，汇报演出广受好评。2014 年底北京《牡丹亭》汇演，湘昆的"天香版"《牡丹亭》是一匹黑马，出乎意料地受欢迎，观众、专家都说好。这一年，王福文来上海，或是蔡老师去湖南，《惊梦》《拾叫》《幽会》一折一折地拍曲教身段。蔡老师很严格，唱念不熟不教身段。那段日子王福文真是做梦都在背词背唱腔。蔡正仁看到了王福文学习的诚心，深知自己基础差，一招一式老老实实规规矩矩地学。《牡丹亭》学完，脱胎换骨。2015 年学《贩马记》，王福文已经做好了准备，绝对不会再"乱来"。

蔡正仁还有不少京剧小生的学生，1984 年，蔡正仁正式收的第一个学生就是扬州京剧团的小生演员韩丰。上海京剧院的杨楠和金喜全都向他学过戏。杨楠在上海市戏曲学校时，就向蔡正仁学过《写状》，十分钦慕，心中便一直存着能继续学戏的念头。蔡正仁在为俞振飞大师《凤还巢》《三堂会审》两出戏的录音配像时，杨楠全程在场协助，再次零距离学习了俞派艺术。常常是拍一段，蔡正仁便向他讲解一段，每一个眼神、动作都分析入微，令杨楠获益匪浅。蔡正仁一直记得杨楠的《写状》先前学得不瓷实，有外地学生专程赴沪学习这折戏，他特地叫上杨楠，重又给他细说了一遍唱腔和身段。说起这些事，杨楠的幸福与感激溢于言表。精华版《长生殿》，杨楠也学习并演出了。

蔡正仁一直有一个遗憾，俞振飞老师的京剧小生戏，他学了演了，但没有系统地教过。俞老京昆不当，京剧小生戏别有一格，有昆曲打底，表演特别细腻丰富。蔡正仁想着，只要有时间有精力，京剧小生也要多教教。

三、俞脉相承

2008 年 9 月，蔡正仁在上海和北京分别举行个人专场。9 月 24 日，北京专场的第二天，"蔡正仁表演艺术研讨会"在中国戏曲学院召开。戏剧理论家刘厚生，几乎是看着"昆大班"长大的，1960 年底赴港演出，就是他带的队。他说："正仁从小被称为'小俞振飞'，我想这个帽子不能戴一辈子，现在经过几十年的学习，应该称为'大蔡正仁'。蔡正仁之所以成为今天的蔡正仁，因为他有一个群体，就是'昆大班'这样一个优秀的群体，有这么一个群体在舞台上的相互合作。当然，其中也有友好的竞争，正仁得以脱颖而出。"

从"小俞振飞"到"大蔡正仁"，是半个世纪的艺术坚守与探索。俞振飞大师学生众多，均自成一格，成绩斐然。就继承而言，蔡正仁学俞有两个特点，一是全，二是像。巾生、（大小）官生、穷生、雉尾生四个行当，蔡正仁均得俞师真传，其中尤以官生造诣最高。蔡正仁继承了俞振飞大师京昆不当的艺术特色，其京剧小生也有极佳的口碑。1964年，即是在俞老师的推荐下，蔡正仁在北京向京剧小生名家姜妙香学习了《玉门关》。"文革"后，蔡正仁随俞老大师系统学习京剧小生，《白门楼》《罗成叫关》《凤还巢》《春闺梦》《玉堂春》等，颇得俞派精髓。此谓之"全"。蔡正仁的嗓音行腔、身段动作酷似俞师，乃业界公认。据俞振飞的大弟子薛正康回忆，有一次蔡正仁要演京剧《十三妹》，但没学过，俞师便嘱咐薛正康给蔡正仁说戏。其实，薛正康也只看过俞老演出此戏，凭记忆说了位置、身段。俞师看完蔡正仁的《十三妹》后，大呼"后悔"，没有找人录下来。原来，俞振飞许久未演《十三妹》，有些地方已经记不清了，一看蔡正仁演出，全都想了起来，当时自己就是这么演的。由此可知，蔡正仁"像"俞师，不仅在于一招一式的"像"，而是整体艺术风格的继承。因为蔡正仁较为全面、深入地继承了俞振飞大师的京昆艺术，故而在"中国京剧音配像"工程中，俞振飞的十几出京昆经典代表作，都由蔡正仁配像。

如果仅仅是"像"，蔡正仁则永远只能是"小俞振飞"，而成不了"大蔡正仁"。蔡正仁不敢言"大"，他继承了俞老师的艺术，又演出了自己的特色和品格，使俞

蔡正仁与京剧名家尚长荣合唱《九江口》（元味摄）

老之艺术更具光彩。他也希望俞派后学能青出于蓝而胜于蓝，能真正把俞派之精髓传承下去。

戏剧理论家刘厚生提出"大蔡正仁"的概念，肯定了蔡正仁对昆剧小生艺术的拓展和发展，特别表现在剧目角色和表演风格上。俞老多演传统戏，而本戏则只《墙头马上》一部。蔡正仁则因为上昆的发展，参演了大量新剧目，如在《班昭》中塑造了马续这一全新的人物。再如交响版《牡丹亭》和三本《牡丹亭》，皆在传统基础上整理创作，柳梦梅的形象也更为丰满完整。最为突出的是《长生殿》，俞老常演《惊变》《迎哭》等经典折子戏，但没演过单本戏《长生殿》；蔡正仁则先后演出了八七版《长生殿》、四本《长生殿》和精华版《长生殿》。相较于俞老的儒雅潇洒，蔡正仁的表演更加厚重朴实，表达情感饱满而热烈，感染力强。刘老用"雍容纯厚"四个字形容蔡正仁的表演，准确恰当。

2011年，蔡正仁受台湾昆曲研习社邀请，在台为曲友们拍曲，并专门做了两次俞派唱法的讲座，巾生、官生各一次。这次台湾之行也引发了他的思考，昆曲一定要重视唱念，重视唱念则必须深入研究"俞家"唱法，并将之提升至理论高度。蔡正仁希望自己今后的工作重点，一半放在教学上，一半放在研究上。教授"俞家

蔡正仁与刘厚生老师合影

俞振飞老师给岳美缇（左一）、蔡正仁（左二）等教戏

唱"，研究"俞家唱"，传承和研究两者结合，才是对老师最好的继承。

俞振飞之表演艺术，众人论述，多在其"书卷气"。而蔡正仁几十年来学习、表演，体会最深的是三个字：稳、准、狠。稳，关键在于准确表现人物的身份和气质。无论是风流倜傥的书生，还是威仪赫赫的帝王，或是狂傲不羁的李白，俞老师的表演首先让人感觉贴切，有分量。准，就是恰到好处，对人物"领会准确，夸张有度"。多一分则讨嫌，少一分则无味。狠，就是关键之处，"逮住了要狠狠咬一口"。俞老师常常告诫说："逢到又长又高的唱腔时你千万不要让它一带而过，应该逮着它死死不放，狠狠地咬上一口才行，否则就白唱了。"所以，碰到高音、开口音，一定要面对观众，用尽全力唱出来，这样才能抓住观众。当然，那一口咬得狠不狠，还要看你嗓子的功力。虽然只有三个字，却凝结了俞老师舞台表演的大学问。蔡正仁在几十年的艺术生涯中，一点一点揣摩领悟，再将这些经验传给自己的学生。

蔡正仁总结自己对俞老的继承，昆剧代表剧目传承比较成功，理论总结和研究做得太少；京剧代表剧目的传承，做得不够。在晚年，无论十年二十年，只要还能唱得动、演得动、教得动，蔡正仁将矢志不渝地将"俞脉"传承下去。

第十章

退而不休

　　我觉得演员是没有退休的，尤其是昆剧演员。现在，昆剧整体形势比以前有很大改善，但还没有进入理想的发展阶段。所以，还需要我们多做一点事情。教戏、排戏、演出，只要我能做的，都尽力去做。这是我的责任，而且乐在其中。

——蔡正仁

　　2007 年 7 月 23 日，蔡正仁正式卸任上海昆剧团团长一职，时年 67 岁。蔡正仁并没有选择轻松闲适的生活，反而更加忙碌，并进入他艺术生涯的另一个高潮。2007 年四本《长生殿》的成功和 2008 年引起轰动的个人专场，只是这个高潮的序幕。

一、专场和《撞钟分宫》

　　2008 年 9 月 5 日，在逸夫舞台，蔡正仁举行了他生平的第一个专场——"雅部正音：蔡正仁艺术传承专场"。之前，他没有时间，没有精力，作为一团之长也不方便举办个人专场。

　　专场以"传承"为主题，前半场是各地学生演出老师的代表作，后半场是蔡正仁自己的重头戏——《撞钟分宫》，演绎明王朝和崇祯帝的最后时光。这出戏已绝响舞台近二十年，有人想看，他也想演。如果再不演，可能真要失传了。借这个机会整理、复排、传承，这出代表大官生最高难度的戏才有机会留下来，传下去。

　　那年，蔡正仁 68 岁，复排这样一出唱做俱极繁重的戏，对嗓子、体力都是极大的考验。带着压力，蔡正仁全心投入排练。时值酷暑，绍兴路 9 号的排练厅里，笛声悠扬，众人挥汗如雨。二十年前，"王承恩"是"昆大班"的沈晓明，"周皇后"是"昆二班"的张静娴。这一次，缪斌饰王承恩，陈莉饰周皇后，袁佳饰公主，杨文英饰太子；笛师钱寅，鼓师李琪。除了"王承恩"，都是"昆三""昆四"的年轻人。

9月5日，福州路的天蟾逸夫舞台灯火通明，嘉宾如云，观众翘首企盼这场昆坛盛宴。

大幕拉开，《亭会》［风入松］开场，"昆四班"的胡维露和"昆五班"的倪徐浩、陈毅、卫立、谭许亚五个小生同饰赵汝舟。这是蔡正仁最年轻的一批学生，青春靓丽。第一折《白蛇传·断桥》，来自苏州昆曲博物馆的肖向平（现为北方昆曲剧院演员）饰演许仙，以巾生应工。《断桥》是蔡正仁的小生开蒙戏，他有许多故事都发生在"许仙"身上。第二折《长生殿·惊变》，来自苏州昆剧院的周雪峰饰演唐明皇，以大官生应工，昆剧名家、蔡正仁的老搭档张洵澎饰杨贵妃。第三折《彩楼记·评雪辨踪》，"昆三班"的黎安饰演吕蒙正，以穷生应工，沈昳丽饰刘翠屏。第四折《荆钗记·见娘》，北昆的小生邵峥饰演王十朋，以小官生应工，江苏省昆剧院的著名老旦王维艰饰演王母，上昆张咏亮饰李成。第五折《连环记·小宴》，"昆三班"的张军饰演吕布，以雉尾生应工，来自浙江昆剧团的徐延芬饰貂蝉，上昆青年老生袁国良饰王允。

五折戏，涵盖巾生、大小官生、穷生、雉尾生四个小生行当，风格迥异，各有特色。蔡正仁是当今昆坛，唯一一个四个行当皆擅的小生演员，其全方位的艺术造

专场演出后，蔡正仁与学生和嘉宾演员合影
前排左起：卫立、倪徐浩、谭许亚、陈毅、张军
后排左起：肖向平、邵峥、王维艰、蔡正仁、周雪峰、胡维露、沈昳丽、黎安、徐延芬

诣也令后辈学生无限景仰和钦佩。学生们是铆足了劲演出蔡老师的看家好戏,可不能给老师丢脸啊!他们既演给观众看,也演给老师看,师兄弟之间还互相较着劲,演出高潮迭起,精彩纷呈。

演出间隙,京剧名家尚长荣,俞振飞夫人、京剧程派名家李蔷华,著名戏剧评论家、原中国剧协副主席刘厚生等先后上台,讲述他们与蔡正仁几十年的艺术交往与深厚情谊。

中场休息后,《撞钟分宫》终于开演了。蔡正仁饰演的崇祯帝一出场,便是如雷的掌声。接下来的一个多小时,所有人都沉浸在蔡正仁令人惊叹的表演中。

崇祯帝其时不过三十出头,但李自成直逼京城,"旦夕江山难保",即便"励精图治",也无法改变明亡之势。所以,崇祯帝一出场,就是忧心忡忡,双眉不展,关键在"沉重"二字。

《撞钟分宫》,蔡正仁饰崇祯

《撞钟》，崇祯帝见大势已去，冒风雪夤夜探访国丈周奎，欲托付太子，却闻歌舞升平，家人不予通报。"奏笙歌夜宴欢呼，全不想邦家危困"，崇祯又惊又怒。王承恩劝解："请万岁回宫，将景阳钟撞起，待等文武百官到齐……"崇祯重又燃起希望，命王承恩三次撞起景阳钟。第一次，无一人前来；第二次，老将李国桢前来，告知军中无饷，难以为继，崇祯命将宫中所有值钱物件均充作军饷；第三次，九门提督杜勋前来，崇祯委以监军重任，其实杜勋早已暗中投降李自成。观众看到此时，已知明王朝之结局。这三次撞钟，蔡正仁的念白和表演从沉重到激烈，层层递进，张弛有度。夜深更尽，崇祯已是筋疲力尽。正欲回宫之时，听到一声衰弱的鸡鸣，崇祯顿时毛骨悚然，犹如冰水灌顶，浑身颤抖，双目发呆，散发绝望的信息。

《分宫》，监军杜勋私开宫门，李自成长驱直入。崇祯领皇后、太子、公主到太庙哭告，然后令太子逃生，刺死公主，继而皇后自尽。最后，崇祯绝望而孤独地走出神武门，前往煤山……这一段表演可谓惊心动魄。他出神武门，背对观众，用一个强烈的耸肩颤抖的动作表明其心中的绝望，然后转身，三次大甩袖，迈开大步走向死亡。

蔡正仁借鉴了京剧衰派老生的表演，尤其是京剧大师周信芳的表演方法，使崇祯这个人物更加厚重沧桑。蔡正仁以68岁的高龄出演《撞钟分宫》，无论是大段的唱念，还是繁复的身段，依然游刃有余。在表现崇祯皇帝的焦虑绝望时，仍不失"王者"风度。他在舞台上的爆发力和掌控力，令人叫绝。

演出结束，掌声经久不息，鲜花涌上舞台！谢幕时，蔡正仁说："昆曲还要发展，大家更须努力！"又引发了一阵如雷般的掌声。"这辈子总算赶上了！"观众难掩兴奋与激动，久久不愿离去。

半个月后，"蔡正仁表演艺术专场"移师中国戏曲学院大剧场，以此祝贺由中国戏曲学院和首都师范大学联合创建的中国戏曲研究中心成立。2008年9月23日晚上，群贤毕至。这次专场演出的戏码是：《红梨记·亭会》（胡维露）、《千忠戮·惨睹》（蔡正仁、缪斌）、《西厢记·佳期》（倪泓）、《牡丹亭·惊梦》（蔡正仁、张洵澎）、《西游记·借扇》（谷好好、赵磊）、《撞钟分宫》（蔡正仁）。较之上海专场，蔡正仁又加演了《惨睹》《惊梦》两折精彩好戏，演出气氛之热烈，观众之疯狂，更胜过上海。演出结束，观众如潮水般涌进后台要求合影签名，蔡正仁被淹没在激情之中。

如今，《撞钟分宫》名声在外，成了蔡正仁每年必演的剧目，香港、台湾邀请演出也多选此剧。每次演出，都在不断修改，精益求精。在蔡正仁的剧本上，密密麻麻地写着唱词的工尺谱，改动的唱念，每个人的地位，以及在演出中发现、尚靠

《撞钟分宫》，蔡正仁饰崇祯，缪斌饰王承恩

《撞钟分宫》，蔡正仁饰崇祯，陈莉饰皇后

《撞钟分宫》，蔡正仁饰崇祯（海青歌摄）

《惨睹》，蔡正仁饰建文帝，缪斌饰陈济

《牡丹亭》，蔡正仁饰柳梦梅，张洵澎饰杜丽娘

待解决的问题。在《撞钟》末的一个角落里，蔡正仁用铅笔写着："原设计皇帝身披斗篷，然后在表演中掉在了地上。仔细想来，想把此动作免了。一来斗篷掉在地上并不好看，二来也无此必要，故免了倒也干净。2014 年 7 月。"

更令蔡正仁高兴的是，《撞钟分宫》后继有人。黎安学习传统戏，并主演了以之改编的《景阳钟》，大获成功，一举荣获第 26 届中国戏剧梅花奖。电影《景阳钟》也在 2015 年拍摄完毕，计划去 2016 年上映。

二、讲座和清唱会

赴各地讲座，是蔡正仁在教戏、排戏、演出以外，参加得最多的活动。有普及性讲座，也有专业性较强的拍曲、讲戏课。普及性讲座，蔡正仁就讲自己学戏的经历、昆剧小生的特点，并示范表演。从未接触过昆剧的观众，都能被他深深打动。大学和曲社，是两个固定要去地方，系统性、专业性比较强。北京大学、香港城市大学、香港中文大学、台湾大学，都常设昆剧欣赏课程，每年都会邀请蔡正仁前去讲学。

蔡正仁在香港城市大学做讲座

233

"兰韵正浓"清唱会（海青歌摄）

　　从2011年起，由台北昆曲研习社策划组织蔡正仁"俞派唱法传承计划"，至今已坚持了五年。以给曲友拍曲的方式，讲解示范小生演唱，并强调俞家唱法的规范。2013年春天，蔡正仁在香港城市大学举办了为期两个月的系列讲座："毕竟是文章误我——谈《琵琶记·书馆》"，"残霞落日空凝望——谈《长生殿·哭像》"，"三百载皇图一旦抛——谈《铁冠图·撞钟分宫》"……代表剧目一个一个地讲解分析。各大院校的昆剧欣赏课方兴未艾，蔡正仁的邀约不断。

　　清唱会，是最近几年兴起的一种演出形式，蔡正仁很喜欢，契合他对昆曲唱念的重视。2013年3月，在上海东方艺术中心举行了"兰韵正浓——昆剧国宝艺术家专场"，下午清唱会，晚上折子戏演出，汇集了江浙沪京四地的昆剧名家，展示昆曲演唱艺术。蔡正仁演唱了《千忠戮·惨睹》，和张静娴合作了《琵琶记·盘夫》。2014年6月，作为北京大学"经典昆曲欣赏课程"的一个内容，"风华绝代　仁者清音——昆曲大师蔡正仁、华文漪清唱雅聚"举行，两人合作演唱了《断桥》《游园惊梦》《小宴》三折戏。各地昆曲迷们闻风而动，涌进了北大百年讲堂。蔡正仁和华文漪着便装，清唱为主，辅以身段动作，点到为止。看似随意，却无处不是戏。观众们屏气凝神，聆听两位大师的演唱，没有庞大的乐队、炫目的灯光，声音成为欣赏的中心，水磨腔回荡在每一个角落，三日不绝。7月，在香港举行了范围更为广阔的"昆曲清唱会"。11日是世界各地曲友清唱会，来自上海、南京、苏州、北京、香港、台湾，以及美国纽约海外曲社的曲友们汇集一堂。曲友在昆曲的发展过程中，起到了举足轻重的作用。他们对于咬字、四声、行腔、气息的讲究和研究，甚至超过了专业演员。两者互相促进，同行并进。第二天是专业演员的清唱会，江浙沪京四地艺术家登台，蔡正仁演唱了《千忠戮·惨睹》[倾杯玉芙蓉]和《长生殿·哭像》[叨叨令][脱布衫][小梁州]。这场演唱会，于清音之中又添几分曲情，是另一番情致。

三、又拿奖了

2014年12月，就在蔡正仁在北京排演"大师版"《牡丹亭》的时候，从上海传来喜讯，他荣获上海第六届"上海文学艺术奖"杰出贡献奖。祝贺电话、采访电话络绎不绝，原本忙碌的排练变得更加紧张。

"上海文学艺术奖"是上海文化艺术领域最高的综合性奖项，1991年创立。自2002年第五届后，中断12年，这次重新启动的意义和分量自然不同。

蔡正仁非常高兴，却也有人抱不平。"上海文学艺术奖"分为"终身成就奖"和"杰出贡献奖"两大类，以蔡正仁在当今昆坛的地位和贡献，获得"终身成就奖"似乎也是理所当然。蔡正仁摆摆手说："不能这么想啊，给我这个'杰出贡献奖'，已经是莫大的荣誉。那么多艺术家呢，为什么就给了我呢？上海昆剧界就我一个，还不够吗？'杰出贡献奖'，分量很重啊！我知足！"

戏曲演员该得的奖，蔡正仁都有了，梅花奖、白玉兰、文华奖等等。曾经非常在乎，也竭力争取，因为那是对一个演员的最高荣誉和肯定。到了现在这个年纪，他更在意的是社会、政府、观众对昆剧的重视。在戏曲圈之外，在艺术界之外，了解昆剧的人还太少太少。那么多艺术门类，那么多戏曲剧种，政府把这个奖给了昆剧演员蔡正仁，这就应该知足应该珍惜。想到这层，大家也就释然、欣然了。

12月17日晚，第六届"上海文学艺术奖"颁奖典礼在上海大剧院举行。蔡正仁和男中音歌唱家廖昌永一起上台领奖，他的获奖感言很简单，八个字："感激惶恐，加倍奋进。"

蔡正仁在上海"文学艺术奖"颁奖现场
（丁和摄）

四、随心所欲

子曰："七十而从心所欲不逾矩。"人生在世，怎能随心所欲？昆剧那么严格规范，又何来随心所欲？只是，昆剧就是蔡正仁的生活，他的生活里全部是昆剧，无可逾越，尽在其中。

蔡正仁今年75岁，鹤发童颜。头发花白时，都是老伴冯茵华给染的。现在全白了，自是一种风度，便不再染了。说来不信，蔡正仁的头发都是老伴剪的，从不进理发店。冯茵华说，以前都是勤俭持家，能自己干的都不舍得花钱。虽然现在条件好了，但是他们的生活方式没有变化。昆剧之外，蔡正仁的生活就是绿茶、美食、读书、看报，简单极了。

家里人都清楚，蔡正仁首先属于昆剧，然后才是丈夫和父亲。他工作强度之大，连年轻人都觉得"搪勿劳"。家里人也担心他的身体，但知道拦是拦不住的，做好后勤便是最好的支持。说起老伴，冯茵华嘴上总说："哎呀，缺点一大堆，说了他要和我打官司的！"手里却不停地整理着蔡正仁出门所需的一切装备：剧本、拍曲用的"木头"、茶杯、手机、通讯录、药……她是秘书和助理，记得蔡正仁所有的日程安排。如是去外地，冯茵华常常同行，有时候是儿子，方便照顾。"家里一条虫，出去一条龙。"只要一沾昆剧，蔡正仁完全精神抖擞。上台演出，就必须背词，研究剧本，保持身体状态。教学，做的准备比自己演出还多，要因材施教，要答疑解惑。昆剧，是最佳的养生之法。

小孙女潇潇上小学了，一声"爷爷"，就能把蔡正仁的心给叫化了。只要有时间，蔡正仁总会去接小孙女放学，在路上买点好吃的。小孙女吵闹着不睡觉的时候，爷爷就会讲故事唱昆曲哄她，羡煞旁人。小孙女在戏曲表演上颇有天赋，嗓子也挺好。每周都去学京剧，爷爷有空的时候也给她喊嗓子，真嗓假嗓，咿咿啊啊，是独属于祖孙俩的游戏。

2015年，蔡正仁的日程又已经被排满了。4月，指导学生周雪峰的"申梅专场"；5月，和张洵澎赴湘昆指导排练《贩马记》，中旬要演《班昭》，还有北大的清唱会和讲座等着他；6月要到台湾讲课教戏；昆团的《乔醋》只教了唱念，等着讲身段，落地。下半年，原创剧目《魏良辅》等待开排，大师版《牡丹亭》计划移师上海。"俞家唱"要进一步整理研究，给后代留下昆曲唱念的规范……还有很多戏

电影《长生殿》拍摄现场，夫人冯茵华始终伴随左右（闵捷摄）

总持风雅有春工　艺术传评

蔡正仁和孙女潇潇在一起（陆惠摄）

要教，上昆的"昆曲学馆"计划要教《断桥》《写状》和《乔醋》，"昆五班"主学；小生中雉尾生和穷生的戏太少，《连环记·小宴》要教，《彩楼记·拾柴》也希望能整理恢复教给学生……

　　不知疲倦，不惮艰辛，永不退休，这就是蔡正仁的昆曲人生。

尾 声

曲圣魏良辅

2014年初春，江苏省昆剧院院长李鸿良给蔡正仁打来电话，说了一件重要的事。台湾"中研院"院士、台湾大学教授曾永义写了一个昆剧剧本《魏良辅》，由江苏省昆剧院制作。他们思来想去，希望能邀请蔡正仁出演魏良辅。

这令蔡正仁颇为意外。

蔡正仁与曾教授熟识，常有来往，也听说他写了一个关于魏良辅的剧本，但从未将之与自己联系起来。下意识里，蔡正仁觉得这是个老生应工的戏。

李鸿良说得郑重而诚恳，但蔡正仁没有立刻表态，他想先看看剧本。不久，省昆就寄来了《魏良辅》的剧本，是曾永义教授最初发表在台湾《戏剧学刊》上的本子。蔡正仁反反复复地看了好几遍，脑子里迅速地构想着舞台表演的各种可能。他十分中意这个剧本的题材，对于昆曲而言有着正本清源的意义，文辞优美典雅，足见曾教授的用心用力。但剧本的文学性很强，舞台表演有难度。蔡正仁一边读一边写下自己的想法，他认为此剧最关键的是音乐：

> 我觉得《魏良辅》可以排成富有昆山、太仓一带浓郁风味的"昆曲音乐剧"，自始至终充满"水磨腔"的幽雅韵味。剧中每个人物只要开口演唱就必须美妙动听，曲圣魏良辅的最大贡献就是创造出令人陶醉的"水磨腔"，这一点希望剧本再加强一点。如果能将研制水磨腔的过程写出来，演出来，那么"曲圣"的称号就名副其实了。由此可见，此剧的音乐、唱腔实在是头等重要的大事，是否可以精心挑选乐器，同时请作曲老师选用明代江南一带的音乐，不要用近代或当代的音乐旋律……

不仅如此，关于剧情，关于场次，关于唱念，蔡正仁都细细揣摩思考。剧本上，密密麻麻地写满了他关于这个戏的意见和想法。曾教授辗转看到了蔡正仁的"剧本分析"，十分震动，他从未见过如此"用心"的演员，当即答应进一步修改，以期精益求精。

于是，蔡正仁接受了邀请，出演《魏良辅》。

消息传开，身边的亲友，或直接或委婉地表达了不同意见，这也在蔡正仁的意料之中。75岁了，何必呢？是啊，蔡正仁也这么问自己。排演一个大戏，少不了伤筋动骨脱层皮，这一点蔡正仁比谁都清楚。词儿能不能背得出？身体能不能承受？……演好了，是锦上添花；演砸了，那真是"晚节不保"！无论从哪个角度想，都是"弊大于利"。

但是"私心杂念"并没有困扰蔡正仁很久，他要演，因为演的是魏良辅——昆曲的老祖宗。他演了一辈子昆曲，他有责任。想通了这一点，其他便都是浮云。

2014年6月，第一次剧本讨论会在昆山巴城举行，这是蔡正仁提出来的。讨论关于魏良辅的戏，不在梁伯龙的故乡，还应在哪里？演员、编剧等主创一应到场。各方意见汇总，深入讨论，达成共识。之后，修改剧本，前期筹备工作也在紧张而有序地进行着。

2015年7月7日，《曲圣魏良辅》剧组正式成立，蔡正仁饰演魏良辅，导演周世琮、朱雅，作曲孙建安。江苏省昆剧院的钱振荣饰演张野塘，孔爱萍饰演莺啭，院长李鸿良饰演过云适；学生张军友情出演子玉。7月15日，蔡正仁正式赴南京参加排练。

时间紧迫，《曲圣魏良辅》要参加10月中旬在苏州举行的第六届中国昆剧艺术节，满打满算也就两个半月。

那是一场战斗。蔡正仁每天宾馆、剧团两点一线；背词，练唱，排戏，一天三班倒。炎热、疲累、病痛，以及排练场上的各种艰难，于蔡正仁而言，都是熟悉而习惯的。

排练中面临的最大问题，是怎么从文学剧本过渡到舞台剧本，要表现魏良辅创造"水磨腔"的过程就不得不涉及理论问题。用蔡正仁的原话是：怎么把这个戏"生龙活虎"地体现在舞台上。虽然排练时拿到的剧本已是三易其稿，但是一到排练场，还得根据"场上"的需要一句一句词儿、一个一个动作地调整。今天排舒服了，明天一走，又不对，推翻重来。

剧组也经受着考验，所有演职人员，包括导演、作曲，除了《曲圣魏良辅》以外，还要兼顾其他繁重的排练、演出工作。这个团队，蔡正仁很熟悉。钱振荣、张争耀都是他的学生，两年前他担任《南柯记》的艺术顾问，合作过很长时间。同时，蔡正仁对昆曲艺术，尤其是对昆曲唱念近乎苛刻的要求，省昆的演员和创作团队也很熟悉。只不过蔡老师这次是加倍严格。

蔡正仁是带着《韵学骊珠》去南京的，唱念唱念，首先要把字唱准念准。他查自己的那部分词，其他角色的词他觉得有疑问，查好了再找人讨论研究。他抠唱念，不仅抠小生的，也抠其他行当的，和他没有对手戏的，哪怕是同场曲也不放

《曲圣魏良辅》，蔡正仁饰魏良辅

过。一支南曲，蔡正仁听到了4音，但是南曲没有4和7音。他指出来，交代负责音乐的同志一定要避免这个问题。蔡正仁说，其他的新编戏在唱念、音乐上有些"新"的东西，可以接受，但是《曲圣魏良辅》不可以，必须尽可能靠近昆曲的原有面貌，不能有一丝一毫含糊。

在排练中，尽管大家已十分疲累，蔡正仁还是要求能多排几遍。排后面几场戏时，前面几场要顺带复习。他相信，戏是在台上一遍一遍滚出来的。

10月1日，《曲圣魏良辅》在南京江南剧院首演。10月19日，作为第六届中国昆剧节的闭幕大戏，《曲圣魏良辅》于苏州人民大会堂隆重上演。这两场演出，吸引了所有爱好昆曲的戏迷，从全国各地，甚至是世界各地赶来看蔡正仁的"魏良辅"。

最后一场《虎丘曲会》，原来魏良辅唱一曲《琵琶记》的《中秋望月》，蔡正仁觉得不够气势，经过讨论，决定改唱［脱布衫］，重新填词。

［脱布衫］惟淡泊势利名场，偏喜好鼓笛笙簧，效韩娥歌声绕梁，美跨凤乘龙天上。［小梁州］十年里研律析音不下堂，忽地里得意宫商，恰似天风海雨骤飞扬，又倏地缦声状如淑气拂池塘。［幺篇］这酿生曲艺谁承望，不由人愧怍难当。愿诸君细端详，精论讲，切磋同唱，

永世播霓裳。

一曲唱罢，掌声雷动。

演出结束了，蔡正仁在自己的剧本上写下这么一句话："演魏良辅，也是学魏良辅。"

附　录

　　一步一个脚印，是指人走路，其实也是人生的写照。路是走出来的，事是人干出来的。大事记就是我的人生之路。

——蔡正仁

2008 年蔡正仁荣获"亚洲最杰出艺人奖及终身成就奖"

从艺大事记

1941 年
7 月 2 日（农历六月初八），出生于浙江省吴兴县南浔镇。

10 月，举家迁往江苏省苏州市吴江县（今吴江区）震泽镇。

1947 年 9 月—1953 年 9 月
就读于震泽镇藕河坊小学。

1954 年
3 月 1 日，"华东戏曲研究院昆曲演员训练班"开学。

年末，分入老生行当，师从郑传鉴，学习《三挡》《寄子》等折子戏。

1955 年
3 月 1 日，上海市戏曲学校正式成立，"华东戏曲研究院昆曲演员训练班"转为该校第一届昆曲演员班，后习惯称之为"昆大班"。

3 月 2 日，上海市戏曲学校举行建校大会，昆曲班学生演出《打围》。

10 月，观看了俞振飞和朱传茗两位老师演出的《评雪辨踪》，为俞之艺术风采所倾倒。后又被沈传芷老师选中，学习《断桥》中许仙一角，颇得赞许。由此正式转入小生行当。

1956 年
11 月 3 日—28 日，南北昆曲观摩演出在上海长江剧场举行，上海市戏曲学校昆剧班同学前往观看，并演出了折子戏。

1957 年
6 月 5 日—7 日，上海市戏曲学校昆曲班于长江剧场首次举行实习公演。

11 月，复旦大学举行纪念汤显祖 340 周年活动，俞振飞、言慧珠率昆曲班学生赴相辉堂演出。开场由蔡正仁、华文漪演出《断桥》，因哑嗓而出丑，又闻俞师《邯郸梦·三醉》天籁之音，立志练嗓。

12 月 1 日—5 日，上海市戏曲学校举行第二次实习演出。

12月6日—15日，上海市戏曲学校昆曲班师生在大众剧场演出由苏雪安整理改编的《牡丹亭》。俞振飞饰柳梦梅，言慧珠饰杜丽娘，蔡正仁配演牛头、校尉等。

1958 年

6月29日，为纪念关汉卿创排的《拜月亭》首演于大众剧场，蔡正仁饰蒋世隆，张洵澎饰王瑞兰。

1959 年

4月，上海市主要领导陈丕显率戏校昆曲班学生赴无锡为参加中央全会的领导演出。第一次见到叶剑英元帅。

9月，上海市戏曲学校赴天津、北京参加国庆10周年献礼演出，俞振飞、言慧珠主演新编昆剧《墙头马上》。该剧扎成彩车参加国庆大游行，蔡正仁饰裴少俊，华文漪饰李倩君。

1960 年

1月21日，参加上海市青年演员会演，演出《惊变埋玉》，饰唐明皇，王英姿饰杨贵妃。

1月24日，演出《凤仪亭》（即《梳妆掷戟》），饰吕布，张洵澎饰貂蝉；《评雪辨踪》，饰吕蒙正，王英姿饰刘千金。

8月，参加由上海市戏曲学院组织的"上海京昆淮青年演出团"，赴北京、济南、蚌埠、合肥、南京等地巡回演出。10月6日载誉返沪。

12月，向沈传芷、俞振飞两位老师学习《太白醉写》，首演于上海市戏曲学校实验剧场。

12月22日—29日，上海市戏曲学校京昆两班学生于人民大舞台举行实习公演。

1961 年

7月28日，上海市戏曲学校第一届昆曲班、京剧班毕业，蔡正仁作为学生代表发言。

8月1日，上海市戏曲学校京昆实验剧团正式成立。

10月1日—31日，京昆实验剧团于中国大戏院举行建团公演，蔡正仁在京昆合演大戏《白蛇传》中饰演《逃禅》《上山》两折的许仙；为俞振飞、言慧珠主演的《贩马记》配演保童；演出《活捉王魁》，饰王魁，华文漪饰敫桂英。

11月24日起，京昆实验剧团于大众剧场进行短期公演。25日，演出《白蛇传》，饰许仙。

11月底，京昆实验剧团到广州进行赴港前预演。

12月18日，京昆实验剧团以"上海青年京剧团"名义赴港演出。21日，于普庆戏院首演《白蛇传》，蔡正仁与费振年分饰许仙，华文漪、王芝泉、王君惠、杨春霞分饰白素贞，王英姿、齐淑芳、于永华分饰小青，连演12场。蔡正仁被香港舆论界称为"小俞振飞"。除《白蛇传》外，剧团还演出了大戏《杨门女将》《贩马记》及折子戏。至1962年1月21日，共演出39场，轰动香港，被称为"本港戏剧界演出史上的一大盛事"。

1962 年

1月24日，上海青年京剧团回到广州。29日起，汇报演出16场。2月20日返沪。此后，"上海市戏曲学校京昆实验剧团"改名为"上海青年京昆剧团"。

3月1日起，上海青年京昆剧团在人民大舞台作赴港返沪汇报演出，《白蛇传》连演半个月。

5月20日，毛泽东主席在锦江小礼堂观看京昆折子戏，蔡正仁主演《迎像哭像》，饰唐明皇。

6月1日起，新编昆剧《白罗衫》在中国大戏院首演，蔡正仁饰徐继祖，蔡瑶铣饰苏夫人。此剧由苏雪安改编，舒适导演。

6月11日，演出《牡丹亭》，饰柳梦梅，张洵澎饰杜丽娘，金采琴饰春香。

6月16日，演出《贩马记》，饰赵宠，华文漪饰李桂枝，计镇华饰李奇，刘异龙饰胡老爷。

9月11日，上海青年京昆剧团赴常州、南京、蚌埠、宿县、淮南、合肥、芜湖、镇江等地演出《白蛇传》《杨门女将》及京昆折子戏各三台。12月11日返沪。

12月13日起，参加在苏州举行的苏、浙、沪两省一市昆剧汇演，演出《白罗衫》及《惊变埋玉》《游园惊梦》等折子戏。

1963 年

2月1日—10日，在中国大戏院演出《白蛇传》，饰许仙。

2月9日，在上海市戏曲学校实验剧场演出《贩马记》，饰赵宠，张洵澎饰李桂枝。

2月10日，日场演出《评雪辨踪》，饰吕蒙正，张洵澎饰刘千金。

2月20日—24日，演出《白蛇传》，饰许仙。

1964 年

1 月，上海青年京昆剧团赴浙江向浙江昆苏剧团学习《红灯记》，并在此基础上改编整理为《自有后来人》。计镇华饰李玉和，梁谷音饰铁梅，冯顺芝饰李奶奶，蔡正仁饰鸠山。

4 月 1 日起，昆剧现代戏《自有后来人》在大众剧场公演。

秋，由俞振飞老师推荐，在北京参加赴欧演出前节目审查的同时，向京剧小生名家姜妙香学习京剧《玉门关》。

10 月 22 日，新编现代昆剧《琼花》首演。华文漪饰琼花，计镇华饰洪常青，岳美缇饰红莲，蔡正仁饰南霸天及洪常青 B 角。《琼花》连演 108 场，观众累计达 20 余万人。

11 月，上海青年京昆剧团赴广州演出《琼花》。

1965 年

年中，在人民大舞台为叶剑英元帅演出《太白醉写》。

下半年至 1966 年上半年，到上海郊区农村川沙县北蔡公社参加"四清运动"。

1966 年下半年—1970 年

"文革"初期，蔡正仁多在《琼花》《自有后来人》等现代戏中饰演配角。

1970 年

12 月 28 日，与冯茵华结婚。

1971 年

上半年，被调至食堂工作，不久即被下放至"五七干校"劳动，直至 1973 年。

1973 年

在"五七干校"苦练大嗓，经过"三考六问"进入上海京剧团《智取威虎山》剧组，担任少剑波 C 角。

1975 年

3 月，被召至北京，陪同俞振飞参加传统剧目录音录像工作。

9 月 10 日，儿子蔡少迪出生。

1976 年

5 月，随上海京剧团《智取威虎山》剧组赴日本演出，饰演夹皮沟老乡和威虎山土匪；演出小戏《审椅子》，饰沈家昌。

7 月—9 月，协助俞振飞老师拍摄昆剧电影《太白醉写》。

1977 年

1 月，参加悼念周总理的文艺演出，与华文漪、方洋、张静娴等演唱《周总理永远活在我们心中》。

1 月，与华文漪、辛清华、顾兆琪等人联名写信给上海市委，要求恢复成立昆剧团。联络"昆大班""昆二班"同学，组织复排现代昆剧《琼花》。

7 月 13 日，现代昆剧《琼花》在徐汇剧场公演。

10 月，中共上海市委批准组建"上海昆剧团"，成立以李文轩、陈维卿、蔡正仁等为首的筹建组，调集原上海戏曲学校"昆大班""昆二班"的主要成员约 150 余名。

12 月 30 日，在锦江小礼堂为叶剑英元帅演出传统折子戏。

1978 年

2 月，上海昆剧团（下简称"上昆"）正式成立，在大众剧场隆重举行建团公演，演出《十五贯》。计镇华饰况钟，刘异龙饰娄阿鼠，蔡正仁饰熊友兰，梁谷音饰苏戌娟。

5 月 14 日，新编昆剧《孙悟空三打白骨精》在延安剧场首演，饰唐僧，陈同申饰孙悟空，王芝泉饰白骨精，刘异龙饰猪八戒，方洋饰沙和尚。

4 月 8 日—24 日，与俞振飞、郑传鉴、方传芸、邵传镛、王传蕖、周传沧、辛清华、华文漪等共 11 人赴南京出席两省一市"昆曲工作座谈会"，讨论继承革新和培养接班人问题。

10 月 2 日，在徐汇剧场恢复演出《白蛇传》，与岳美缇分饰许仙，华文漪、王芝泉、王英姿分饰白素贞。

12 月 22 日，改编剧目《蔡文姬》在徐汇剧场首演，俞振飞担任艺术指导。华文漪饰蔡文姬，计镇华饰曹操，蔡正仁饰董祀。

1979 年

2 月 13 日，《蔡文姬》剧组赴北京参加国庆 30 周年献礼演出，18 日首演于人民剧场。

3月17日—4月20日，上昆携《蔡文姬》《白蛇传》《贩马记》等戏赴南京演出。

11月28日起，上昆在解放剧场、大众剧场演出传统折子戏，蔡正仁演出《太白醉写》等。

1980年

2月17日，新编昆剧《连环记》在艺术剧场首演，蔡正仁饰吕布，王英姿饰貂蝉。

4月15日—20日，参加"俞振飞演剧生活60周年"纪念活动，蔡正仁演出《燕归来》《惊变》《断桥》等。

9月17日，新编昆剧《贵人魔影》首演于徐汇剧场，梁谷音饰媚娘，蔡正仁饰王占鳌。

1981年

1月17日、18日，上昆在上海市戏曲学校实验剧场演出传统折子戏，蔡正仁演出《贩马记》，饰赵宠，华文漪饰李桂枝。

11月，参加在苏州举行的"昆剧传习所成立60周年"纪念活动，作为学生代表发言。

1982年

3月18日、19日，在苏州开明剧院举行重建"昆剧传习所"的庆祝演出，与华文漪、岳美缇、计镇华、梁谷音、王芝泉、刘异龙、张铭荣等前往祝贺，并演出折子戏。

3月29日、30日，上昆演出传统折子戏，蔡正仁演出《拾画叫画》，饰柳梦梅。

5月25日起，在苏州举行苏、浙、沪两省一市昆剧会演。蔡正仁演出《长生殿·哭像》《贩马记·写状》，受到观众和同行的一致赞扬。俞振飞观看《哭像》之后，作诗《赠蔡生正仁》："转益多师与古同，总持风雅有春工。兰骚蕙些千秋业，只在承先启后中。"

6月1日，在苏州拙政园博物馆内举行昆曲折子戏专场演出，与华文漪合作演出《贩马记·写状》。

7月，在上海人民大舞台与京剧名家李玉茹合作演出《贩马记》。

7月底，赴香港，与邓宛霞排练《白蛇传》。8月14日，《白蛇传》在香港大会堂音乐厅正式演出，京昆合演，蔡正仁饰许仙，邓宛霞饰白素贞。

11 月，上昆赴京演出。21 日首演，俞振飞的《太白醉写》大轴。22 日起，陆续在人民剧场、长安剧场演出，蔡正仁演出《哭像》等戏。

1983 年

6 月 17 日—20 日，上昆在长江剧场演出四台折子戏。蔡正仁演出《絮阁》，饰唐明皇，张静娴饰杨贵妃；《惊变埋玉》，饰唐明皇，华文漪饰杨贵妃，刘异龙饰高力士；《太白醉写》，饰李白。

9 月，周传瑛、王传淞赴沪为上昆精排《十五贯》。15 日正式公演，计镇华饰况钟，刘异龙饰娄阿鼠，蔡正仁饰熊友兰，梁谷音饰苏戌娟。

9 月 28 日—10 月 10 日，上昆在中国剧场举行赴港预演。

10 月 25 日，上昆赴港参加第八届亚洲艺术节，共演出十六场。11 月 1 日—3 日于大会堂音乐厅演出。1 日，演出折子戏，蔡正仁主演《迎像哭像》。2 日，演出《十五贯》，蔡正仁饰熊友兰。3 日，演出折子戏，俞振飞《太白醉写》大轴。11 月 5 日—11 日，在新光大戏院演出大戏《墙头马上》《牡丹亭》《画皮》《烂柯山》，以及《山亭》《絮阁》《诱叔别兄》《惊丑》《惊变埋玉》等折子戏。14 日—16 日，在九龙百丽殿舞台演出折子戏。

12 月 25 日，纪念毛泽东主席九十诞辰，上昆在劳动剧场演出《十五贯》。

1984 年

1 月 15 日，上海人民广播电台在大众剧场举办星期戏曲广播会昆剧直播专场，蔡正仁演出《迎像哭像》。

5 月，在杭州胜利剧场参加南北昆大会演，演出《牡丹亭》《太白醉写》等。

6 月 19 日，与邓宛霞在中国剧场演出《白蛇传》，饰许仙，邓宛霞饰白素贞。

9 月，与陶影、方家骥、岳美缇、陆兼之五人，为俞振飞就昆剧问题上书党中央起草书信。

10 月 23 日起，改编昆剧《琵琶记》在徐汇剧场首演，饰蔡伯喈，华文漪饰赵五娘，张静娴饰牛小姐，方洋饰牛丞相，顾兆琳饰张广才，沈晓明饰蔡公，唐在骄饰蔡婆。剧本改编陆兼之、方家骥，导演秦锐生，编曲顾兆琳。

1985 年

5 月 14 日—22 日，"上海昆剧精英展览演出"在艺术剧场举行，蔡正仁演出《见娘》《惊变》《哭像》等经典折子戏。

5月16日，与俞振飞老师同时收徒，俞老收邓宛霞，蔡正仁收江苏省昆剧院小生程敏为学生。

5月22日，中国昆剧研究会成立，在北京演出昆、京、川、婺四剧种合演的《白蛇传》。第一出《游湖》，蔡正仁饰许仙，华文漪饰白素贞，王芝泉饰小青，系用田汉京剧本唱词改谱昆曲。

12月16日—1986年1月，应邓宛霞邀请，与常州京剧团合作，进行"苏南五市一县"（常州、无锡、镇江、扬州、南京五市和武进县）巡回演出，剧目有《凤还巢》《三堂会审》《罗成叫关》《白门楼》等。

1986年

4月1日，赴苏州参加文化部振兴昆剧指导委员会主办的第一期昆剧演员培训班。向周传瑛老师学习《拾柴》《亭会》《乔醋》，向沈传芷老师学习《击鼓骂曹》。

5月11日—14日，昆剧演员培训班汇报演出。蔡正仁演出《金雀记·乔醋》，饰潘岳，张静娴饰井文鸾。

6月13日—15日，上昆在瑞金剧场举行昆剧演员培训班汇报演出。蔡正仁演出《红梨记·亭会》，饰赵汝州，张洵澎饰谢素秋；《金雀记·乔醋》，饰潘岳，张静娴饰井文鸾。

9月2日—10日，上昆在瑞金剧场举行晋京预演。7日，蔡正仁演出《撞钟分宫》，饰崇祯帝。

9月20日—10月10日，应文化部之邀，俞振飞率上昆晋京汇报演出。蔡正仁演出《铁冠图·撞钟分宫》《长生殿·絮阁、惊变、哭像》《金雀记·乔醋》《荆钗记·见娘》《贩马记·写状》《红梨记·亭会》《彩楼记·拾柴》等。

10月23日，赴杭州参加南北昆剧精英邀请演出，演出《长生殿·小宴》，饰唐明皇，北昆洪雪飞饰杨贵妃，湘昆唐湘雄饰高力士。

1987年

2月2日—7日，随上海京剧团在香港大会堂音乐厅演出。

3月，凭借在《荆钗记·见娘》《金雀记·乔醋》中的精彩表演，荣获第四届中国戏剧梅花奖。

4月7日—10日，改编剧目《长生殿》在上海市市府礼堂首演，蔡正仁饰唐明皇，华文漪饰杨贵妃。剧本改编唐葆祥、李晓，导演李紫贵，艺术指导俞振飞、郑传鉴。

6月底—7月，为庆祝上海和旧金山缔结友好城市五周年，上昆赴美访问演出。

蔡正仁演出《连环记·小宴》，饰吕布，华文漪饰貂蝉，计镇华饰王允。

1988 年

1 月 29 日，《长生殿》经修改，在南市影剧院公演。

6 月 3 日、4 日，《长生殿》经过再次修改，在市府礼堂作赴日前预演。

9 月 2 日，上昆赴日本，参加中日和平友好条约缔结十周年纪念演出。9 月 6 日演出《长生殿》，轰动日本，影响深远。

10 月 28 日，中央电视台直播中国艺术节开幕式，昆剧、赣剧、川剧、婺剧共演《白蛇传》，与华文漪、王芝泉、刘异龙演出《游湖》一折。

11 月，上昆赴京参加全国振兴昆剧汇报演出。23 日—28 日演出于北京人民剧场，蔡正仁主演《乔醋》等。

1989 年

5 月，协助俞振飞老师录制舞台表演艺术资料，剧目有《连环记·小宴》《琵琶记·书馆》《西厢记·拆书》《牡丹亭·拾画叫画》等。

9 月 21 日起，上昆赴京参加第二届中国艺术节，演出《长生殿》，蔡正仁饰唐明皇，张静娴饰杨贵妃。

9 月 27 日—10 月 2 日，上昆转赴天津演出，演出《长生殿》《潘金莲》《占花魁》《烂柯山》四台大戏和两台折子戏。

11 月 15 日—19 日，受香港"国际演艺菁华活动"邀请，由全国各昆剧院团精英组成"中国昆剧艺术团"，在港演出七场。蔡正仁与岳美缇、汪世瑜在《牡丹亭》中分饰柳梦梅，张洵澎、张继青、王芳分饰杜丽娘。

1990 年

4 月 1 日，在上艺剧场演出《乔醋》，饰潘岳，张静娴饰井文鸾。

4 月 14 日，正式出任上海昆剧团团长。

4 月中旬，赴港参加庆祝"香港邓宛霞京昆剧团"成立演出。

5 月 6 日、7 日，由《铁冠图》改编的《甲申祭》在上艺剧场公演，蔡正仁饰崇祯帝，张静娴饰周皇后。

8 月 30 日起，"香港邓宛霞京昆剧团"建团首演，蔡正仁与邓宛霞演出《贩马记》《长生殿·小宴》。

9 月，为赴京参加纪念徽班进京 200 周年会演，上昆复排《十五贯》。25 日起，于上艺剧场公演。

11月5日—10日，上昆赴南京演出。10日，蔡正仁演出《长生殿》。

1991 年

1月，上昆赴北京参加纪念徽班进京200周年演出，演出《十五贯》。结束后赴天津作短期公演。

4月6日—17日，举行俞振飞舞台生涯七十年并九十寿辰纪念活动。6日开幕，在人民大舞台演出《白蛇传》，蔡正仁与岳美缇分饰许仙；9日，演出《贩马记》，蔡正仁在《三拉》《团圆》中饰赵宠；10日，与俞振飞夫人、京剧程派名家李蔷华合演《春闺梦》，饰王恢。

4月19日，在中国剧场，周信芳艺术研究会为荣誉会长俞振飞舞台生涯七十周年举行庆祝演出，蔡正仁与台湾麒派名票毛家华演出《打侄上坟》。

5月，上昆第二次访日演出，参加都民剧场创建45周年纪念活动，任副团长，历时一个月。

6月下旬，与苏州昆剧院合作，在苏州"沁兰厅"演出三场。蔡正仁演出《见娘》《乔醋》和《贩马记·写状、三拉、团圆》。

7月23日，在上海艺术剧院举行抗洪救灾义演，蔡正仁演出《琼花》中《参军》《反省》两折，及新编现代小戏《两岸情》。

8月16日，参加"灾区在我心中"千人大义演，上昆八位一级演员联合演出《八仙过海斗恶龙》。

9月下旬，上海艺术剧院举行"91国庆文艺精品展演"即上艺剧场建立60周年庆祝活动，上昆演出折子戏。

9月下旬，新编历史剧《无盐传奇》首演，王芝泉饰钟无盐，蔡正仁饰齐王。

10月10日，上昆兰馨舞台正式启用，开幕演出现代戏专场：《琼花》（顾兆琳、宋苏霞）、《婉容》（梁谷音）、《两岸情》（蔡正仁、张静娴）。

10月16日，参加杨树彬艺术研讨会，与张静娴演出《蔡文姬》片段。

1992 年

1月26日—29日，上昆应香港艺术节邀请，在香港大会堂连续演出四场，大戏《孙悟空三打白骨精》《玉簪记》和两场折子戏。26日，蔡正仁演出《撞钟分宫》，饰崇祯。

4月1日—3日，赴苏州参加庆祝"昆剧传习所"创办70周年系列活动。

4月14日、15日，新编昆剧《富贵图》在兰馨舞台首演，蔡正仁饰倪俊，梁谷音饰尹碧莲。

10月3日—8日，上昆在瑞金剧场演出四场，首场演出《长生殿》，蔡正仁饰唐明皇，张静娴饰杨贵妃，刘异龙饰高力士。

10月，上昆应台湾新象文教基金会邀请赴台演出，任团长。10月29日—11月2日，在台北、台中、台南、高雄共演出八场。

11月14日、15日，"刘如曾戏曲音乐作品专场"在儿童剧场举行，与张静娴演出《长生殿》片段。

1993 年

2月24日，与俞振飞老师共同当选为第八届全国政协委员。

3月，赴京参加第八届全国政协会议，并提交呼吁恢复予以昆剧以特殊保护政策的提案。

7月17日，京昆艺术大师俞振飞逝世，蔡正仁在医院送走恩师。

7月29日，恩师俞振飞遗体告别仪式在龙华殡仪馆举行。

9月1日，神话昆剧《上灵山》在上海戏剧学院实验剧场正式公演，引起热议。

12月31日，交响版《牡丹亭》在上海戏剧学院实验剧场首演，蔡正仁饰柳梦梅，梁谷音饰杜丽娘。

1994 年

2月4日，在兰馨舞台演出《贩马记》，饰赵宠，张静娴饰李桂枝。

5月初，庆贺逸夫舞台开台，蔡正仁与杨春霞演出《百花赠剑》，分饰海俊和百花公主。

5月18日，赴苏州参加沈传芷老师的追悼会，晚返沪途中遭遇严重车祸。

6月，带伤率领上昆青年演员赴京参加全国昆剧青年演员交流演出，载誉而归。

7月16日，在逸夫舞台举行俞振飞逝世一周年纪念演出，蔡正仁演出《千忠戮·惨睹》，饰建文帝。

11月10日起，上昆赴台演出，首场演出《迎像哭像》，蔡正仁饰唐明皇。

12月9日，参加"上海演艺界纪念梅兰芳、周信芳诞辰100周年义演"。

1995 年

2月11日，上昆与上海航空公司合作，于兰馨舞台举行"雅曲妙音度元宵联谊晚会"，蔡正仁演出《迎像哭像》。

3月24日，上昆与上海民族乐团合作，推出民乐版《长生殿》，乐队近80人。

3月，因在交响版《牡丹亭》中的精彩表演，荣获第五届上海白玉兰戏剧表演艺术主角奖。

5月8日，全国首家专业戏剧电视台上海有线电视戏剧台开播，《名人名戏》栏目首先推出《蔡正仁的一天》。

6月29日，京昆艺术大师俞振飞先生骨灰安葬仪式在上海市万国公墓名人墓园举行，蔡正仁与岳美缇陪同俞振飞夫人李蔷华出席。

7月8日，俞振飞纪念塑像落成仪式在上海市万国公墓名人墓园举行。

1996 年

9月，上昆赴北京参加"全国昆曲新剧目观摩演出"。

9月7日，与华文漪在北京演出《写状》。

12月7日，四集昆剧电视剧《牡丹亭》开拍，张洵澎饰杜丽娘，蔡正仁饰柳梦梅，导演张佩俐。排摄历时三个月。次年，昆剧电视剧《牡丹亭》获得全国电视戏曲片"飞天奖"和"金鹰奖"。

1997 年

2月，应华文漪昆剧研究学社邀请，与梁谷音、李炳淑赴美国讲学。与华文漪演出《惊变》《贩马记》等。

7月2日，参加香港回归庆典活动，与邓宛霞京昆合演《白蛇传》。

7月26日，上昆师生同台演出活动在兰馨舞台拉开帷幕，与青年闺门旦演员钱熠合演《贩马记·写状、三拉、团圆》，首场《哭监》由张静娴与青年老生演员沈矿演出。

9月起，与美国林肯艺术中心合作，排演六本《牡丹亭》。

10月24日，昆、京、川、婺四剧种在香港尖沙咀文化中心同台演出《白蛇传》，与邓宛霞合演《游湖》一折。

11月，参加在成都举行的第五届中国艺术节。

11月27日—12月7日，应台湾新象文教基金会邀请，上昆、北昆、浙昆、苏昆、湘昆组成"中国昆剧艺术团"赴台演出。

1998 年

1月21日，"献爱心赈灾义演戏曲演唱会"在逸夫舞台举行，与尚长荣合唱京剧《九江口》选段。

1月22日，由上海文联组织的上海戏剧代表团赴德国参加"98昆剧上海—慕尼黑"文化交流活动，这是昆剧第一次登上德国舞台。

6月2日起，六本《牡丹亭》在云峰剧场预演。

9月5日起，纪念俞振飞逝世五周年演出在逸夫舞台举行。5日，演出《迎像哭像》；7日，演出《贩马记》。

9月，为纪念上昆成立20周年，与梁谷音合作演出《牡丹亭》。

10月3日—7日，上昆在上海戏剧学院实验剧场举行团庆20周年活动，演出《牡丹亭》（与梁谷音合作）、《太白醉写》等。

1999 年

2月初，参加1999年中央电视台春节戏曲晚会，与杨春霞演出《长生殿·小宴》片段。

2月25日，三本《牡丹亭》剧组正式成立，蔡正仁与岳美缇、张军分饰柳梦梅，张静娴、沈昳丽、李雪梅分饰杜丽娘。

8月21日—23日，上昆国庆50周年献礼剧目三本《牡丹亭》正式公演。

10月，三本《牡丹亭》在逸夫舞台演出。

11月，三本《牡丹亭》在美琪大戏院演出。

12月3日—8日，三本《牡丹亭》在北京长安大戏院演出两轮，引起轰动。9日，举行三本《牡丹亭》艺术研讨会，得到专家学者的充分肯定。

12月底，三本《牡丹亭》在广州友谊剧院演出。

2000 年

1月初，三本《牡丹亭》在香港葵青剧院演出。

3月31日—4月6日，三本《牡丹亭》赴江苏昆山参加由文化部主办的首届中国昆剧艺术节暨昆剧优秀古典名剧展演，获得"优秀古典名剧展演奖"榜首。蔡正仁获"荣誉表演奖"。

7月31日—8月1日，为庆祝上海市文联成立50周年，京、昆、越、沪、淮五大剧种在逸夫舞台举行名家精品展演。

9月30日，上昆在兰馨舞台举行折子戏专场，蔡正仁演出《絮阁》，饰唐明皇，张静娴饰杨贵妃。

11月17日—23日，上昆举行"迈向新世纪昆剧大展演"，演出《长生殿》《白蛇传》《玉簪记》《新蝴蝶梦》《占花魁》等六台大戏和九个传统折子戏。

12月，赴台湾参加"跨世纪千禧昆剧精英大汇演"。11日、12日在台北演出上《长生殿》（上下本），蔡正仁饰唐明皇，张静娴饰杨贵妃。

2001 年

3 月 25 日，上昆向建党 80 周年献礼剧目——新编昆剧《班昭》于逸夫舞台首演，张静娴饰班昭，蔡正仁饰演马续。

6 月 20 日、21 日，参加东方电视台、天蟾逸夫舞台为庆祝建党 80 周年举行的"东方之韵——戏曲系列演出"，演出《班昭》。

8 月 17 日，在上海大剧院举行"中国昆曲精品晚会"，演出《长生殿·小宴》。

10 月 15 日，作为庆祝昆曲入选"非遗"展演剧目，《班昭》在北京长安大戏院演出。

11 月，在台湾参加白先勇与许倬云的"绝代相思《长生殿》——文学与历史的对话"活动，演出《长生殿·小宴、迎像哭像》，并与现场观众问答。

2002 年

3 月 1 日，参加在上海大剧院举行的"昆曲名家名剧元宵大汇演"，演出《迎像哭像》。

5 月 3 日—10 日，赴北京，为梅兰芳、俞振飞、言慧珠录音主演的《游园惊梦》配像，蔡正仁饰柳梦梅，张洵澎饰杜丽娘。

6 月 17 日，为纪念京昆大师俞振飞诞辰一百周年，京昆合演《桃花扇》正式开排，蔡正仁饰侯朝宗，杨春霞饰李香君。此剧由上海京剧院和上昆联合制作，青春版由张军和赵群主演。

8 月 13 日起，为纪念京昆艺术大师俞振飞百年诞辰，举行为期一周的盛大演出。15 日，与杨春霞京昆合演《桃花扇》；16 日，与梅葆玖演出《断桥》。

10 月 23 日，参加北方昆曲剧院院庆，五大昆剧团在北京长安大戏院共演《长生殿》。

10 月 27 日—11 月 2 日，文化部在苏州举办首届"全国昆剧优秀中青年演员评比展演"，任评委。

12 月 13 日，在逸夫舞台，与票友张宇，京剧名家陈少云、杨赤合演京剧《将相和》。

2003 年

2 月，重排《桃花扇》，蔡正仁饰侯朝宗，杨春霞饰李香君，导演杨小青。

3 月 11 日—17 日，上昆参加澳门第十四届澳门艺术节，演出《班昭》《桃花扇》。

11 月，在苏州昆剧院收周雪峰、屈斌斌为徒，白先勇主持。

2004 年

1 月 24 日，参加"海峡两岸·京剧名家·欢聚逸夫·共度新春"系列演出，与台湾京剧梅派青衣魏海敏合演京剧《玉堂春》，饰王金龙。

8 月 29 日，在北京长安大戏院，与京剧程派青年演员李佩红合演《春闺梦》，饰王恢，李佩红饰张氏。

12 月 24 日，浙江昆曲界纪念"洪昇诞辰 360 周年"系列活动拉开序幕。当晚，与汪世瑜、陶铁斧、孔爱萍等合作演出《长生殿》。

2005 年

1 月 8 日，由上海声像出版社出版的《中国昆曲音像库》在兰心大剧院举行发行仪式。当晚，上昆在兰心大剧院举行"昆曲艺术家艺海春秋五十载"专场演出。

3 月 9 日，应全国政协京昆室之邀，在全国政协礼堂为出席"两会"的全国人大代表和政协委员演出《桃花扇》。

4 月，赴台参加"风华绝代——天王天后昆剧名家汇演"演出。17 日在台北市新舞台与华文漪做昆曲艺术讲座及示范表演。20 日—24 日，与华文漪在新舞台举行"风华绝代"系列演出，剧目为：20 日《贩马记》，21 日《说亲》《跪池》，22 日《断桥》，23 日、24 日《长生殿》上下本。

11 月 5 日，新编昆剧《梁山伯与祝英台》首次在上海演出，蔡正仁饰梁山伯，台湾京剧梅派青衣魏海敏饰祝英台。

12 月 18 日，四本《长生殿》正式开排。蔡正仁与学生张军、黎安分饰唐明皇，张静娴与魏春荣（北方昆曲剧院）、沈昳丽、余彬分饰杨贵妃。

2006 年

7 月 5 日，参加在苏州举行的第三届中国昆曲艺术节。

7 月 6 日，在苏州举行"纪念沈传芷先生诞辰 100 周年"系列活动，与张静娴合作演出《乔醋》。

7 月 17 日，全国昆曲小生演员培训班开班，蔡正仁、汪世瑜、岳美缇分别教授《琵琶记·书馆》《牡丹亭·硬拷》《占花魁·湖楼》。

8 月 10 日，在香港葵青剧场京昆合演《白蛇传》，饰许仙，邓宛霞饰白素贞。

10 月—11 月，《长生殿》第一、二本在在兰心大戏院试演，大获好评。

2007 年

5 月 27 日—30 日，四本《长生殿》在上海兰心大戏院首演，大获成功。

6月1日，孙女蔡乐艺出生。

6月2日—4日，由上海戏剧学院主办的"让古典走进现代——《长生殿》与昆曲学术研讨会"在上海宾馆举行，与会专家充分肯定了四本《长生殿》的成功。

10月3日，参加"跨越时空的京昆情缘——迎国庆，庆回归，京昆合演重现经典"系列演出，演唱《八阳》[倾杯玉芙蓉]，与尚长荣合作演唱京剧《九江口》。

10月27日—11月4日，四本《长生殿》参加"第九届中国上海国际艺术节"，连演三轮。

10月6日，参加"跨越时空的京昆情缘——迎国庆，庆回归，京昆合演重现经典"系列演出，京昆合演《白蛇传》。蔡正仁与杨春霞合演《游湖》一折。

12月1日，在天蟾逸夫舞台举行言慧珠表演艺术教学成果研讨活动，蔡正仁演出《迎像哭像》。

12月13日，"国家舞台艺术精品工程剧目进校园"活动在上海外国语学院拉开帷幕，与张静娴演出《班昭》。

12月29日，在逸夫舞台参加"海上戏曲花似锦——上海六大戏曲院团迎新展演"昆曲专场，演出《乔醋》。

2008 年

4月1日，四本《长生殿》主创人员在北京故宫举行发布会，蔡正仁、张军、黎安三位"唐明皇"和张静娴、魏春荣、沈昳丽、余彬四位"杨贵妃"集体亮相紫禁城，并表演了精彩片段，为月底在保利剧院的演出预热。

4月8日，第五届上海白玉兰戏剧艺术论坛在上海话剧艺术中心举行，蔡正仁与本届上海白玉兰戏剧特殊贡献奖得主坂田藤十郎联合主讲《一衣带水的东方戏剧传统艺术的传承、发展和展望》。

4月17日，上昆在上海档案馆外滩馆10楼召开建团30周年新闻发布会。

4月30日—5月3日，作为"上昆团庆30周年暨昆曲《长生殿》诞辰320周年"的纪念演出，四本《长生殿》在北京保利剧院上演，蔡正仁演出第三、四本。

5月18日起，上昆推出为期十天的"上昆30年"团庆盛典演出。

7月27日—29日，在北京梅兰芳大剧院演出三场《班昭》。此次演出是受文化部之邀，作为28台国家舞台艺术精品剧目之一，参加2008年北京奥运重大文化活动。

8月30日，在上海音乐学院贺绿汀音乐厅，举办题为《只在承先启后中——写意蔡正仁与他的舞台人生》的讲座，张军主持。

9月5日，"雅部正音——蔡正仁艺术传承专场"在天蟾逸夫舞台举行。上半场由学生演出《亭会》（胡维露等）、《断桥》（肖向平）、《惊变》（周雪峰、张洵澎）、《评雪辨踪》（黎安、沈昳丽）、《见娘》（邵峥）、《连环记·小宴》（张军）等折子戏。下半场，蔡正仁演出绝迹舞台近二十年的《铁冠图·撞钟分宫》，饰崇祯，缪斌饰王承恩，陈莉饰皇后。

9月13日，在兰心大戏院与京剧梅派青衣史依弘演出《贩马记》，饰赵宠，史依弘饰李桂枝。

9月23日，由中国戏曲学院和首都师范大学联合创建的中国戏曲研究中心在北京成立。作为祝贺，当晚在戏曲学院大剧场举行了"昆曲传承人蔡正仁专场"，演出《千忠戮·惨睹》（饰建文帝）、《牡丹亭·惊梦》（饰柳梦梅，张洵澎饰杜丽娘）、《铁冠图·撞钟分宫》（饰崇祯）。

9月24日，中国戏曲学院和首都师范大学联合举办"蔡正仁表演艺术研讨会"。

10月，荣获美国林肯艺术中心、纽约市文化局、美华艺术协会颁发的"亚洲最杰出艺人奖终身成就奖"。

11月，随中国戏剧家代表团赴法国巴黎参加塞纳艺术节，担任昆剧《白蛇传》的艺术指导，并出演法海，荣获"塞纳大奖"。

11月22日，在上海音乐厅与张静娴举办以"爱情"为主题的昆剧艺术讲座，讲解并示范表演"《乔醋》的假妒、《评雪辨踪》的真醋、《班昭》的生离、《长生殿》的死别"。

2009 年

2月初，参加2009年中央电视台戏曲晚会，与王芳、古琴大师李祥霆合作演出《长生殿·小宴》片段。

4月初，与张洵澎应邀赴美国密西根大学，为该校昆曲班学生讲课授戏。

4月27日，"寻访之旅——上昆浙江行"在洪昇故居杭州西溪公园"洪钟别业"举行，与北昆优秀青年演员魏春荣演出《长生殿·小宴》片段。

5月22日—25日，在杭州红星剧院演出四本《长生殿》，饰第三、四本唐明皇。

6月底，参加苏州第四届中国昆曲艺术节，主演精华版《长生殿》，获优秀剧目奖（榜首），与张静娴、张铭荣同获"特别荣誉奖"。

6月11日—14日，四本《长生殿》在北京国家大剧院演出。

7月30日—8月2日，上昆应邀赴山西参加"第二届中国晋城棋子山国际围棋文化节"，在晋城影剧院演出四本《长生殿》。

8月，全国昆剧演员培训班在上海举行，与华文漪教授《贩马记·写状》。27

日，汇报演出，与华文漪示范演出《写状》片段。

9月13日—10月3日，上昆为庆祝国庆60周年，演出四台经典剧目和三台折子戏。蔡正仁演出《太白醉写》，饰李白，刘异龙饰高力士。

12月，指导恢复排演《雷峰塔》，黎安饰许仙，沈昳丽、谷好好、余彬分饰白素贞。26日，在逸夫舞台演出。

2010年

1月27日—31日，参加在香港文化中心大剧场举行的"上昆经典剧目名家展演"。27日晚演出精华版《长生殿》，28日晚演出《迎像哭像》，31日下午、晚上三代合演《牡丹亭》，与岳美缇、黎安、翁佳慧分饰柳梦梅。

2月21日，在上海大剧院中剧场参加《对话大师——尚长荣VS蔡正仁》艺术讲座，拉开了上海大剧院"京昆群英会"的帷幕。

2月28日，四本《长生殿》获中国戏曲最高学术奖——中国戏曲学会奖，颁奖仪式在上海大剧院隆重举行。当晚演出《长生殿》第三本，蔡正仁饰唐明皇，张静娴饰杨贵妃。

3月23日，参加第三届"迎世博长三角名家名剧月"活动，在东方艺术中心演出《班昭》，饰马续。

3月31日—4月5日，上昆在台北"国家剧院"演出四本《长生殿》，共计两轮八场。

4月，赴苏州参加"大师说戏"的拍摄录像工作，主讲《撞钟分宫》《迎像哭像》《太白醉写》三出官生戏。

5月，赴广州参加由文化部主办的"第九届中国艺术节"。15日、16日在蓓蕾剧院演出精华版《长生殿》。25日颁奖，蔡正仁荣获"中国文华艺术政府奖——文华表演奖"榜首，精华版《长生殿》荣获"文华优秀剧目奖"榜首。

5月29日，参加"淘美且异"张洵澎昆曲艺术传承专场，与张洵澎合演《长生殿·小宴》。

6月14日—16日，"古戏薪传——首届中国四大古老剧种同台展演"在天蟾逸夫舞台举行，昆剧、梨园戏、川剧、上党梆子四大古老剧种齐聚上海。16日，与张静娴演出《乔醋》。

9月4日，在南京兰苑剧场参加江苏省昆剧院小生张争耀的专场。专场结束后，正式收张争耀为徒。

10月8日、9日，在逸夫舞台演出两场精华版《长生殿》。

10月22日—24日，赴湖南郴州参加"中国经典昆剧展演"，与张洵澎主演

《长生殿·小宴》片段。

11月19日，观看在上海大剧院举行的"粉墨金生——金喜全小生艺术专场"，其中《惊梦》一折，为蔡正仁、梁谷音亲授。

2011 年

1月—3月，担任北方昆曲剧院新编大戏《红楼梦》的艺术指导。

1月29日，参加2010年度上海文艺创作和重大文化活动颁奖仪式，获"上海文艺家荣誉奖"，《长生殿》获"上海文艺创作精品"称号。

3月3日，在北京大学作以"昆曲四功五法"为主题的讲座。

3月9日，赴苏州参加学生周雪峰的个人专场，《荆钗记·见娘》、《千忠戮·惨睹》和《长生殿·哭像》均为蔡正仁亲授。

4月2日—5月9日，应台北昆曲研习社邀请，赴台湾讲学教戏。4月8日、9日，应白先勇之邀，在台湾大学作昆曲讲座。

5月5日—8日，为庆祝昆曲申遗成功10周年，台湾昆剧团和上昆在新北市艺文中心联合推出"西墙寄情"昆剧系列演出，剧目有《寻亲记》《西厢记》《墙头马上》和一场折子戏。蔡正仁与张静娴演出《盘夫》。

5月9日—13日，赴港演出《评雪辨踪》。

5月14日，在北京长安大剧院演出精华版《长生殿》。

5月18日—5月25日，"全国昆剧优秀中青年演员汇演"在上海大剧院举行，观看演出，并参加研讨会。

6月，赴苏州参加"大师说戏"的拍摄录像工作，主讲《见娘》《乔醋》《惨睹》三出官生戏。

7月上旬，应苏州电视台之邀，与王芳录制《小宴》《惊变》《琴挑》等戏。

7月中旬，在逸夫舞台举行纪念俞振飞诞辰109年系列演出。15日，与华文漪演出《贩马记·写状》；17日，与俞振飞夫人李蔷华演出京剧《春闺梦》。

8月2日，在北京保利剧院参加"牡丹长生——顾卫英昆曲经典剧目专场"。下半场与顾卫英合作演出演出《长生殿·絮阁、小宴》，饰唐明皇。

9月，赴苏州参加"大师说戏"的拍摄录像工作，主讲《写状》《三醉》两出官生戏。

10月8日—12日，赴杭州参加"纪念昆剧表演艺术大师周传瑛先生诞辰100周年"系列活动。11日，与张静娴演出《小宴》。

10月17日，在浙江温州演出《班昭》，饰马续。

11月5日—8日，上昆在德国科隆歌剧院演出四本《长生殿》，蔡正仁演出第三本《马嵬惊变》,饰唐明皇,张静娴饰杨贵妃。

12 月 20 日,昆剧艺术电影《长生殿》在上海琉璃艺术博物馆举行开机仪式。蔡正仁饰唐明皇,张静娴饰杨贵妃,刘异龙饰高力士,方洋饰杨国忠。电影由中国文学艺术基金会资助,中国戏剧家协会和上昆联合摄制。

2012 年

3 月 26 日,参加由东方艺术中心举办的"第五届东方名家名剧月",演出精华版《长生殿》,饰唐明皇,张静娴饰杨贵妃。

5 月 3 日,"北京大学昆曲传承计划"第 12 讲,主讲"昆曲生角中官生、穷生表演艺术",以《长生殿》《评雪辨踪》二剧为例,沈昳丽、张贝勒做示范表演。

5 月 12 日,参加"天蟾逸夫舞台惠民公益专场",演出《评雪辨踪》,饰吕蒙正,张静娴饰刘翠屏。

6 月 3 日,参加上海音像资料馆"老艺术家口述历史成果发布会",发布会在上海图书馆举行,出席的还有曹鹏、陈燮阳、何占豪、顾冠仁、王芝泉、张洵澎等。

6 月下旬,参加香港"中国戏曲节",26 日演出《奇双会·写状、三拉、团圆》,饰赵宠,邓宛霞饰李桂枝。27 日演出《牡丹亭·写真、拾画叫画、幽会、婚走》,饰柳梦梅,邓宛霞饰杜丽娘。

6 月 29 日—7 月 7 日,赴苏州参加第五届中国昆剧节,担任评委。30 日,"名家传戏——当代昆曲名家收徒传艺工程"启动仪式举行,正式收苏州昆剧院周雪峰、上海昆剧团胡维露为学生。

7 月 8 日,参加纪念俞振飞诞辰 110 周年"京昆俞派剧目展演",与张静娴演出《乔醋》。

7 月 28 日,收湖南省昆剧团小生演员王福文为徒。

8 月 10 日,在吴江人民剧院演出精华版《长生殿》,这是蔡正仁首次在家乡演出这部经典名作。

8 月 17 日,参加文化部举办的"2012 年全国优秀剧目展演",于北京长安大戏院演出新编昆剧《班昭》,饰马续。

8 月 18 日,参加上海书展,举行《雅部正音 官生魁首——蔡正仁传》签售活动。这是蔡正仁的首部个人传记,由上海古籍出版社于 2012 年 5 月出版。学生张军、黎安、胡维露、翁佳慧、倪徐浩、卫立、谭许亚等演唱了老师的代表剧目。蔡正仁最后演唱《长生殿·惊变》[石榴花]一曲。

8 月 31 日,在天蟾逸夫舞台演出《班昭》,此为上海昆剧团"兰韵雅集"公益演出。

11月，应"海外昆曲社"之邀，赴纽约讲学，并作示范表演。18日，于纽约哥大密勒剧院演出《见娘》，饰王十朋，王维艰饰王母，黄小午饰李成。

11月17日，"2012中国昆曲名家年度雅集"在北京大学百年讲堂举行，在美国纽约与张静娴隔空演唱《长生殿·小宴》。

11月—12月，指导上昆新编昆剧《景阳钟变》（后更名为《景阳钟》），学生黎安主演。此剧在《撞钟分宫》基础上改编整理。

12月，在无锡拍摄昆剧电影《长生殿》，这是蔡正仁第三次拍摄电影。

12月底至2013年初，担任江苏省昆剧院新编剧目《南柯梦》的艺术总监。

2013年

1月9日—13日，"文武昆乱史依弘"系列演出在北京国家大剧院举行，蔡正仁与史依弘合作演出"俞言版"《牡丹亭》、吹腔《贩马记》、京剧《玉堂春》。

1月底，赴台湾参加"庆贺两岸文化交流二十年演出"。30日，演出《见娘》，饰王十朋，何燕萍饰王母，缪斌饰李成。2月1日，演出《惊变埋玉》，饰唐明皇，张静娴饰杨贵妃。2月2日，演出《太白醉写》，饰李白，胡刚饰高力士。

3月23日，在东方艺术中心举行"兰韵正浓——昆剧国宝艺术家专场"。下午清唱会，蔡正仁演唱《惨睹》，与张静娴合作《盘夫》。晚上折子戏专场，与江苏省昆剧院胡锦芳合作演出《断桥》，谷好好饰小青。

4月5日—6日，上海昆剧团在逸夫舞台举行"传统·中国"民俗节庆演出季之上巳女儿节专场，蔡正仁演出《见娘》《惊变埋玉》《太白醉写》。

4月9日—6月3日，在香港城市大学举办系列讲座，讲授《书馆》《迎像哭像》《撞钟分宫》等戏。

5月28日，《昆曲百种 大师说戏》出版工程在上海举办启动仪式，共29位昆曲大师录制讲解了109折昆曲传统戏。

6月，参加香港"中国戏曲节"。24日、26日，分别演出《撞钟分宫》《太白醉写》。

7月17日，在长宁区图书馆与学生张军共同举办"传承——让未来看见"主题讲座。

7月18-19日，"生生不息——纪念昆曲泰斗俞振飞逝世20周年蔡正仁师生传承展演"在上海喜马拉雅中心举行，这是俞门再传弟子一次大规模的汇演。蔡正仁来自全国各昆剧院团的学生——俞门第三代传人齐聚，演出了老师的10个代表剧目。18日，卫立（"昆五班"，上海市戏曲学校学生）演出《千忠戮·惨睹》片段，王福文（湖南省昆剧院）演出《长生殿·小宴》，张争耀（江苏省演艺集团昆剧院）

演出《贩马记·写状》，周雪峰（苏州昆剧院）演出《长生殿·迎像哭像》，黎安（"昆三班"，上海昆剧团）演出《铁冠图·撞钟》。19日，倪徐浩（"昆五班"，上海市戏曲学校学生）演出《雷峰塔·断桥》片段，张小明（湖南省昆剧院）清唱《渔家乐·藏舟》[降黄龙]，张贝勒（北方昆曲剧院）演出《长生殿·闻铃》，杨楠（上海京剧院）清唱《长生殿·定情》[古轮台]，钱振荣（江苏省演艺集团昆剧院）演出《太白醉写》，张军（"昆三班"）演出《荆钗记·见娘》，蔡正仁清唱《邯郸记·三醉》[红绣鞋]、《长生殿·小宴》[石榴花]。

9月19日，赴北京参加庆祝中国戏剧"梅花奖"创办30周年系列活动，演出《乔醋》。

9月30日，参加上海戏曲艺术中心"海上风韵·上海文化全国行"巡演，在南京紫金大戏院演出精华版《长生殿》，与张静娴演出下半场，上半场由黎安、沈昳丽主演。

10月9日，参加上海昆剧团俞振飞昆曲厅开台庆典，演出《乔醋》。

10月，参加第15届上海国际艺术节，助阵"文武昆乱史依弘"系列演出。31日，演出《牡丹亭》，饰柳梦梅；11月1日，演出《贩马记》，饰赵宠；3日，演出《玉堂春》，饰王金龙。

11月9日，参加"百花芬芳——戏剧'梅花奖'、'白玉兰奖'"获奖演员公益系列演出，与张静娴演出《长生殿·定情》。

11月21日，清华大学艺术名家讲堂，作题为"我演唐明皇——昆曲小生表演艺术和《长生殿》"的讲座。

12月，赴京参加"2013全国昆剧优秀剧目展演暨首届当代昆曲名家收徒传艺工程汇报演出"，担任评委，全国7个昆剧院团共有9台剧目参演。

2014 年

2月14日，在商城剧院举行"元宵情人奇双会"公益演出，与史依弘合作演出《贩马记》。

2月16日，参加上昆"调·情"元宵节系列演出，大轴演出《评雪辨踪》，饰吕蒙正，张静娴饰刘翠屏。

3月28日、29日，在深圳少年宫与史依弘合作演出《贩马记》，饰赵宠，史依弘饰李桂枝，金锡华饰胡老爷，陈少云饰李奇；《玉堂春》，饰王金龙，史依弘饰苏三。

4月10日，出席在上海戏剧学院举行的第24届上海白玉兰戏剧表演奖颁奖晚会，担任颁奖嘉宾。

4月11日，在南京东南大学作"昆曲小生的表演艺术"讲座。

5月10日，在上海图书馆举行"兰馨辉耀一甲子——蔡正仁谈昆曲小生表演"讲座，黎安、沈昳丽作示范表演。

5月，参加"兰馨辉耀一甲子——昆大班从艺六十周年纪念演出活动"。17日，开幕演出，清唱《长生殿·惊变》[脱布衫]。19日，演出《太白醉写》，饰李白。21日，演出精华版《长生殿》。

6月3日　在北京大学举行"风华绝代　仁者清音——昆曲大师蔡正仁、华文漪清唱雅聚"活动，演唱《断桥》《游园惊梦》《小宴》三折戏。

6月5日作为"北京大学经典昆曲欣赏课程"，与华文漪举行"昆曲官生、闺门旦的表演艺术——以《长生殿》《贩马记》为例"的讲座。

7月12日，参加香港"中国戏曲节"之"昆曲清唱会"，演唱《千忠戮·惨睹》[倾杯玉芙蓉]和《长生殿·哭像》[叨叨令][脱布衫][小梁州]。演唱会在油麻地戏院举行，共两场，11日是世界各地曲友清唱会。13日，在饶宗颐文化馆参加三场"昆曲论坛"。

8月15日，《风雅千秋——蔡正仁昆曲官生表演艺术》一书首发式及观众见面会在"上海书展"举行。此书由蔡正仁口述，王悦阳整理，上海文化出版社2014年8月出版。张军、黎安等众多学生出席。

8月30日，参加香港"中国戏曲节"，与邓宛霞演出《惊变埋玉》。

9月7日，在华东师范大学与台湾曲家蔡孟珍演出《长生殿·小宴》。

9月22日，参加"兰韵雅集"天蟾惠民公益专场，演出《撞钟分宫》，此为上昆赴台演出之预演。

11月9日，参加"第十六届上海国际艺术节"，与杨春霞合作《贩马记·写状》。

11月，赴台参加"第四届海派文化艺术节——海上风韵上海戏曲月"展演，上海的京、昆、越、沪四大院团在台北、台中、高雄等地共演出12台剧目。15日，演出《撞钟分宫》，饰崇祯。

11月16日，在台北纪洲庵举行"蔡正仁俞派唱法传承计划　昆曲经典唱段赏析"(DVD)的首发会，现场演唱《琴挑》[懒画眉]、《小宴》[石榴花]，并与曲友合唱《小宴》[泣颜回]。

12月，由文化部艺术司、北京市文化局主办，北方昆曲剧院承办的"名家传戏·2014全国《牡丹亭》传承汇报演出"在北京隆重举行。13日、14日，"大师版"《牡丹亭》在天桥剧院举行，汇集了北京、上海、江苏、浙江18位昆曲表演艺术家。蔡正仁担任"大师版"《牡丹亭》的艺术总监，并在《幽会》《婚走》中饰演柳梦梅，张洵澎、杨春霞饰杜丽娘。此后，全国 7 个昆剧院团相继在京演出《牡丹亭》，风格各异，异彩纷呈。19 日，湖南省昆剧团"天香版"在梅兰芳大剧院演出，此为蔡正仁、张洵澎亲授之"俞言版"，得到北京观众和专家的充分肯定。20 日，上海昆剧团"典藏版"在清华新学堂演出，蔡正仁演出其中《叫画》一折。

12 月 9 日，参加苏州昆剧院新剧场开台演出，演唱《哭像》［脱布衫］。

12 月 10 日，荣获第六届"上海文学艺术奖"之"杰出贡献奖"。本届"上海文学艺术奖"共评选出文学、影视、音乐舞蹈、戏剧、美术领域的"终身成就奖"、"杰出贡献奖"各 12 名。17 日，颁奖典礼于上海大剧院举行。

12 月 29 日，与邓宛霞在北京长安大戏院演出《惊变埋玉》。

2015 年

1 月 8 日，参加上昆周周演，与张静娴演出《乔醋》。

1 月 9 日，参加在香港举行的"昆曲之美"清唱会，演唱《哭像》［脱布衫］、《见娘》［江儿水］，与华文漪合唱《惊变》［泣颜回］［石榴花］。参加演出的还有岳美缇、邢金沙、顾铁华，主持沈昳丽，嘉宾白先勇。

3 月 10—11 日，参加"国家大剧院昆曲艺术周"，演出精华版《长生殿》下半场，饰唐明皇，张静娴饰杨贵妃。上半场由黎安、沈昳丽主演。

3 月 22 日，上海昆剧团在嘉定保利剧院演出"典藏版"《牡丹亭》，蔡正仁演出其中《叫画》一折，饰柳梦梅。

4 月 1 日，在香港中文大学举行"昆曲官生与穷生的表演艺术——《迎像哭像》与《评雪辨踪》"讲座，此为香港中文大学通识课程《昆曲之美》第十二讲。

4 月 6 日—8 日、14 日—17 日，赴苏州昆剧院指导学生周雪峰"雪峰之吟"申报梅花奖参评专场。17 日，专场预演在苏昆剧场举行。

4 月 26 日、27 日，参加张静娴"娴情偶记水磨情缘清音会"，与张静娴清唱《长生殿·小宴》片段。

5 月 14 日，接受沪上著名主持人曹可凡采访，录制《可凡倾听》之《水磨风雅——国宝级昆曲大师系列访谈》。10 月 3 日、4 日，《昆韵正红　曲暖仁心——蔡正仁专访》于东方电视台艺术人文频道首播。

5 月 23 日，作为"长三角昆曲联合展演"的大轴，在天蟾逸夫舞台演出《班昭》，和学生黎安分饰马续，张静娴饰班昭。

5 月 25 日，与华文漪、岳美缇在北京大学举办"清音如心　三星辉映"演唱会，清唱《长生殿·哭像》［叨叨令］［脱布衫］、《荆钗记·见娘》［江儿水］、《长生殿·惊变》［石榴花］，与华文漪合作演唱《长生殿·惊变》［泣颜回］。

5 月 28 日，参加 "北京大学昆曲传承计划" 之《经典昆曲欣赏》课程，与华文漪讲授《昆曲小生、闺门旦表演艺术——以〈长生殿〉〈断桥〉〈贩马记〉为例》。

6 月 3 日—6 月 15 日，赴台参加台北的一系列昆曲活动。6 月 6 日，在台北戏篷举行 "风华绝代　仁者清音" 清唱会，与华文漪合作演唱《长生殿·惊梦》〔山桃红〕等。6 月 7 日，台北昆曲研习社在台北书院举办 "蔡正仁俞派唱法昆曲大师班"，蔡正仁给曲友们细讲了《玉簪记·琴挑》《琵琶记·盘夫》《长生殿·哭像》的演唱。6 月 8 日，参加台湾大学《昆曲课程》，与华文漪主讲《昆曲小生、闺门旦表演艺术——以〈长生殿〉、〈贩马记〉为例》。6 月 9 日，接受台湾爱乐电台采访。6 月 10 日—13 日，在台北昆曲研习社为曲友拍曲。

7 月 7 日，新编昆剧《曲圣魏良辅》剧组正式成立。此剧由江苏省演艺集团昆剧院制作，特邀蔡正仁饰演魏良辅。编剧曾永义，导演周世琮、朱雅，作曲孙建安。钱振荣饰张野塘，孔爱萍饰莺嗔，李鸿良饰过云适，张军饰子玉。蔡正仁于 15 日正式赴南京参加排练，历时两个半月。

8 月 27 日，参加 "大师版"《牡丹亭》上海演出新闻发布会。"大师版"《牡丹亭》为第十七届中国上海国际艺术节的重头大戏，由 17 位昆曲国宝级老艺术家联袂演出。

10 月 1 日，《曲圣魏良辅》首演于南京江南剧院。

10 月 19 日，《曲圣魏良辅》作为第六届中国昆剧节的闭幕大戏，上演于苏州人民大会堂。

10 月 31 日、11 月 1 日，参加 "大师版"《牡丹亭》演出，担任艺术总监，并在下本《幽会》《婚走》中饰演柳梦梅，张洵澎、华文漪分饰杜丽娘。

11 月 10 日，在北京参加 "中国文化遗产日十周年庆典系列活动——非遗戏曲剧种名家演唱会"，清唱《玉簪记·琴挑》选段。同日，受聘为中国戏曲学院荣誉教授。

12 月 29 日，参加上海京剧院 "建院 60 周年系列演出"，与史依弘合作演出《奇双会》，饰赵宠。

12 月 31 日，参加上海昆剧团 2016 迎新专场—— "临川四梦" 唱段精粹演唱会，清唱《邯郸梦·三醉》〔红绣鞋〕。

后　记

2008 年的夏夜，在苏州昆剧院的小楼，我第一次见到蔡正仁老师。台上的"唐明皇"竟与我近在咫尺，那般不真实。我紧张得掉了手机，又掉了录音笔，手足无措。从那时起，了解蔡老师和他的昆曲艺术，成为我生活中最重要的事情。

台下的蔡老师，总是"呵呵"地笑着，常常让你恍惚，这就是台上的"唐明皇"吗？渐渐地，我在蔡老师面前也没大没小起来，师母也极热情，去他家我总是又吃又拿，满载而归。朋友曾在微博上发了一篇文章，用一个"甜"字来形容蔡老师，我回以一个"暖"字。"无论台上如何堂皇潇洒，光彩夺目，台下却是极接地气的温暖亲切。艺术和人生都经历过大起大伏，方能'一览众山小'，他的智慧和分寸总在不经意间。"

蔡老师很忙，是旁人无法想象的忙，一天早中晚三班，全国各地跑，常常是今天刚从北京演出回来，明天即赴南京或苏州教戏。他精力之充沛，常让我等年轻小辈自叹不如。所以，给他写书，也是个"痛苦"的事儿，定下的计划总会被某个学生、某场演出或某个会议打乱，一延再延。我常常见缝插针，却往往无缝可插。

最难的事儿还不是时间，是在我笔下能描绘几分真实的蔡老师。"初学三年走遍天下，再学三年寸步难行。"这是蔡老师谈自己演《太白醉写》时常说的一句戏谚。我给蔡老师写传，恰也是这个感受。

从 2008 年开始，我参与了蔡老师的第一本传记《雅部正音　官生魁首——蔡正仁传》，主要负责搜集资料、采访、文字整理等工作，其间经历三年。因此，我一度觉得自己对蔡老师颇为了解，甚至别人随口一问，我都能说出蔡老师在何时何地演了什么戏，做了什么事。所以，当文联约写这本传记时，我答应得很轻松。原以为蔡老师大半生的经历，我已烂熟于胸，做些调整，补上近两年的经历，便可交差。哪知，一下笔，如千斤重。

时隔三年，再去梳理蔡老师的艺术和人生，发现自己原来的理解是那么肤浅。再听当年采访的录音，再看那些戏，想深入一步，才知"寸步难行"。很长一段时间，我整夜对着电脑发呆，一个一个小时过去，却写不出一个字，痛苦极了。我又和蔡老师坐下来，一个又一个的话题聊，聊得随性、细致，也更深入。憨厚中的睿智，随性中的坚定，谦和中的自信，蔡老师那更深的一面，我渐渐体会出来。

我看蔡老师的现场演出，是从四本《长生殿》开始的。我恨不得早生二十年，能够多看一些他的戏，去经历他的那个时代。吾生晚矣！资料和录像是远远不够的，在这一年多的时间里，我努力跟随蔡老师的脚步，在上昆看他排戏，在后台看他化妆，在侧幕看他演出；看他给学生拍曲、教身段，讲人情戏理；去香港看他的《撞钟分宫》，去北京看"大师版"《牡丹亭》……

上海昆剧团"纪念昆大班从艺六十周年演出"，我在排练厅，看到七十高龄的"熊猫"们带病带伤地排练，全团三班倒地参与其中。大轴精华版《长生殿》，我在后台，看到"唐明皇"抢妆时，化妆、服装、盔帽、音响一齐动手，忙而不乱。看到配角、龙套，上上下下，一丝不苟；各工种各司其职，有条不紊，那种默契、团结和精气神令人动容，这就是蔡老师执掌十八年的团队。如此，我才觉得稍稍能理解一点，什么叫"一棵菜"，什么叫"戏比天大"。

蔡老师教学生，《惊梦》［山桃红］的一句"则为你似水流年，如花美眷"，他就可以足足讲一个小时，讲吐字、归音，讲腔格，讲轻重缓急的分寸，讲如何唱得恰到好处。《拾画叫画》的一组动作，一遍又一遍地示范，叫停，再来，直到学生做得漂亮舒服，不差分毫。如此，我也才稍稍理解"传承"二字的分量。

蔡正仁的人生和艺术，并不是我这点人生阅历和专业积累所能全部理解的，我真诚地把自己的所见所闻、所知所感记录下来。惟愿读者能在这本书里看到一个可亲可敬又可爱的蔡老师，至于他的艺术，请读者不妨走进剧场去看，自觉笨拙的文字很难描绘其精彩之万一。

在此，要感谢所有接受我采访的蔡老师的朋友、搭档、家人和学生们，我的提问也许外行，但你们给出了最精彩的答案；感谢上海昆剧团和上海市戏曲学校的鼎力相助。蔡老师教"昆五班"《连环记·小宴》的照片，我是在顾兆琳老师的微博上看到的，私信过去，顾老师回复："尽管拿去用！"蔡老师1986年首演《撞钟分宫》的剧照，久觅未见，最后在著名记者、作家秦来来老师的电脑里发现了，秦老师慨然应允，还提供了俞老当年给蔡老师和张洵澎老师讲《幽会》的照片，真是惊喜。还有香港的邓宛霞老师、台湾的陈彬老师……只要说是蔡老师的事情，真是一呼百应。还要感谢所有的小伙伴，林林提供了搜集多年的老资料，元味、海青歌、欢欢提供了诸多精彩剧照。感谢一梵，蔡老师的超级"脑残粉"，她戏称自己是"占地记者"，很多我无法到场的活动，她总是在"前线"拍照记录。

交稿之时，如释重负，又如履薄冰，愿不负蔡老师的信任。

钮君怡

2015 年 6 月